教育部高等学校旅游管理类专业教学指导委员会规划教材

餐饮管理

CANYIN GUANLI（第2版）

主　编　李　雯

副主编　陈　程　肇丹丹　肖红艳

李　彪　成希祥　葛　欣

重庆大学出版社

内容提要

本书立足餐饮生产过程的各环节和餐饮经营所必须具备的物质条件，系统地介绍了餐饮管理的途径及方法、措施和手段。通过餐饮管理与服务的基础理论知识与服务技能的讲授与训练，引导学生树立餐饮管理与服务的职业理念与认知，熟悉餐饮业运行与管理的基本程序和方法，掌握餐饮服务的基本操作程序与技能技巧，培养学生从事餐饮企业管理与服务的基本能力和适应行业发展与职业变化的基本能力。

本书可作为高等教育旅游管理专业和酒店管理专业的专业课教材，也可作为餐饮行业从业人员的参考用书。

图书在版编目(CIP)数据

餐饮管理 / 李雯主编. -- 2 版. -- 重庆 : 重庆大学出版社，2021.9(2025.6 重印)

教育部高等学校旅游管理类专业教学指导委员会规划教材

ISBN 978-7-5624-9692-2

Ⅰ.①餐… Ⅱ.①李… Ⅲ.①饮食业—商业管理—高等学校—教材 Ⅳ.①F719.3

中国版本图书馆 CIP 数据核字(2021)第 187690 号

教育部高等学校旅游管理类专业教学指导委员会规划教材

餐饮管理

(第 2 版)

主　编　李　雯

策划编辑：尚东亮

责任编辑：夏　宇　陈亚莉　　版式设计：尚东亮

责任校对：关德强　　责任印制：张　策

*

重庆大学出版社出版发行

出版人：陈晓阳

社址：重庆市沙坪坝区大学城西路 21 号

邮编：401331

电话：(023) 88617190　88617185(中小学)

传真：(023) 88617186　88617166

网址：http://www.cqup.com.cn

邮箱：fxk@ cqup.com.cn (营销中心)

全国新华书店经销

重庆市国丰印务有限责任公司印刷

*

开本：787mm×1092mm　1/16　印张：17　字数：406 千

2016 年 4 月第 1 版　2021 年 9 月第 2 版　2025 年 6 月第 6 次印刷

印数：12 001—13 500

ISBN 978-7-5624-9692-2　定价：48.00 元

编委会

总序

一、出版背景

教材出版肩负着吸纳时代精神、传承知识体系、展望发展趋势的重任。本套旅游教材出版依托当今发展的时代背景。

一是落实立德树人这一根本任务，着力培养德智体美劳全面发展的中国特色社会主义事业合格建设者和可靠接班人。以习近平新时代中国特色社会主义思想为指导，以理想信念教育为核心，以社会主义核心价值观为引领，以全面提高学生综合能力为关键，努力提升教材思想性、科学性、时代性，让教材体现国家意志。

二是世界旅游产业发展强劲。旅游业已经发展成为全球经济中产业规模最大、发展势头最强劲的产业，其产业的关联带动作用受到全球众多国家和地区的高度重视，促使众多国家和地区将旅游业作为当地经济的支柱产业、先导产业、龙头产业，展示出充满活力的发展前景。

三是我国旅游教育日趋成熟。2012 年教育部将旅游管理类本科专业列为独立一级专业，下设旅游管理、酒店管理、会展经济与管理 3 个二级专业。来自文化和旅游部人事司的统计，截至 2017 年底，全国开设旅游管理类本科的院校已达 608 所，其中，开设旅游管理专业的有 501 所，开设酒店管理专业的有 222 所，开设会展经济与管理专业的有 105 所。旅游管理类教育的蓬勃发展，对旅游教材提出了新要求。

四是创新创业成为时代的主旋律。创新创业成为当今社会经济发展的新动力，以思想观念更新、制度体制优化、技术方法创新、管理模式变革、资源重组整合、内外兼收并蓄等为特征的时代发展，需要旅游教材不断体现社会经济发展的轨迹，不断吸纳时代进步的智慧精华。

二、知识体系

本套旅游教材作为教育部高等学校旅游管理类专业教学指导委员会（以下简称“教指委”）规划教材，体现并反映了本届教指委的责任和使命。

一是反映旅游管理知识体系渐趋独立的趋势。经过近 30 年的发展积累，旅游管理学科在依托地理学、经济学、管理学、历史学、文化学等学科发展的基础上，其知识的宽度与厚度在不断增加，旅游管理知识逐渐摆脱早期依附其他学科而不断显示其知识体系成长的独立性。

二是构筑旅游管理核心知识体系。旅游活动无论作为空间上的运行体系，还是经济上的产业体系，抑或是社会生活的组成部分，其本质都是旅游者、旅游目的地、旅游接待业三者的交互活动，旅游知识体系应该而且必须反映这种活动的性质与特征，这是建立旅游知识体系的根基。

三是构建旅游管理类专业核心课程。作为高等院校的一个专业类别，旅游管理类专业需要有自身的核心课程，以旅游学概论、旅游目的地管理、旅游消费者行为、旅游接待业作为旅游管理大类专业核心课程，旅游管理、酒店管理、会展经济与管理 3 个专业各确立 3 门核心课程，由此构成旅游管理类专业“4+3”的核心课程体系。确定专业核心课程，既是其他管理类专业成功且可行的做法，也是旅游管理类专业走向成熟的标志。

三、教材特点

本套教材由教指委组织策划和编写出版，自 2015 年启动至今历时 3 年，汇聚了全国一批知名旅游院校的专家教授。本套教材体现出以下特点：

一是准确反映国家教学质量标准的要求。《旅游管理类本科专业教学质量国家标准》既是旅游管理类本科专业的设置标准，也是旅游管理类本科专业的建设标准，还是旅游管理类本科专业的评估标准。其重点内容是确立了旅游管理类专业“4+3”核心课程体系。“4”即旅游学概论、旅游目的地管理、旅游消费者行为、旅游接待业；“3”即旅游管理专业（旅游经济学、旅游规划与开发、旅游法）、酒店管理专业（酒店管理概论、酒店运营管理、酒店客户管理）、会展经济与管理专业（会展概论、会展策划与管理、会展营销）的核心课程。

二是汇聚全国知名旅游院校的专家教授。本套教材作者由教指委近 20 名委员牵头，全国旅游教育界知名专家和教授，以及旅游业界专业人士合力编写。作者队伍专业背景深厚，教学经验丰富，研究成果丰硕，教材编写质量可靠，邀请优秀知名专家和教授担纲编写，以保证教材的水平和质量。

三是“互联网+”的技术支撑。本套教材依托“互联网+”，采用线上线下两个层面，在内容中广泛应用二维码技术关联扩展教学资源，如导入知识拓展、听力音频、视频、案例等内容，以弥补教材固化的缺陷。同时，也启动了将各门课程搬到数字资源教学平台的工作，实现网上备课与教学、在线即测即评，以及老师上课所需的配套教学计划书、教学 PPT、案例、试题、实训实践题、教学串讲视频等，以增强教材的生动性和立体性。

本套教材在组织策划和编写出版过程中，得到了教指委各位委员、业内专家、业界精英以及重庆大学出版社的广泛支持与积极参与，在此一并表示衷心的感谢！希望本套教材能够满足旅游管理教育发展新形势下的新要求，为中国旅游教育及教材建设开拓创新贡献力量。

教育部高等学校旅游管理类专业教学指导委员会

2018 年 4 月

前言

（第 2 版）

长期以来，餐饮业无论作为我国第三产业中的一个传统性服务业，还是作为大中型酒店的重要业务部门，都得到了突飞猛进的发展，并始终保持着旺盛的增长势头。2014 年 22 日，商务部与国家发展改革委共同颁布了《餐饮业经营管理办法（试行）》，明确规范饮企业经营管理行为，为餐饮业健康持续发展提供了政策性保障。2019 年全国餐饮收入 万亿元，同比增长 9.4%。受新冠肺炎疫情影响，2020 年 1—12 月全国餐饮收入 39 527 亿元同比下降 16.6%。伴随政府拉动消费的影响、居民收入的增长和消费观念的更新，未来的餐饮业依然是引人关注的消费热点，中国餐饮消费水平仍将继续保持高速增长。

“餐饮管理”是教育部高等学校旅游管理类酒店管理专业和旅游管理专业的专业主干课。本书立足餐饮生产过程的各环节和餐饮经营所必须具备的物质条件，系统地介绍了餐饮管理的途径及方法、措施和手段。通过餐饮管理与服务的基础理论知识与服务技能的讲授与训练，引导学生树立餐饮管理与服务的职业理念与认知，熟悉餐饮业运行与管理的基本程序和方法，掌握餐饮服务的基本操作程序与技能技巧，培养学生从事餐饮企业管理与服务基本能力和适应行业发展与职业变化的基本能力。

本书在充分吸收已有各教材优点的基础上，具有以下特色：①在章节内容体系上，增设了第 2 章餐饮市场分析及定位，第 3 章餐厅选址及布局设计，第 9 章餐饮连锁经营等，构建了餐饮作为独立企业经营管理所需的知识内容框架体系，较好地兼顾餐饮作为独立企业经营管理的需要。②本书在编写中充分体现了学以致用的原则，把握本科学生培养应注重一线管理工作的特点，既注重理论知识点的理解，又强调一线服务工作的操作技能的掌握，培养学生既懂得管理的原理又会实际业务操作，较好地达到理论与实践相结合的目的。③为了便于学生学习，每章都设有学习目的、学习重点、案例讨论和复习思考题等，方便学生学习和巩固所学内容。

本书编写是集体智慧的结晶，全书由李雯总策划，并由陈程、肇丹丹、肖红艳、李彪、成希祥、葛欣共同完成初稿的撰写，最后由李雯总纂全书。本书在编写过程中参考了国内外大量有关饭店及餐饮管理的书籍，均以参考文献的形式列出，并在此向这些书籍与文献的作者表示衷心的感谢。同时，对本书的出版付出了艰辛劳动的重庆大学出版社的各位老师表示衷心的感谢。由于时间紧迫，加之水平有限，书中错误遗漏之处敬请广大读者批评指正。

李 雯

2021 年 3 月

目录

第1章
餐饮管理概述

【学习目的】

了解餐饮业的基本特征和餐饮管理组织结构的一般模式；熟悉餐饮管理的任务和餐饮管理组织机构设置的原则；掌握餐饮业发展趋势、餐饮管理的特点以及餐饮人员的编制方法。

【学习重点】

- 餐饮业的发展趋势；
- 餐饮管理的任务；
- 餐饮人员的编制方法。

1.1 餐饮业的基本特征及其发展趋势

餐饮伴随着人类文明的发展，从最初的生存需求逐步成为社会进步的标志之一。餐饮业是在餐饮社会需求的基础上发展而来的，作为历史悠久的行业，从古到今，餐饮业为客人提供就餐服务的社会机能从未改变。随着生产力的高度发展和人们生活水平的提高，人类在社会政治、经济、文化、旅游、科技等方面的交流日益频繁，家务劳动社会化程度日益提高，现代餐饮业正朝着设备舒适、环境优美、特色产品、优质服务的方向发展。改革开放以来，我国餐饮业发展经历了起步阶段、数量型发展阶段、规模化发展阶段和品牌建设阶段，初步形成了投资主体多元化、经营业态多样化、经营方式连锁化、品牌建设特色化、市场需求大众化，从传统产业向现代产业转型的发展新格局。

1.1.1 餐饮业

餐饮业是指利用餐饮设备、场所和餐饮产品为社会生活提供服务的生产经营性服务行业。餐饮业包括3个要素，即提供能够满足不同顾客需求的餐食或饮料，可供顾客放松精神用餐的环境场所，通过餐饮提供可实现经营者的经营目标和利润。

餐饮业的历史悠久，文化灿烂，从最初的驿站到今天的饭店，从只提供简单饮料的咖啡店到如今的高档扒房，餐饮业随着人们生活水平的提高、旅游业的发展以及文化交流的加深不断地发展完善。

从人类开始有目的地使用火之后，伴随着铁器时代的到来，餐饮业初见雏形。早期的旅行者，常借宿于庙宇或民家，且由庙宇或民家提供粗陋的餐食，餐饮真正普遍流行。此后的太平盛世，商人来往络绎不绝，世界各国间的交流日益频繁，大街小巷到处都有肉店、酒店和熟食店，国外的一些烹饪技法也渐渐传入我国，为餐饮业日后的巩固和繁荣奠定了坚实的基础。当代餐饮业已成为国民经济各行业中增长速度最快的行业，不仅为旅游业的发展提供了重要保障，也是扩大社会就业和推动城市化进程的重要途径。

1）我国餐饮业的发展历程

我国饮食文化源远流长，考古发现表明，生活在约 50 万年前的北京周口店的北京人已经使用火烧熟食物，开始了最初的餐饮烹饪活动。6000 年前，生活在今浙江余姚河姆渡地区的河姆渡人已经大面积地种植水稻并饲养牲畜，食物的生产改善了人们的物质生活，并为餐饮业的形成奠定了物质基础。

自秦汉以来，人们设置了驿站为长途跋涉的官差提供住宿和餐食，方便他们休息，这是中国餐饮业的雏形。在古代，餐馆被称为“旗”“酒家”“酒肆”“客栈”等。

汉、唐时代是历史上的太平盛世，民族融合，交通发展迅速，各处通商大邑都设有“客舍”与“亭驿”，方便来往的官宦与客商有落脚的地方解决食宿。民间的交易行为较秦汉时期更为络绎不绝，烹调技艺更为讲究。唐朝以后的餐饮宴席已从席地而坐发展成为座椅而餐，“宴会”一词正式开始使用。

明清时期，我国餐饮业继续发展，菜品原料广泛、烹饪技术精湛、菜品种类繁多。菜点的组合、席面的铺排、接待的礼仪、乐舞的配合都呈现出新的特点，其中乾隆时期的“千叟宴”和“满汉全席”尤为突出，为中国古代餐饮业的发展画上了一个圆满的句号。

民国初年，持续 2000 多年的君主政体被推翻，八国联军堂而皇之侵占我国版图，蜂拥割地自治，国家处于动荡不安的时代，但此时却是中国各地招牌菜融合与发扬光大的时期。为了满足洋人的民生需求，北京餐饮业出现了迎合外国人口味的西餐厅；同时，中国各地传统菜肴也感受到与其他地区菜肴的商业竞争气息并受到西方饮食文化的影响，纷纷在烹调与口味上树立招牌、独立门户、自成一派。

1949—1978 年，我国餐饮市场的经营者主要是政府部门。这一时期的很多餐馆或酒店都是行政事业单位，主要功能是以事业接待为主，经营完全按照上级行政机关的计划和行政指令运行，餐饮市场发展缓慢。1978 年改革开放以来，在社会主义经济发展及旅游业发展的带动下，餐饮市场得到空前发展，餐饮业已成为我国第三产业的支柱产业之一。改革开放 40 多年来，我国的餐饮业规模不断扩大，截至 2018 年，全国餐饮收入已达到 42 716 亿元，同比增长 9.5%。当前，我国的餐饮业呈现以下六大特点：

第一，行业规模不断扩大。2013 年以前，餐饮业连续二十年一直保持两位数以上的高速增长，行业规模持续扩大。八项规定出台后，高端餐饮的盲目扩张得到遏制，餐饮业回归到民生服务属性，增速有所放缓，稳定在9%～10%。目前，我国的餐饮企业数量已达到350万家，且大众餐饮超过80%。

第二，点多面广，行业集中度不高。虽然我国餐饮行业规模比较庞大，但主要以中小餐饮企业居多，规模以上企业营收仅占全社会餐饮收入的21%。中国饭店协会统计的前100强餐饮企业集团，仅占全社会餐饮收入的5%左右，行业企业规模小、数量多、分布散。

第三，餐饮业态多元化。为了更好地适应广大消费者的消费需求，餐饮业的业态细分更加精准。有正餐、团餐、快餐、外卖、小吃，以及西餐、日料、东南亚等各国餐饮，乃至烤鱼、小龙虾、茶饮、地方小吃、非遗美食、各地老字号美食产品等，为广大人民群众提供了丰富多样的市场选择。

第四，行业企业的盈利能力较差。虽然我国餐饮业行业规模比较大，企业数量众多，消费者需求旺盛，但受限于整体餐饮经营结构不尽合理，人力成本、物业成本、原辅料成本、能源成本等逐年递增，企业利润空间越来越低，行业平均净利润不足5%。

第五，行业标准化、工业化、产业化、互联网化正在不断提升。随着我国互联网经济的发展，餐饮行业在智能化、数据化等方面也从传统的生活服务业向现代的科技服务业方向迈进。

第六，对国民经济的贡献率日益提高。餐饮行业在吸纳就业，带动一、二产业发展，增加税收等方面都发挥了重要作用，对经济增长、社会发展、市场繁荣做出了突出贡献。

2）国外餐饮业的发展历程

早在公元前1700年，古埃及已经有酒店存在，考古发现了同一时期或更早时期的菜单，菜单上写有面包、禽类、羊肉、烤鱼和水果等内容。

古希腊曾是欧洲文化的中心，餐厅可以为不同需求的客人提供食物和饮品。约公元前3世纪，雅典人发明了第一辆冷盘手推车，厨师将菜肴装入盘子内推入餐厅供食客自由选择，这对今天的餐饮业仍有影响。

古罗马人创造了西餐的雏形，最早的西餐源于今天的意大利。就餐时使用餐巾，在餐桌上放置玫瑰花，重大宴会时报出每道菜的菜品名称和做法，都是由古罗马人最早在餐厅中使用的。

1765年，法国巴黎出现了第一家法式餐厅，当时这家餐厅就已经具备了现在经营西餐厅的很多条件。18世纪以来，法国涌现了许多著名的西餐烹饪大师，这些大师设计并制作了许多著名的菜肴，至今都在扒房菜单上受到顾客的青睐。20世纪60年代，法国又提出了“自由烹饪”的口号，改革传统烹饪工艺，力求更符合大众的口味。

美国餐饮业形成于18世纪末，美国大部分人是欧洲移民的后裔，还有墨西哥人、阿拉伯人和亚洲人等，随着他们大量进入美洲，美洲大陆餐饮业迅速形成和发展起来，并结合了各国餐饮所长和本国特点。20世纪初，为了适应社会经济迅速发展、社会节奏加快的需求，餐饮业出现了革新性的变化，注重营养、求新、求快。如今，餐饮业已经成为美国重要的服务产业之一，其“营养丰富、快捷简便”的饮食特色，随着国际经贸交流的迅猛发展而被世界各国所认可。

1.1.2 餐饮业的基本特征

1）餐饮业的依赖性

餐饮业是旅游业六要素的重要组成部分，其发展规模和速度在一定程度上是建立在旅游业基础之上的。一个国家或地区，餐饮产品的需求量与旅游业的发达程度以及游客数量的多少成正比。餐饮业面对国内和国外两个市场，不仅要为国内的游客和当地的居民提供餐饮服务，还肩负着向国际游客宣传中华饮食文化、提升国际形象的任务。国民收入水平越高，人们的社会交往活动就越频繁，当地居民和社会各界人士对餐饮产品的需求量就越大，因此，餐饮业的发展必须以旅游业和国民收入的发展规模和发展水平为基础，找准定位、提升内涵、拓宽经营渠道，以满足各层次消费者的需求，不断提高服务质量和管理水平。

2）客源的广泛性

餐饮业的服务对象是由各种不同的消费群体组成的，具有很强的广泛性。其中既包括国内外的游客，也包括机关团体、企事业单位和当地居民。餐饮业客源的广泛性为餐饮业在经营规模、经营结构、经营方式、经营品种上的变化创造了条件，形成了丰富多彩的餐饮供给市场。

3）产品风味特色

餐饮业伴随着人类对饮食的不断追求而逐步发展，不同国家、不同地域造就了不同的饮食特色。由于各地生活习惯、自然气候以及食品原料的不同，使得餐饮产品形成各种不同的口味和鲜明的民族及地方特色。例如，一道红烧肉，在南北方就有甜口和咸口的差别；到少数民族地区用餐，往往能品尝到民族特色的饮食，不仅菜品本身与众不同，还包括用餐环境、用餐礼仪、食用餐具等方面的不同。

4）餐饮产品生产、销售和消费的同时性

厨房菜品的加工烹制，是在客人光临餐厅，发生点菜行为之后产生的，而一旦烹制成菜点成品后，又必须在很短的时间内由服务员通过服务提供给客人，实现成品的消费，即餐饮产品的生产、销售和消费都是同时发生的。餐饮产品的生产过程也就是用餐者的消费过程。因此，餐饮部应重视加强生产过程、服务过程以及产品价值实现过程的质量管理与控制，培育忠诚顾客。

5）餐饮服务质量评价的主观性

现代餐饮业是劳动密集型与知识密集型相结合的行业，餐饮服务包含着大量的手工劳动和经验式的隐性知识，产品生产和服务中操作规程、工作手册中的标准化管理都具有实施和控制的主观性。餐饮产品的质量和服务技能主要依赖于员工的经验和态度，同一员工在不同的时间、不同的场合或者不同的服务对象出于时间、环境以及自身原因，对同一餐饮产品有不同的感受，这样的评价主要依靠个人的判断和主观感受。

1.1.3　餐饮业的发展趋势

1）经营方式日趋多样

随着餐饮市场竞争的加剧，餐饮企业的利润率均有不同程度的下降，价格趋向两极分化。餐饮企业要求生存、谋发展，必须向品牌化、连锁化方向发展，并借此提升餐饮企业档次，占领较大的市场份额。

（1）连锁经营

连锁经营根据方式的不同可分为自愿连锁、自营连锁和加盟连锁。连锁经营的总店一般具有先进、完善的管理系统，为所属连锁店提供标准化的产品和管理，提供各种技术上的支持和资金上的帮助。由于连锁经营规模较大，蕴含优秀的企业文化且经营成功，在公众中有较好的口碑，使消费者对餐饮产品产生信任感，促使其前来购买。餐饮企业面向家庭、个人消费的业务保持较高的增长态势，连锁餐饮市场从传统的色、香、味、形以口味为主，转变为更加注重产品的安全、卫生、健康和营养。

（2）品牌化经营

餐饮企业的竞争正由产品品种和价格的竞争向产品质量竞争、品牌竞争和文化竞争方向转化。由于多数消费者喜欢按照品牌选择产品，这就促使餐饮企业必须注重产品的品牌声誉，强化管理，提升企业形象。按照之前的经营模式，传统的小店靠着熟人关系只能勉强维持生意，相应地也会有更多的小型餐馆倒闭，而品牌化会顺应市场的发展需要变得更为流行，毕竟品牌餐饮有更加完备的服务体系，给人们的就餐体验更好。一旦餐饮有了品牌，就可以通过线上线下等多渠道来提升和传播餐厅的知名度、满意度和美誉度，这是一个企业的无形资产，可以很好地提高企业在市场上的竞争力。品牌即招牌，品牌即形象，品牌即名气，品牌即品类，品牌即品质，品牌即定位，品牌即卖点，等等。对于餐饮企业来说，品牌是企业形象的重要标志，好的品牌可以吸引消费者，并有助于让普通客户转变为企业的忠实客户。

（3）大众化经营

餐饮大众化经营方式包括建立大众美食广场，拓展餐饮经营项目，开辟家庭宴会市场，开设外卖快餐服务等。通过薄利多销、批量采购和加工原材料压缩成本等手段降低餐饮产品价格，提高市场竞争力，占领餐饮消费市场。

2）产品及经营的特色化和创新化

现代餐饮业网点不断增多，竞争不断加剧，给餐饮经营不断加大难度。很多餐饮企业已经意识到，要想把企业带到最佳的境界，取得最大的经济效益，就必须开拓市场、引导市场、适应市场的“创新”。

(1)餐饮产品的创新

餐饮产品的创新不仅仅是菜品的创新,还包括菜单、环境、服务、活动等全方位的创新。菜肴是餐饮企业的灵魂。菜肴的开发,必须客观分析自身的档次与经营条件,正确了解目标市场的适销口味。随着人们对环境污染、生态平衡、自身健康等问题的关注程度日益提高,无公害、无污染的绿色食品、保健食品将会受到消费者的欢迎。老年人希望通过饮食调节达到健康长寿的目的;父母希望通过饮食调节使孩子更加聪明活泼;白领阶层希望通过饮食调节缓解工作压力。在产品创新中,菜肴将紧随国际饮食的"五轻"趋势,重点开发"轻油""轻盐""轻糖""轻脂肪""轻调味品"的菜品,更多地注重饮食营养与保健,促使新品倍出,让顾客有更多的选择,以顾客满意的最大化来实现市场份额的最大化。另外,餐饮企业可在菜点的服务上想办法,赋予菜点、餐厅更多的文化内涵,增加餐饮产品的文化附加值。人们对物质的需求是有限的,而对文化的需求却是无限的。当今,提高餐饮企业的饮食文化品位,已成为餐饮市场竞争的一个重要领域,一种发展趋势。再者,餐饮营养化将成为人们追求的重要目标,因此餐饮产品的创新还可以此为抓手,抓住药膳的保健作用和人们对生态农业、绿色食品等无公害、无污染的绿色食品、保健食品的追求和关注,开发出最新、最优的菜肴产品,引领新的餐饮时尚。

(2)餐饮经营方法的创新

20 世纪 80 年代,餐饮业的经营就出现了"食街"的形式,经营者不局限于原有的方式,采用"明档、明炉";90 年代出现了"超市式"餐饮,将餐厅的食品原材料统统展示出来,供广大顾客任选。随着餐饮社会化、专业化程度的提高,"外卖"服务、全开放的舞台式厨房服务、烹饪原料专业配送,以及家庭送餐等将成为趋势。其中最为大行其道的就是各类以时尚、个性、文化为餐饮新概念,配之以别具一格的装饰布置,征服了口味越来越挑剔的消费者的主题餐厅。主题餐厅的出现,迎合了顾客日益变化的餐饮消费需求,它以定制化、个性化、特色化的产品和服务来感动诸多"上帝",顾客在其巨大的魅力影响下欣然就餐。这些餐厅形式和用餐环境的与众不同,使主题餐厅与一般餐厅区别开来,这样就能有效避开与一般餐厅经营的正面竞争,以己之长比其之短,优势肯定很明显。显而易见,通过产品经营方法的不断创新,必然会为企业营造一个独特的具有魅力的销售氛围,以引起顾客的注意,进而促使顾客消费,给企业带来更好的经济效益。

餐+饮模式成潮流

随着资本的推动,以喜茶、奈雪の茶为代表的茶饮品牌加速布局,以茶米茶、嚮茶为代表的餐+茶饮品牌对行业进一步细分,加大竞争力度。信息化、智能化技术的高速发展成为茶饮店提升效率的得力帮手。茶饮行业正在变得更加快捷、标准化和高效,正在为诞生一些大型连锁茶饮品牌打下良好的基础。茶饮品牌和餐厅品牌的组合还可以避免与饮品行业同质化,这将成为未来竞争的核心。

3)餐饮服务个性化与亲情化

餐饮业是一个竞争激烈、排他性较弱的行业。在餐饮产品逐步时尚化的情况下,服务特色的创立是现代餐饮企业在竞争中制胜的法宝之一。多年以来,餐饮企业科学的经营管理,既提高了企业员工的素质,也培养了一批高素质的顾客群。他们对餐饮产品的认识经历了“求新、求廉、求优”3 个层次,目前已进入“廉中求优”的境地。所谓“优”,其中就包括了服务优。有针对性、因人而异、适时的服务就是优。服务的个性化程度已是评价优秀餐饮企业的标准之一。这里所说的个性化服务,就是以顾客为本,并根据顾客层次及需求上的差异,对不同顾客采取不同的服务方式,是在做好规范化服务的基础上,针对顾客个性的差异最大限度地满足顾客的需求。

打包盒赢得的掌声

M 酒店的中餐厅主要经营家常菜,周边住宅区的家庭经常会光顾。一天中午,雅间接待了一桌家宴,亲戚朋友许久未见,相聊胜欢。大家光顾着叙旧,菜没怎么吃,剩下了不少,主人要求服务员帮忙打包。服务员看了一下剩余的菜品,拿来了 3 种规格不同的打包盒,将分量少的装在小盒子里,分量多的装在大盒子里,一些佐料放在最小的盒子里。这时,家庭主妇们被这不同规格的打包盒所吸引,表示这样的打包盒很人性化,不仅可以根据菜品分量的多少选择不同型号的打包盒,更重要的是打包回家的菜品可以为冰箱节省空间,于是纷纷竖起了大拇指给 M 酒店点赞。

现代餐饮服务突出个性化、讲究实用性,M 酒店将一个普通的打包盒进行分类,体现了餐饮服务的细致,既为酒店节约了经营成本,保证了特殊菜品干湿分离的食用特点,又满足了顾客节约冰箱空间的需求,可谓一举多得。许多餐饮用品的设计将重点放在了顾客体验方面。例如,一个酒店出售鲜榨果汁,包装盒的设计可以使它满足不同购买者的需求:如果是妈妈带着宝宝购买,一人一半预防育儿时传染细菌,更加卫生且方便携带;如果是情侣购买,既亲密又卫生;如果是一个人购买,不必担心喝一半浪费。总之,餐饮产品重在实用,为顾客带来好的体验是根本。

4)供应链整合为发展赋能

强大的供应链是一个大品牌必须具备的条件。越靠谱的食材,供应链稳定性越高,出大品牌的概率越大。餐饮前端的规模怎么样,在很大程度上取决于后台的供应链支撑。餐饮供应链建设是重资产模式,包括研发、采购、中央厨房、仓储物流等环节,每一个环节都需要耗费巨大的人力、财力、物力,大部分餐饮企业无法承担如此高昂的成本。从整体来看,中国的餐饮供应链产业总体仍处于初级发展阶段,与美国相比,美国的餐饮供应链占其餐饮市场约 25%的份额,中国餐饮供应链市场的领先者年营业额占市场的 0.03%,未来的发展潜力巨大。供应链领域的战鼓已经敲响,只有牢牢把握住供应链,品牌的未来发展才能一片光明。

5)快餐业迅速发展

随着城市生活节奏的加快,社会上对快餐的需求量日趋增大,质优价廉、高效率的快餐店必将受到广大消费者的欢迎。1987 年 11 月 12 日,北京前门的繁华商业地段出现了我国第一家肯德基餐厅。以肯德基、麦当劳为代表的国际快餐品牌企业在我国迅速扩张,发展速度明显加快。中式快餐市场已初步形成,消费需求不断增加,呈现出海内外、高中低、传统与现代并存,取长补短,互相竞争,共谋发展的市场格局。据统计,快餐业营业收入约占全国食品营业额的 1/3。2017 年快餐服务业餐费收入达到 1 185.02 亿元。随着我国经济的逐步发展,经济活动增多,城乡人均收入持续增加,外加假日消费市场的出现,必然会对快餐业的发展起到有力的推动作用,促使我国快餐业迅速发展。

6)网络智能、人工智能时代开启

团购网站是近年来出现的新兴网站类型,餐饮企业利用团购网站的团购活动可以在短时间内聚集人气,特别适用于新开张或急需打开市场的餐饮企业。根据薄利多销、量大价优的原理,商家可以给出低于零售价格的团购折扣价格和单独购买得不到的优质服务。常见的团购网站有糯米网、窝窝团、美团网等。目前,网络团购的主力军是 25~35 岁的年轻群体,智能手机应用广泛。电子优惠券是餐饮企业在互联网上以电子文本和图片形式存在的一种打折优惠信息。电子优惠券既省了商家印刷和发送传统优惠券的成本,又方便了消费者的使用,因而这种新兴的网络营销模式已经成为最受欢迎的网络促销手段之一。餐饮企业可以在各网站、论坛或餐饮点评网、口碑网或餐饮行业的门户网站上发布电子优惠券信息,通过网络树立企业的品牌形象并得到良好的宣传。开展外送业务的餐饮企业,可以进行网上订餐。餐饮企业建立自己的网络订餐平台,自己实现网络订餐功能,适用于大型连锁餐饮企业的大规模、大范围订餐服务。目前,肯德基、麦当劳、海底捞等都提供网络订餐。网上订餐是顾客通过互联网在线选择餐厅、点餐、选座和支付,随后到店完成消费的过程。随着在线餐饮网上交易平台的上线,顾客能以最直接的方式找到餐厅,不用进入实体店面就可以看到餐厅优美的环境和让人垂涎欲滴的美食,并在第一时间获得各种优惠、打折和促销信息,免除了现场等位、点餐、等菜、支付的烦恼,极大地节省了就餐时间。在人工智能行业发展的大趋势下,餐饮行业,尤其是大部分中小餐饮企业急需以最低成本与人工智能接轨,运用人工智能设备,例如上菜机器人、智能营销墙、智能出餐柜、语音点餐、人脸识别系统等。餐饮企业的成本变化趋势,最终会回归到人工成本,人工成本越来越高,这也是社会发展的必然趋势。近几年,人工成本增长明显。从 2019 年 1 月 1 日起,社保改革全面落地实施,这又将众多餐饮企业推向“用工贵”的尴尬局面,而引入人工智能设备,取代机械性的人力劳动,则是餐饮企业必然的选择。

7)食品安全地位重要

从吃得饱到吃得好,公众对食品的消费需求不断变化;从安全到营养,消费需求重心在变化。以前没有显现的问题现在显现出来,政府传播的食品安全信息和消费者掌握的信息严重不对称。消费需求的升级让公众对食品安全过于担心，而自由、开放的互联网与社交媒体大肆传播对食品安全事故的危害起到了放大效应，特别是食品安全事件大多数由人为因素造成，极易引发公众的愤怒情绪。作为食品安全责任主体的餐饮企业把“食品安全故事”讲好，更能提升品牌的形象。

1.2　餐饮管理和餐饮产品的基本知识

1.2.1　餐饮管理的特点

1）餐饮管理是以人为本的管理过程

餐饮业是服务行业，要做好对两种人的服务：一是顾客；二是员工。管理人员只有做到“员工第一”，员工才能贯彻“顾客第一”的理念。成功的餐饮企业管理者认为，现代餐饮业最宝贵的不是高楼大厦，也不是精美的菜品，而是忠诚的顾客和优秀的员工。人员管理以员工满意度为核心，应充分调动员工的积极性和创造性，体现以人为本的管理理念，做到尊重员工、理解员工和关心员工。

2）经营方式灵活，收入弹性较大

由于餐饮菜品种类多、餐厅特色不同、客源市场广泛，因此餐饮经营方式要迎合不同的消费群体灵活多变，除了常规的经营方式，还应该依据市场需求开展多种经营活动，增加服务项目、灵活制订产品价格以及综合运用多种经营方式，例如主题美食节、民族特色餐饮服务体验等。在实际的经营过程中，餐饮收入的弹性较大，与就餐人数、人均消费密切相关。经营收入的多少与餐厅的座位周转快慢以及人均消费水平的高低成正比。

3）餐饮产品品种较多，对技术要求高

在长期的历史发展过程中，餐饮产品形成了各类菜系和派别，每一种菜系又包含多种菜品，同一家餐厅在不同的季节会对菜品做出调整，面对不同需求的消费者需要研发出不同特点的菜品供其选择。产品的质量关乎餐饮企业经营的成败，而产品质量又依赖于厨师高超的技艺和服务人员规范化的服务，餐饮企业不仅需要创新菜品的厨师，还需要能够提供人性化服务的服务员。

4）成本构成复杂，成本不易控制

餐饮经营成本包括食品原材料成本和流通费用。其中，食品原材料品种繁多，生产过程中各种原材料的拣洗、宰杀、拆卸、涨发、切配方法和配制比例各不相同，原料损耗程度差别很大，它们在不同的餐饮产品中既可作为主料，也可作为配料或调料。此外，还有水电燃料、

餐茶具、清洁用品、服务用品消耗和劳动工资、折旧等流通费用，因此，其成本构成十分复杂。餐饮管理过程中，食品原材料要经过采购、储藏、领料、发料、加工、切配和炉灶制作过程，容易发生腐烂、丢失、耗损、报废等现象，成本不易控制。因此，餐饮管理必须加强成本控制，建立一套成本管理制度，做好成本核算和成本分析，正确掌握毛利，随时掌握实际成本消耗，加强成本考核，才能切实降低消耗，提高经济效益。

1.2.2 餐饮管理的职能

餐饮服务与管理的目的是实施餐饮企业制订的经营方针和计划，满足顾客对餐饮服务的各种需求，餐饮企业通过为顾客提供服务从而获得利润。

1）洞悉市场变化，创造经营特色，满足不同需求

任何一家餐饮企业的餐饮产品都必须与其他竞争对手相区别，应当具有自己的特色，通过了解本企业目标人群的消费特点和餐饮要求，掌握不同年龄、职业、民族、宗教信仰的餐饮习惯和需求，在此基础上努力挖掘潜力，积极研发新菜品、创新服务类型，形成自己的经营特色，从而吸引更多的消费者。

2）提升菜品质量和服务水平，加强营销，增加营业收入

餐饮管理的重点是通过出售产品和服务为企业赢得利润，所以能否保持并不断提高餐饮产品质量和服务水平关系着餐饮经营管理的成败。餐饮管理者首先要确保餐饮产品的卫生和饮食安全，需要通过制订规章制度、严格操作规程和质量标准以及参加培训学习，从菜品原材料采购到烹制再到餐饮服务技能，规范菜品的质量并改善服务细节。在提升餐饮产品内在的同时还应注重对外的营销策略，锁定营销目标，推行营销计划，以吸引更多的顾客前来消费，增加企业的营业收入。

3）合理组织人力，提高员工职业素质

餐饮企业在经营管理过程中应重视对员工的培训和有效组织，根据部门的实际情况，制订职工发展计划和培训计划，配合人事部门对职工进行思想道德和职业素质的教育，开展有针对性的技术培训，内练素养、外练技能。根据劳动定额，在保证产品质量和服务水平的前提下，合理组织人力和安排职工工作时间，降低人工费用，提高经济效益。

1.2.3 餐饮管理的任务

餐饮管理的任务是以市场开发和客源组织为基础，以经营计划为指导，利用餐饮设备、场所和食品原材料，发扬传统特色和民族美德，科学合理地组织餐饮产品生产和销售，满足国内外顾客日益增长的、多层次的物质和文化生活需求，为繁荣经济、活跃市场、促进旅游业和国民经济的发展服务。

1）搞好餐饮经营市场定位，适应多种需求

餐饮管理市场范围广泛，顾客消费层次复杂多变，餐饮管理者根据企业市场环境和内部

条件，认真做好市场调查，选准目标市场和客源对象，搞好市场定位，有针对性地提供优质服务，并据此确定餐厅的经营风味、花色品种和经营方针、经营策略、产品价格，保证市场定位始终适应目标市场的需求变化。

2）合理确定餐饮管理预算目标

根据市场定位和经营策略、经营措施，在市场调查与分析的基础上，认真做好市场预测，合理确定预算目标，制订餐饮管理经营计划，确定企业和各餐厅收入、成本、费用及利润目标。

3）做好食品原材料采供管理，保证食品安全

根据计划目标和业务需要，做好采购业务、库房管理、领料发料等工作，保证生产需要。经营过程中，顾客流动性大，餐饮卫生直接关系到顾客的身心健康。从食品原材料采购、验收、储藏、发料到加工、切配、烹制和销售都要建立一套完整严格的卫生管理制度，确保餐饮产品新鲜可口、清洁卫生。

4）搞好厨房产品生产组织

根据不同餐厅的经营风味，合理安排生产流程，继承和发展烹饪艺术，搞好厨房生产过程的组织，保证产品质量。

5）做好餐厅销售管理，提供优质服务

根据不同餐厅性质、风味提供优良就餐环境，合理安排服务程序，做好本餐厅服务过程的组织，确保提供高质量、高效率的服务，满足顾客物质和精神享受需要，扩大销售，增加经济收入。在服务质量上坚持一视同仁，做到热情、礼貌、耐心、细致、周到，满足顾客多层次的物质和文化生活需要，提供优质服务。

6）按制度做好成本核算与成本控制

制订标准成本和消耗定额，加强成本控制，做好成本考核和成本分析，降低劳动消耗，以获得优良经济效益，管理人员要正确执行餐饮价格政策，合理控制成本。

1.2.4　餐饮产品的特点

1）餐饮产品生产特点

（1）产品批量小、种类多、产量难以预测

餐厅所生产的菜品因为要迎合不同类型的顾客需求，所以在菜单上会罗列出多种类型的菜品，并且同一种原料也有多种不同的做法。顾客进店用餐随机性较大，餐厅要根据顾客的要求进行烹制，制作时间短且批量小。如何预测就餐顾客何时来、来多少人、消费什么样

的餐饮产品等，一直是困扰餐饮管理者的问题。大多数顾客不通过预订直接来店消费，所以顾客的消费需求很难准确预估，餐饮产品产量的随机性强，且难以预测。

(2)生产环节多、产品容易变质

餐饮产品的生产从原材料采购、验收、储藏、发货到加工、切配、烹调，对客服务的预订、迎宾、点菜、上菜、席间服务、结账等，整个生产过程环节繁多，任何一个环节出现纰漏都会影响餐饮产品的质量和餐厅的经济效益，管理难度较大。食品原材料种类繁多，尤其是鲜活类原料具有很强的季节性，极易腐烂变质。

(3)产品更新快，收入弹性大

近些年，顾客对餐饮产品的要求不仅仅满足于填饱肚子，更加注重菜品的观赏性、营养性和创新性。餐饮企业为了满足市场需求，不仅在产品品种上不断地创新，而且在经营方式上也不断地推陈出新，例如明档点菜、农家采摘、网上外卖等。一些大型的餐饮企业有自己的菜品研发团队，定期发布新菜品以吸引顾客再次消费。在餐饮生产经营过程中，餐饮收入与用餐人数、人均消费水平、社会环境等因素密切相关，表现出很大的弹性，其收入水平的高低主要取决于餐饮企业的档次规模、市场需求、人均消费以及产品质量。

2)餐饮服务特点

(1)一次性

餐饮服务的一次性是指餐饮服务只能当次享用，无法储存或重复消费。如果服务出现质量问题，将难以弥补顾客的损失，所以我们一方面要努力提高餐饮接待质量；另一方面要提高服务的一次成功率，接待好每一位顾客才能提升顾客的忠诚度。

(2)无形性

餐饮服务是餐饮产品的重要组成部分，其无形性是指与其他有形产品相比，餐饮服务在销售前是无法在顾客面前展示的，看不见、摸不着，在服务过程中难以用标准来衡量，只有当顾客购买并享用餐饮产品后，才能依据个人的满意程度对其进行评价。

(3)差异性

餐饮服务的差异性表现为两个方面：一方面是员工的差异性，不同的员工，由于年龄、性别、性格、教育程度等因素的不同，针对同一服务内容的理解是不一样，对客服务的效果自然也各有特点；同一个员工，因为工作强度、工作时间、个人的情绪起伏等方面也会在服务过程中表现出差异化，这就要求制订服务标准和操作规程，尽可能地使服务工作规范化。另一方面，不同的顾客由于个人经历以及其他特征的不同，针对同样的服务也有各自的感受，对其服务的评价也不一样，餐饮服务应该在制度化、规范化的前提下，根据宾客的不同需求开展有针对性、个性化的服务。

3)餐饮销售特点

(1)季节性

针对不同的季节,顾客的饮食需求各有特点,例如冬季对肉类的需求明显大于夏季,同一家餐饮企业,在夏季烧烤类产品的销售量一定多于火锅类。原材料的季节性也影响着餐饮产品的销量,有些应季原材料不仅供货充足、货源质量有保证,而且还价格低廉,可以为企业节约成本;相反,对于不应季原材料,有时会出现断货的现象,在价格上会有大的涨幅,销售量也会受到影响。

(2)餐饮销售受进餐时间及餐位数量的限制

消费者的就餐时间是有规律的,一到就餐时间,餐厅生意兴隆、高朋满座,反之则门可罗雀,所以说,餐饮经营存在时间上的间歇性。餐饮企业能够接待的顾客数受餐厅面积、餐厅布局、餐位数量的影响和限制,因此餐饮经营者应合理地适当延长营业时间、合理布置餐厅餐位,提高服务质量,增加餐饮销售。必胜客推出的下午茶是合理安排进餐时间的典型案例,以免费续杯为卖点推出的下午茶套餐,既利用了餐厅营业的闲暇时间,又增加了餐厅的营业收入。

(3)餐饮固定成本及变动成本较高,资金周转快

餐饮企业的各类场地建造、环境装修、餐厨设备购置等固定成本在餐饮总成本中占有很大比重。员工的工资、能源消耗、原材料采购等支出需要有大量的流动资金做保证。餐饮企业的销售收入为现场支付,且大部分餐饮原料为当天采购、当天生产、当天销售,因此资金周转率较快。餐饮企业要通过制订规章制度和规范操作流程严格控制原材料的消耗,降低各项费用支出,为企业节约成本从而提高利润率。

1.3　餐饮组织机构以及人员编制

1.3.1　设置餐饮组织机构的原则

餐饮组织机构是针对企业餐饮经营管理目标,为筹划和组织餐饮产品的供、产、销活动而设立的专业性业务管理机构。

1)精简高效,权责统一

餐饮行业在为社会提供服务的同时还要兼顾企业自身的经济利益,在服从由组织目标所决定的业务活动需要的前提下力求减少管理层次,精简管理机构和人员,配备的人员数量与所承担的任务相适应,机构内部分工明确得当,职责清晰。在组织机构设置时,既要明确规定每一管理层和各部门的职责范围,又要赋予完成其职责所必需的管理权限,职责与职权

需协调一致。责任是权力的基础,权力是责任的保证,只有职责没有职权无法调动承担者的工作积极性,只有职权没有职责则会导致滥用权力和盲目指挥。餐饮组织机构的等级层次合理,各级管理人员的职责明确,责权分配不影响各级管理人员之间的协调与配合才能够保证所承担的任务顺利完成。

2)专业化和自动调节相结合

餐饮组织机构内部的专业分工要明确,职责范围要清晰,各级管理人员和职工需要接受一定的专业训练,具有相应的专业知识和业务能力。组织机构要相对独立,各层级管理人员在职责范围内能够独立地开展工作,灵活地处理与外界环境的关系。专业化和自动调节相结合的标志是:组织机构大小同企业的规模一致,内部专业分工程度同生产接待能力相协调,专业水平和业务能力同工作任务相适应,管理人员能够在不断变化的客观环境中主动处理问题,具有自动调节功能。

3)科学设置指挥幅度,提高信息传递效率

指挥幅度是指一个管理者能够直接有效地指挥下级人员的数量。由于一个管理者的精力和能力有限,要有效地执行指挥职能、领导下级,必须科学地确定指挥幅度。幅度过大,超过指挥者的经历和能力就会影响管理效果,层级过多,则会影响指令和信息的传递速度。

1.3.2 餐饮管理组织结构的一般模式

餐饮管理组织结构的具体形式主要受企业规模、接待能力、餐厅类型等因素的影响,其一般模式主要有 4 种:

1)小型饭店简单模式

这类饭店餐厅数量少、类型单一,大多只经营中餐,其组织结构如图 1.1 所示。

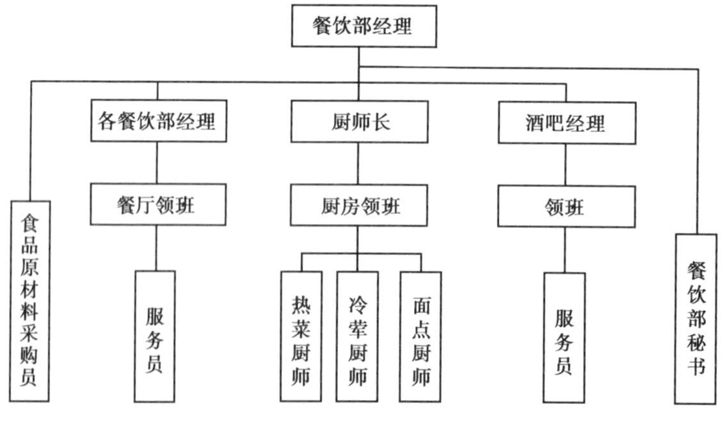

图 1.1 小型饭店餐饮部组织结构模型

2) **中型饭店复杂模式**

这种饭店有 300~500 间客房。餐厅类型比较齐全,厨房与餐厅配套,内部分工比较细致,餐饮管理组织结构相对复杂,如图 1.2 所示。

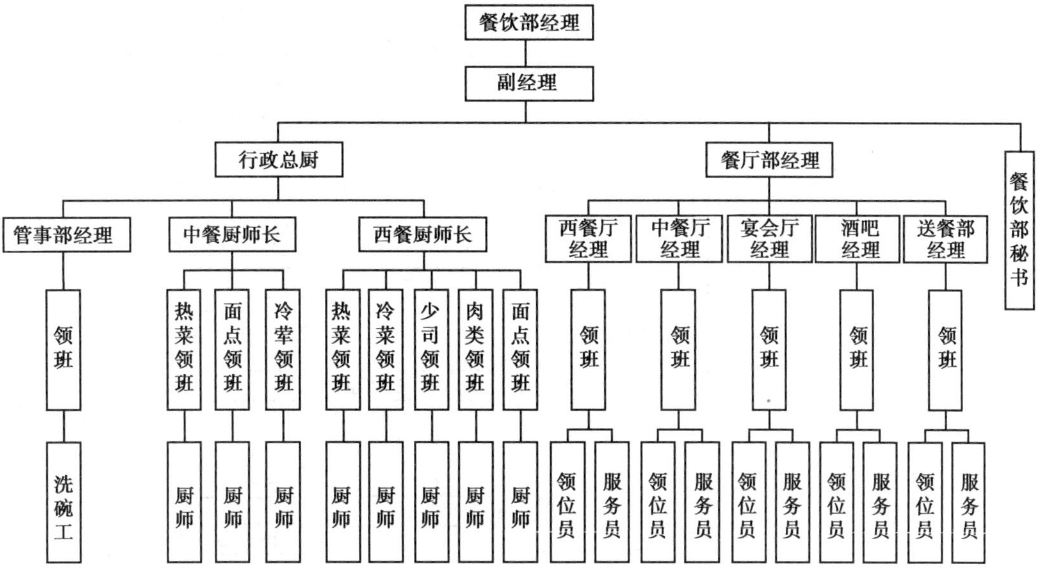

图 1.2　中型饭店餐饮部组织结构模型

3) **大型饭店专业化模式**

大型饭店有 5~8 个以上餐厅,多的可达十几个、几十个餐厅,中西餐、宴会、酒吧、客房送餐等各类餐厅齐全。厨房与各种类型的餐厅配套,内部分工十分细致,组织机构专业化程度高。在餐饮管理的具体组织形式上可分为两种模式:一种与中型饭店基本类似。每个餐厅都设有与之配套的厨房,各个厨房分别负责自己的食品原材料加工。其组织机构形式可在参考中型饭店的基础上增加餐厅和厨房。另外一种是厨房实行专业化管理,全店设立中心厨房,各个餐厅设立卫星厨房。中心厨房统一为各个卫星厨房加工食品原材料,按量装袋,供卫星厨房使用,各卫星厨房则主要负责菜点的炉灶烹制。只有需要现场加工的特殊产品才在卫星厨房现场加工烹制,由此形成专业化组织机构模式,如图 1.3 所示。

4) **餐饮型企业一般模式**

餐饮型企业是独立的企业,具有较健全的独立的管理机构。与饭店餐饮部不同,其组织机构也因企业规模、档次高低、接待能力而有所差异,如图 1.4 所示。

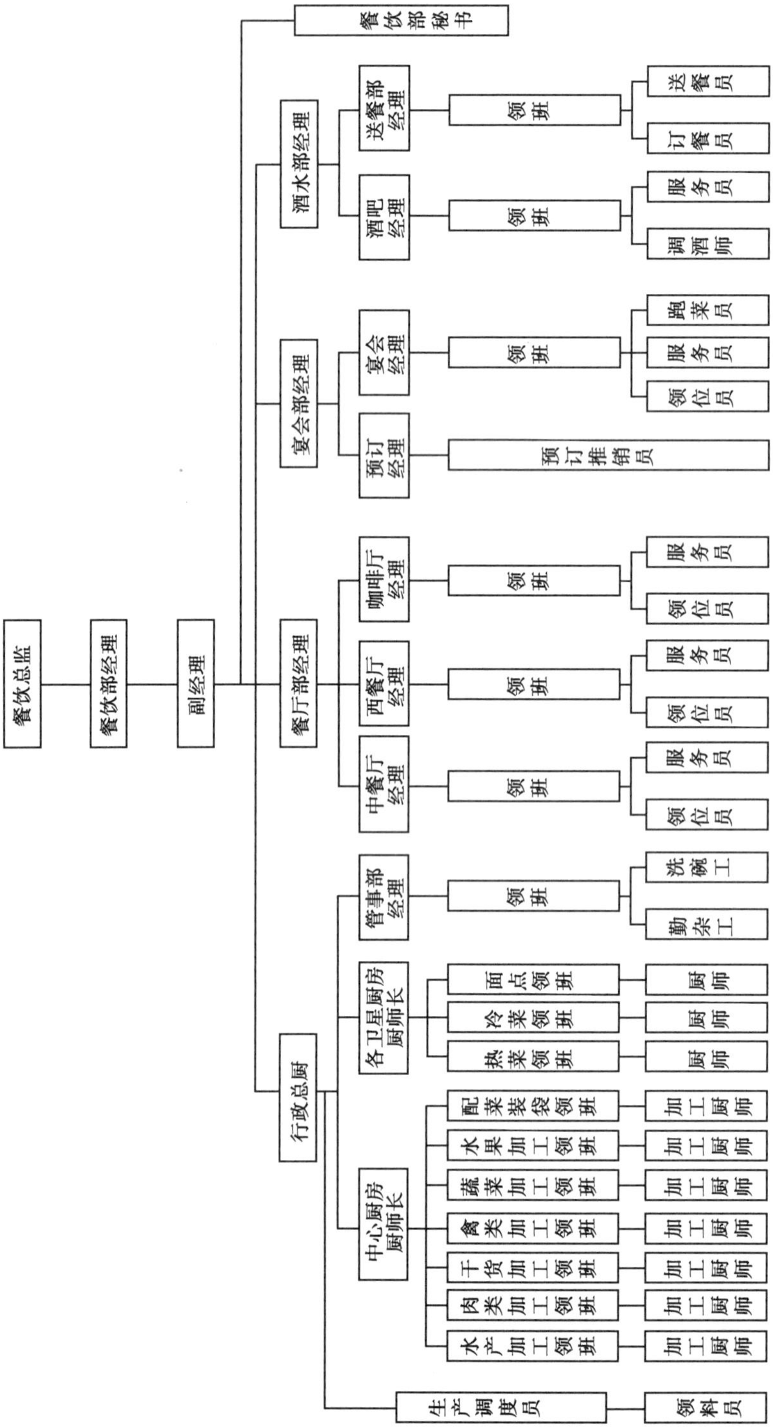

图1.3 大型饭店餐饮部组织结构模型

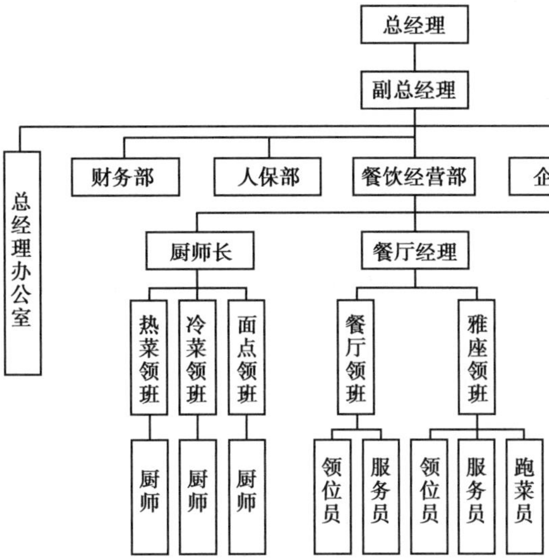

图 1.4　餐饮型企业组织结构模型

1.3.3　餐饮部门工作人员的岗位职责

1）餐饮总监岗位职责

①负责制订餐饮部经营计划，编制年度本部门预算，并有效地组织计划和预算的实施，对实施过程进行动态跟踪，持续地采取积极措施改善和提高经营质量。

②落实部门内部的经营考核，分解经营目标，组织各厨房和餐厅努力完成经营指标，定期同行政总厨研究菜肴，推出新菜单，给予指导帮助。

③修订和完善服务标准和操作规程，检查出品质量和餐厅服务，通过有效的督导，确保食品酒水的质量以及餐厅服务达到酒店规定的标准。

④根据市场情况和季节时令，组织专题营销活动，落实菜牌的推陈出新，重视特色菜品的创新培育，提高酒店在本地餐饮市场中的知名度。

⑤采取有效措施提高部门经营利润。了解市场原材料行情，控制食品成本，合理控制食品库存，提高出品毛利，节省能源开支，控制餐具损耗和人力成本，努力实现预定的经营目标和部门财务预算。

⑥经常接触顾客听取意见建议，与客户建立良好的关系，妥善处理顾客的求诉，为酒店培育潜在的客源。

⑦注重现场管理，检查并批阅各部门工作日志，经常性对餐厅、厨房巡视监督，确保点心菜肴、餐具厨具、接待服务、设备维护、环境清洁安全等方面符合酒店的标准。

⑧制订并落实员工培训计划，对员工队伍实施有效的管理，使其在仪容仪表、服务规范、接待技巧和操作技艺等方面得到不断的提升。

⑨参加酒店部门经理会议。主持日常和定期的部门会议，贯彻执行总经理布置的任务，提出合理化建议，制订措施完善部门管理。

⑩发扬团队精神,保持大局意识,与酒店其他部门保持通畅的信息交流,并给予积极的配合和协助。

⑪代表酒店与外包餐厅经营者保持联系,给予必要的指导督促,对其明显有违酒店制度的行为进行干预,并及时报告酒店管理层。

⑫抓好设备设施的维修保养,落实责任制,确保设施处于完好状态,确保所有设备得到正确使用和维护,防止发生事故。

⑬抓好卫生和安全工作,全面贯彻食品卫生管理制度,开展经常性的自查自改,确保菜品的食品安全,确保餐厅、厨房和库房的安全生产。

⑭协助总经理做好其他方面的工作。

2)餐厅经理岗位职责

①根据酒店市场定位和经营政策,完善服务标准和操作程序,确保所有标准和程序在日常经营中得到落实。

②督导部门员工遵守酒店的各项规章制度。

③制订部门的工作计划,使餐厅日常工作有条不紊地开展。

④培育团队精神,合理调配人手。编制员工的排班表和工作岗位安排表,使每位员工既有明确的工作任务,又能发挥积极性和能动性,在营业高峰时服从调配。

⑤召集班前班后会,亲自进行训导。检查仪表仪容,指出存在的不足,提出改进措施,对表现优秀的服务员加以表扬。

⑥关注细节,坚持走动管理。检查餐厅开档前的准备工作,敏锐发现细节问题,把问题解决在客人发现之前。

⑦亲自与顾客沟通,征求顾客意见。听取顾客对餐厅服务和食品的评价,提出调整服务和菜品的建议,努力为顾客提供满意服务。

⑧建立顾客档案,保存重要客户的宴会订单等消费记录。坚持餐厅日记制度,使之成为有效的工作程序和管理手段。

⑨妥善处理顾客投诉,与顾客建立良好的关系。

⑩保持与相关部门的紧密联系。及时获取宴会销售和客户的需求信息。与厨师长保持良好的合作关系,参与研究制订特色菜单和开发新菜品,征求顾客的意见建议,及时反馈加以改进。

⑪重视员工的培训工作。组织主管及领班,服务员参加各种培训和竞赛活动,提高下属的服务意识和操作技能。

⑫加强餐厅财产管理,定期检查设施和清点餐具,建立物资管理制度,做好维护保养工作,落实使用和保管的责任制。

⑬控制部门费用开支和物品损耗。检查餐厅设备的情况,抓好设备设施的维修保养,确保各种设施处于完好状态并得到正确使用,防止操作事故的发生。确保照明空调的操作程序得到有效执行,以减少能源损耗。

⑭负责餐厅环境的净化美化工作,为顾客提供洁净、舒适、安全的用餐环境。

⑮确保酒店的安全政策程序得到执行。制订和完善部门的应急预案，加强员工安全知识培训，使突发的安全事故得到有效的处置。

⑯完成餐饮总监交办的其他工作。

3）餐厅主管的岗位职责

①对下属进行有效的督导和训练，遵守酒店安全卫生等各项规章制度，执行酒店的服务标准和操作规范。

②每日提早 15 分钟到岗，查看交接班记录。召开班前会，检查仪表仪容，分派任务，明确要求，熟悉菜牌、酒水牌，熟记每天供应品种，确保下属的状态达到上岗要求。

③负责开档前准备工作。了解当日厨师推荐的菜品，了解当日用餐人数及特殊安排，督促员工做好开餐准备。

④营业时间加强现场管理，检查席间服务情况，关注服务细节，及时进行指导督促，发现问题亲自跟进。

⑤亲自与顾客沟通，征求顾客用餐的意见建议，建立 VIP 客户档案，妥善处理顾客投诉。

⑥餐厅营业时间结束，检查餐厅清洁、摆台、餐具和布草整理工作，检查电器空调的关闭情况，检查各营业区域安全卫生状况，填写交接记录。

⑦合理排班，确保餐厅运行顺畅。安排好领班和服务员班次，记录员工的休假、加班、补钟和休息。

⑧负责分管餐厅的设备设施的维护保养。定期检查设施和清点餐具，落实使用和保管的责任制。

⑨完成上级交派的其他任务。

4）餐厅领班的岗位职责

①召集班前会，检查服务员的仪表仪容，做好考勤记录。根据当日宴会预订，布置和分派任务，做好营业前的准备工作。

②督导员工为顾客提供优质规范服务，检查菜品质量和调度出菜速度。

③征求顾客对菜品和服务的意见建议，了解顾客的特殊要求，妥善处理顾客的投诉，同客人建立良好关系。

④营业结束做好收尾工作，检查餐厅摆台、服务台清洁、交班记录等所有收尾工作。

⑤负责本服务区域内设备的维护保养，做好各项班次物品表单交接工作。

⑥组织本组员工培训，负责检查服务员、服务生和传菜员的工作。定期对本班组员进行评估，向主管提出奖惩建议。

5）餐厅服务员的岗位职责

①服从领班安排，按照工作程序与服务标准做好开餐前的准备工作。

②按服务规范友好礼貌地迎接顾客，引顾客入座，推荐并解释菜单上的菜品。

③开餐时，按服务程序与标准，为顾客提供热情、耐心、礼貌、周到的餐间服务。注意顾

客用餐情况，适时添加酒水和更换餐具。

④受理顾客的诉求，必要时立即汇报给领班，寻求解决办法。

⑤用餐结束后，站在门口欢送顾客，并表示感谢。

⑥当班结束，做好收尾和交班工作。

⑦积极参加培训和训练，提高自己的服务技能和接待技巧。

⑧善于观察思考，在班组会议上提出问题，转达顾客提出的意见建议。

⑨团结友爱同事，相互帮助，共同努力。

⑩完成上级指派的其他工作。

6）餐厅主管的岗位职责

①对下属进行有效的督导和训练，遵守酒店各项规章制度，执行酒店的宴会服务标准和操作规范。

②参加大型宴会的协调会，做好宴会前的准备工作，仔细了解宴会安排细节以避免任何失误，确保宴会的顺利进行。

③召开班前会，检查仪表仪容，分派任务，介绍宴会菜牌，介绍宴会的基本情况、人数及特殊安排，检查宴会的摆台，督促员工做好宴会开始前的准备工作。

④宴会进行中，加强现场管理，检查席间服务情况，关注服务细节，及时进行指导督促，发现问题时要亲自跟进。

⑤与顾客保持良好的沟通，避免不必要的误解，征求顾客用餐的意见建议，收集 VIP 客户信息，机智、真诚、妥善地处理顾客投诉。

⑥宴会结束，检查餐厅清洁、摆台、餐具和布草整理工作，检查电器空调的关闭情况，仔细检查营业区域状况，填写交接班记录。

⑦合理排班确保宴会接待运行顺畅，安排好领班和服务员班次，记录员工的休假、加班、补钟和休息。

⑧负责分管餐厅设备设施的维护保养。定期检查设施和清点餐具，落实使用和保管的责任制。

⑨完成上级交派的其他任务。

7）宴会厅经理的岗位职责

①根据酒店市场定位和经营政策，完善服务标准和操作程序，确保所有标准和程序在日常经营中得到落实。

②督导部门员工遵守酒店的各项规章制度。

③制订部门的工作计划，使餐厅日常工作有条不紊地开展。

④培育团队精神，合理调配人手。编制员工的排班表和工作岗位安排表，使每位员工既有明确的工作任务，又能发挥积极性和能动性，在营业高峰时服从调配。

⑤召集班前班后会，亲自进行训导。检查仪表仪容，指出存在的不足，提出改进措施，对表现优秀的服务员加以表扬。

⑥关注细节,坚持走动管理。检查餐厅开档前的准备工作,敏锐发现细节问题,把问题解决在顾客发现之前。

⑦亲自与顾客沟通,征求顾客意见。听取顾客对餐厅服务和菜品的评价,提出调整服务和菜品的建议,努力为顾客提供满意的服务。

⑧建立顾客档案,保存重要顾客的宴会订单等消费记录。坚持餐厅日记制度,使之成为有效的工作程序和管理手段。

⑨妥善处理顾客投诉,与顾客建立良好的关系。

⑩保持与相关部门的紧密联系。及时获取宴会销售和客户的需求信息。与厨师长保持良好的合作关系,参与研究制订特色菜单和开发新菜品,征求顾客的意见建议,及时反馈加以改进。

⑪重视员工的培训工作。组织领班,服务员参加各种培训和竞赛活动,提高下属的服务意识和操作技能。

⑫加强餐厅财产管理,定期检查设施和清点餐具,建立物资管理制度,做好维护保养工作,落实使用和保管的责任制。

⑬控制部门费用开支和物品损耗。检查餐厅设备的情况,抓好设备设施的维修保养,确保各种设施处于完好状态并得到正确使用,防止操作事故的发生。确保照明和空调的操作程序得到有效执行,以减少能源损耗。

⑭负责餐厅环境的净化美化工作,为顾客提供洁净、舒适、安全的用餐环境。

⑮确保酒店的安全政策程序得到执行。制订和完善部门的应急预案,加强员工安全知识培训,使突发的安全事故得到有效的处置。

⑯完成餐饮总监交办的其他工作。

8)宴会厅领班的工作职责

①召集班前会,检查服务员的仪表仪容,按当日宴会接待的要求,介绍宴会单的细节,避免任何误解,布置和分派任务,做好宴会前的准备工作。严格执行宴会服务标准和作业流程。

②督导本组员工为顾客提供规范的餐间服务。

③照顾顾客的特殊需求,妥善处理顾客的投诉,需要时向上级汇报顾客的投诉,同顾客建立良好关系。

④宴会结束做好收尾工作,检查宴会厅摆台、服务台清洁、交班记录等所有收尾工作。

⑤负责本服务区域内设备的维护保养。做好各项班次物品表单交接工作。

⑥组织本组员工培训,定期对本班组员进行评估,向经理提出奖惩建议。

⑦完成上级交办的其他工作。

9)管事部经理的工作职责

①参加餐饮部例会,完成上级和有关职能部门布置的任务。

②修订完善工作标准,制订各种器皿浸渍漂洗的作业程序,控制洗涤设备、瓷器、玻璃器

皿、高级器皿和餐具的清洁质量。确保所有器皿洁净和存放有序。

③负责管理餐具和厨具仓库,有计划地安排采购,有效地控制和消除餐具闲置库存,物尽其用,保障供给。

④编制餐具器皿的年度预算,报餐饮总监。有效地控制瓷器、餐具、玻璃器具的内部流动,有效地控制破损率。

⑤负责各工作区域厨具餐具的定期盘点工作,协助和指导楼面、厨房、财务人员盘点餐具,记录盘点日期、器皿件数和所存放的场所。

⑥每周审核餐具损耗情况记录单,交财务成本部复核。

⑦监督机器设备的保洁保养工作,确保所有设备运行良好。

⑧控制费用开支,指导和督促员工正确、节约和安全地使用清洁剂,控制餐具损耗。

⑨检查工作质量,保持管理层所制订的操作标准,确保设备和工作场所的清洁卫生。

⑩负责排班、考勤和检查组员到岗的情况,合理调配人手。定期对组员进行绩效评估,实施业务培训计划。

⑪完成上级交办的其他工作。

10)管事部领班的岗位职责

①带领员工执行酒店有关安全卫生的规程。保持工作区域和管事部库房的清洁整齐。

②保持餐具的合理储存量,确保瓷器、玻璃器皿等餐具的供给。

③负责安排餐具的洗刷消毒保洁工作,督导属下员工严格执行标准程序。

④做好洗刷用具、洗涤剂的领用和登记保管工作。检查洗涤剂、消毒剂的正确调配和使用。督促员工节约洗涤剂和能源。

⑤做好每日餐具破损记录。月底组织餐具库存盘点,统计餐具器皿损耗。

⑥做好下属员工的排班、考勤、考绩工作。

⑦完成上级交办的其他工作。

11)管事部主管的岗位职责

①督导员工执行酒店有关安全卫生的操作规程,保持工作区域的整齐清洁。确保所有的管事部库房的清洁整齐。

②督导员工按照设备的操作规程进行操作和维护。

③保持餐具和厨具的合理储存量。确保瓷器、玻璃器皿等餐具的正常供给。

④负责本组员工的任务分派和检查完成情况。负责安排碗具、用具等洗刷和消毒工作,并按洗刷和消毒的程序,督导属下员工严格执行。

⑤做好洗刷用具、洗涤剂的登记领用和保管工作,并监督洗涤剂、消毒剂的正确调配和使用。督促员工节约化学品、清洁用品、电和水。

⑥做好每日餐具破损记录。监督对害虫的控制。

⑦做好属下员工的排班、考勤、考绩工作。

⑧完成上级交办的其他工作。

12）酒水领班的岗位职责

①做好餐饮部所有酒吧、餐厅、迷你吧、宴会厅的酒水供应。

②做好所有酒水的采购申请，在采购前需向餐饮部经理提交申请。为餐厅设计酒水推广，负责餐饮促销活动的酒水安排。

③检查烟酒进货的质量，保证无假货和换货现象发生。

④掌握酒水库存，控制酒水部的成本。确保不会发生商品潜在变质损失。

⑤每日检查责任区域的环境卫生、员工仪表仪容和营业前的准备工作，为顾客提供舒适和优良的服务。

⑥与其他各部门的人员保持良好合作、互相协调。

⑦协助主管确保酒水部所有设备得到良好的维护和正确的使用。

⑧协助主管做好月底酒水盘点工作，确保账实核对无误，按时向财务成本部提交盘点报告。

⑨完成上级交代的其他工作。

13）酒水主管的岗位职责

①根据酒店的管理政策，修订和完善酒水部管理制度并组织实施。

②检查、监督餐饮部所有酒吧、餐厅、迷你吧、宴会厅的酒水供应情况。

③负责所有酒水的采购申请，在采购前需向餐饮部经理提交申请。为餐厅设计酒水推广，负责餐饮促销活动的酒水安排。

④检查烟酒进货的质量，保证无假货和换货现象发生。

⑤掌握酒水库存，控制酒水部的成本，确保不会发生潜在商品变质损失。

⑥负责考勤及工作班次编排。

⑦组织员工培训，确保本部门员工的素质和工作态度达到岗位要求。

⑧与其他各部门的人员保持良好合作、互相协调。

⑨确保酒水部的设备安全工作，确保所有设备得到良好的维护和正确的使用。

⑩负责月底酒水盘点工作，确保账实核对无误，按时向财务成本部提交盘点报告。

⑪完成上级交代的其他工作。

14）宴会预订经理的岗位职责

①树立预订部服务窗口形象，确保员工仪容仪表、礼节礼貌符合酒店规定的标准。

②按酒店规定的标准和程序向顾客提供预订服务。

③参与洽谈接待，细心处理预订的细节问题和顾客的特殊要求。

④积极推销酒店宴会设施及其他服务项目，陪同顾客参观宴会设施，协助酒店做好促销活动。

⑤每天检查顾客的预订情况，确保预订信息无误和订单传递及时。

⑥维护、更新客户档案和信息资料，建立 VIP 客户档案，努力满足顾客的个性化需求。

⑦与相关部门保持良好的沟通。

⑧完成上级交给的其他工作。

⑨做好部门的培训计划及检查实施情况。

15)宴会预订领班的岗位职责

①树立预订部服务窗口形象,确保员工仪容仪表、礼节礼貌符合酒店规定的标准。

②按酒店规定的标准和程序向顾客提供预订服务。

③积极推销酒店宴会设施及其他服务项目,陪同顾客参观宴会设施,协助酒店做好促销活动。

④协助预订部经理每天检查客人的预订,确保预订信息无误和预订单传递及时。

⑤维护、更新客户档案和信息资料,建立 VIP 客户档案,努力满足顾客的个性化需求。

⑥完成上级交给的其他工作。

⑦协助部门经理做好部门的培训计划及检查实施情况。

⑧负责本部门的考勤,监督宴会预订部员工的服务规范和工作表现,并向上级汇报。

16)宴会预订主管的岗位职责

①树立预订部服务窗口形象,确保员工仪容仪表、礼节礼貌符合酒店规定的标准。

②按酒店规定的标准和程序向顾客提供预订服务。

③参与洽谈接待,细心处理预订的细节问题和顾客的特殊要求。

④积极推销酒店宴会设施及其他服务项目,陪同顾客参观宴会设施,协助酒店做好促销活动。

⑤每天检查顾客的预订,确保预订信息无误和预订单传递及时。

⑥维护、更新客户档案和信息资料,建立 VIP 客户档案,努力满足顾客的个性化需求。

⑦与相关部门保持良好的沟通。

⑧负责本部门的考勤,监督宴会预订部员工的服务规范和工作表现,并向上级汇报。

⑨完成上级交给的其他工作。

17)文员的岗位职责

①作为餐饮部的信息中心,及时处理每日的电话信息,确保信息得到迅速的转达。

②确保打印和收发的文件正确无误,及时分发、转达和存档,使部门文件和业务资料得到规范化管理。

③参加餐饮部会议,协助经理做好会议记录、资料统计整理和文件起草等文书工作。

④每月盘点餐饮部办公用品和其他物品,编报相关报表。

⑤负责部门考勤汇总、办公用品发放等内勤事务。

⑥保持办公室整洁,为来访者提供热情的接待服务。

⑦根据行政办、财务、人力资源等部门的要求,做好配合协助工作。

⑧完成餐饮总监、行政总厨和餐饮部经理交办的其他工作。

18)酒吧服务员的岗位职责

①执行上级指示,按本岗工作标准及程序做好营业前的各项准备工作。根据销售状况,从酒水库中提取所需酒水。

②熟练掌握酒吧服务知识,熟悉各种酒水的特性、饮用方式及服务方式,熟悉酒吧各种设备和器皿的使用方法。

③懂得饮食卫生知识,严格按卫生标准进行操作。

④向顾客介绍推荐酒水饮料,按照服务标准为顾客提供周到的服务,保持酒吧设备环境的光亮整洁。

⑤积极参加业务培训活动,不断提高调酒技术和服务水平。

⑥做好酒吧下班后的收尾工作,对库存进行盘点,认真填报营业报表。

⑦控制饮料成本,严防酒水浪费和失窃。

⑧完成上级交办的其他工作。

19)库管员的岗位职责

①负责管理管事部仓库,货架码放整齐,标签规范。

②负责各类餐具、用具分类造册,建立和完善仓库实物管理账。

③根据各餐厅不同的要求,办理餐具的领用、借用手续,做到手续规范,物品发放准确。

④每天汇总登记餐具的领用单和借用单,做到账物相符。

⑤向上级提出采购餐具的建议,确保库房的合理储存量,保证各餐厅的正常供应与使用。

⑥每天对库房进行一次检查,保持库房的整齐卫生。

⑦对贵重餐具,每天一检查,每周一对账,做到账物相符,手续齐全。按月汇总上报管事部经理。

⑧负责本库房的安全卫生工作。

⑨完成上级交办的其他工作。

20)洗碗工、清洁工的岗位工作职责

①积极配合部门工作,遵守各项管理制度。

②掌握洗碗机及洗涤剂的正确使用方法。洗涤前将设备预热,清洗操作符合规定程序,正确使用洗涤剂及用量,正确控制机器的水量。

③懂得消毒工具的卫生知识,做到一刮、二洗、三冲、四消毒、五保管。

④搞好环境卫生,及时清理垃圾桶,确保管事部库房的清洁卫生。

⑤保持洗碗间清洁卫生,无异味,无积水,无死角,垃圾桶加盖并经常清理,保持餐具保洁柜内干燥、洁净、整齐。

⑥遵照领班的通知,协助其他区域的工作。

⑦节约使用洗涤剂和水电。

⑧完成上级交办的其他工作。

1.3.4 影响餐饮管理人员编制的因素

餐饮企业编制定员是指根据餐饮经营的方向、规模、档次、业务情况、员工政治思想和业务素质等,本着节约用人、提高效率的宗旨,在建立岗位责任制的基础上,确定必须配备的各类人员的数量。编制定员是餐饮企业人力资源管理的重要组成部分,对于合理使用人力资源、提高工作效率、挖掘员工潜力以及提高劳动组织水平、加强劳动纪律管理都有重要的意义。

1)市场状况和餐厅翻台率高低

市场环境越好,用餐顾客越多,必然提高餐厅座位利用率,服务员的劳动定额,即能够看管的座位数必然相对减少,用人相对增加;反之,市场环境不好,或大的市场环境较好,而本餐厅的座位利用率较低,也会影响人员编制。若翻台率高证明员工的劳动强度大,则应当制订倒班制度,从而增加员工的数量;若翻台率较低则员工的数量要相应减少。

2)服务的类别以及菜品制作的复杂程度

服务程度低的餐厅需要较少的服务员,服务技术也相对简单;反之,服务程度高的餐厅需要不同的专职人员来管理,相应的服务员数量也会增加。西餐中的法式服务由于需要在客前进行烹制表演,所以需要两名服务员同时服务;自助餐厅或快餐厅由于顾客自主选择的权利较大,因此服务人员的数量也较少;一些大型饭店的菜品品种繁多,购进的原材料需要进行复杂的加工和精细的烹制,这样的餐饮企业不仅需要大量的员工,还需要复杂的专门技术人员,无形中增加了员工的数量。相反,有的餐饮店购进的大多是成品或半成品,只需要经过简单的加工就可以进行销售,所以需要的员工和技术人员较少。

3)餐厅技术设备状况

厨房生产能力以炉灶多少为主要标志,它与餐厅接待能力相适应。厨房生产能力越强,炉灶数量越多,用人必然越多。同时,厨房技术设备越先进、越科学合理,越能提高劳动效率,从而影响厨房人员编制。

4)餐饮经营的季节波动程度

餐饮业务经营有一定季节波动性,但比客房波动程度低。季节不同,餐厅座位利用率的高低不同,从节约人事成本、降低人员编制、合理使用劳动力的要求来看,餐饮人员编制应以平季为基础。旺季人员不足时,可以利用短期合同工或利用淡季安排员工休假、旺季不休假来调节,淡季人员富余时又可多安排休假或开展员工培训,从而减少人员编制。

1.3.5　餐饮管理人员编制方法

1)岗位人数编制法

岗位人数是指一个岗位所配备的定员人数。这种编制法适用于餐饮企业主管以上各级管理人员的编制。具体方法是:根据组织结构的设计,在分析企业规模、管理层次、各级管理工作的工作量大小的基础上确定岗位设置,然后根据工作需要按岗定人,确定岗位人数。在使用岗位人数编制法时需注意:各级管理人员的岗位人数必须根据组织结构设计和岗位设置而定,形成固定人数,不能因人设事,因人设岗;各级管理岗位是否需要设置副职和秘书,具体岗位人数多少,取决于餐饮企业的经营规模。人数以满足工作需要为度;各级各岗人员编制确定后,将其人员编制作为组织管理法规来贯彻落实,不能随意更改岗位设置和变动人数。

2)上岗人数定员法

上岗人数是指在餐饮业务经营活动正常开展的情况下,一个岗位一天所需要的上岗人数。主要适用于那些餐饮管理中很难确定劳动定额,只能根据经验和日常总体工作需要来确定其上岗人数的部门和岗位的人员编制情况。采用这种方法的关键是要核定每日上岗人数,可根据所要核定的部门的岗位设置,分析在正常业务经营活动能够顺利进行的情况下,一个岗位一天需要几个人上岗。餐饮部每天上岗人数需要根据所核定的部门岗位设置和工作任务量的大小来确定,以能够满足业务需要、员工每天基本没有空闲时间为原则。在所核定的部门每日上岗人数确定后,可根据公休时间、轮休时间和出勤率等因素来确定某一岗位的定员人数。

3)接待人次定员法

根据餐厅岗位设置和接待人次,在核定人均接待人次的基础上确定人员编制,主要适用于各种餐厅、酒吧间的服务人员编制。

(1)核定餐厅人均接待人次

餐厅服务员有领位员、传菜员、盯台服务员和酒水员等。领位员和酒水员不管餐厅大小和接待人次多少,其上岗人数一经确定,就固定了。盯台服务员和传菜员根据接待人次的多少来确定,因此,核定餐厅人均接待人次的方法是先选择服务员,观察测定在正常开餐中,每人平均接待的就餐人数。餐厅人均接待人次多少和餐厅的规格、服务质量有关。例如,盯台服务员盯零点台时,每天接待20人;团队或者会议餐,人均接待40人左右;宴会厅每人只能接待1桌客人;高档扒房则需要两名服务人员同时服务一桌顾客。

(2)确定餐厅员工定员

在核定餐厅人均接待人次的基础上,其定员人数的多少主要受餐厅座位数、预测上座率、劳动班次和计划出勤率等因素的影响,其中,预测上座率的高低是主要手段。由于餐厅销售具有季节的波动性和随机性,因此其定员编制还可以采用弹性编制法来适应餐厅经营的特点。

4)看管定额编制法

看管定额也称操作定额,是指正常生产和经营活动中,一个工人或一个班组同时能够看管机器设备的台数,或者看管机器设备上操作岗位的数量。就餐饮企业而言,它是使用食品原材料加工为成品来满足顾客的用餐需求。主要适用于酒店宾馆、大型酒楼炒菜厨房的人员编制。具体方法是根据炒菜厨房的流程选择上灶厨师、原料加工处理、配菜和勤杂等人员来进行测试,观察一台炉灶需要几名工作人员,按照相应的比例形成看管定额,从而确定员工人数。

【案例·讨论】

儿童餐饮进入2.0时代,创新模式势不可当

据统计,城镇家庭平均每月投入到孩子饮食上的费用是500~1 000元,中国儿童餐饮市场规模约为500亿元。二孩政策放开,儿童餐饮有了新方向。"亲子餐""幼儿餐饮""提供幼儿椅的餐厅"等关键词的搜索量大幅上升,越来越多的消费者希望能在适合带娃的亲子餐厅用餐。儿童主题餐饮的前景到底如何?随着众多竞争者的纷纷涌入,脱颖而出的创新模式又有哪些?

儿童餐厅是以儿童为主要服务对象,从餐厅装修、运营模式、菜品设计、市场活动都以儿童为主要市场主题的特色主题餐厅。目前最主要的趋势方向是营造有趣的用餐氛围,打造主题场景,提供游乐、早教、DIY等丰富的娱乐配套,吸引儿童和家长前往。据统计,现阶段儿童消费占家庭消费总支出的40%左右,并呈逐年上升趋势。在这样的大背景下,进入2.0时代的儿童餐饮市场无疑潜藏着巨大商机。

1.儿童主题餐厅的消费群体潜力巨大

目前,特色的儿童餐厅在国内并不多见;而在餐饮领域,儿童餐厅所占的份额还非常小。据统计,现阶段儿童消费占家庭消费总支出的40%左右,并呈逐年上升趋势。在这样的大背景下,儿童餐饮市场无疑潜藏着巨大商机。调查显示,目前20%的家长会带孩子去儿童主题餐厅用餐。如果将儿童主题餐厅的档次、产品、服务和创意不断提升,那么儿童主题餐厅的客户群体将进一步扩大。在购物中心,儿童餐厅占儿童体验业态的比例将达6%,中国指数研究院数据显示,儿童主题餐厅占购物中心儿童体验业态的比率不断增大。预计2021年,儿童主题餐厅有望突破350家,国家统计局数据显示,全面开放二孩政策后,未来4年将新增5 212万个新生儿,而以儿童为主要服务对象的餐饮将会呈现极快的发展速度,到2021年,国内儿童主题餐饮预计有望突破350家。

作为购物中心重点关注的新兴业态之一,市场需要大量优质的儿童主题餐饮品牌,当下

也正是这类新兴品牌创业成长的风口！

2.儿童主题餐厅的创新模式

1)选址、装修风格差异化

亲子餐厅的主导消费客群虽然都集中在年轻一代的父母，但依然有着细分的市场需求，这些需求的不同，决定了亲子餐厅要开到哪里。

便利型亲子餐厅。大型综合卖场里的亲子餐厅，由于交通便利容易到达，也与幼儿教育、亲子活动等经营业态互补。家长会带着孩子上完兴趣课就直接过来就餐。教育型亲子餐厅对场地的面积和功能性要求更高，父母的文化程度和消费能力也较高，因此一般都会选在高档社区附近，可以提供类似“临时幼儿园”的服务。周末亲子俱乐部父母和孩子整天待在一起，所以这种类型的亲子餐厅规模较大，一般都会位于郊区。例如，上海就有一家名为Big Bamboo的亲子餐厅，花园式的建筑就坐落于郊区的林荫小道旁。

大多数的亲子餐厅，为了迎合孩子的喜好，都会装饰得色彩缤纷，然而花花绿绿的店面形象却造成了相似感，没有个性。台北内湖的Money Jump亲子餐厅就在色彩和质感这个部分打造自己的独特性。有别于五颜六色的塑料家居和空间，Money Jump亲子餐厅请来设计师精心打造了一个木制空间，第一眼看起来就有一种天马行空的梦幻感。

2)儿童心理、生理、护理专业化

亲子餐厅并不是只有外在硬件这么简单，运营时也要依赖一定的教育专业知识和育儿、营养、防护等方面的专业知识。亲子餐厅的员工需要懂得调动孩子的情绪并照管好他们，有些餐厅甚至配有2年以上幼教经验的老师提供专业服务。儿童发育及营养方面的知识必不可少，主要是儿童菜单设计要科学健康、配比恰当，厨师要经过营养方面的专业培训。针对食品原材料，有些餐厅直接使用农科院和中粮集团的有机食品，有的还开辟出让家长更放心的家庭菜园，实践“农场直通餐桌”健康理念。大部分亲子餐厅都会设计游戏区域，儿童是否能在这些区域中安全活动是家长最关心的问题。大到秋千、滑梯等游乐设施，小到手工制作时使用的纸张和剪刀，都要有安全意识和保护措施。环境方面也需要注意，如灯光的明暗要适合儿童眼部发育的要求，不能太亮也不能太暗，频闪也要控制。另外，经营者和服务人员也需要有意外伤害的防治和紧急处理能力，让父母能够轻松放心地享受孩子安全玩耍的时光。

3)主题活动体验创新化

主题活动是亲子餐厅的必备要素，主题个性化是创新模式里的一个关键。虽然许多亲子餐厅经营模式很有创意，但还是有很多更有实力的大餐厅、高档酒店具备能力将服务拓展到“亲子”模式，与新生的亲子餐厅品牌形成竞争。

在这种情况下，要想吸引更多家长并持续获得关注，在主题活动的体验方面就要不断推陈出新。有的亲子餐厅开辟出高端母婴产品区，从婴儿辅食到高端婴儿推车、安全座椅，关于宝宝的一切用品都有供应，提供餐饮+亲子+购物的一站式服务，也有许多亲子餐厅提供定制生日派对服务。还有的亲子餐厅每天设置5个活动时段，每个时段约半小时，活动主题有绘本故事、手工、美术、音乐、舞蹈、放映迷你电影等，让在不同时段来的每个孩子都可以玩耍。

分组讨论：根据文章内容，结合“解放妈妈”和“二孩家庭”消费承担能力等因素，如何打造父母+儿童复合消费模式项目。

复习思考题

1. 简述餐饮业的发展趋势。
2. 简述餐饮管理的特点。
3. 简述设置餐饮组织机构的原则。

第 2 章
餐饮市场分析及定位

【学习目的】

熟悉餐饮市场的特点以及餐饮市场的分类；了解顾客餐饮消费的影响因素和餐饮市场的供求关系；掌握餐饮市场定位的影响因素和餐饮消费行为的形成过程。

【学习重点】

- 餐饮市场定位方法和餐饮市场营销策略。

2.1 餐饮市场分析

2.1.1 餐饮市场

餐饮市场是餐饮需求、餐饮供给以及两者相互交换关系的总和。餐饮市场需求是指在一定时间内和一定价格条件下，餐饮消费者对餐饮产品愿意而且能够购买的数量。餐饮市场供给是指在一定的时期和一定条件下，在一定的市场范围内可提供给餐饮消费者的餐饮产品的总量，包括餐饮实物和服务。影响餐饮市场供给的因素主要包括餐饮产品的价格、生产能力、生产成本及一些人为不可抗力等。

餐饮市场包含 3 个要素：一是有某种需求的人；二是为满足这种需求而具有的购买能力；三是为满足这种需求而拥有的购买欲望。它们的关系可表述为：

$$餐饮市场 = 餐饮消费者 \times 购买能力 \times 购买欲望$$

在这个公式里，餐饮消费者主要是指购买餐饮产品和餐饮服务的个体消费者和各类社会组织。其中社会组织包括各类工商企业、政府机构和非营利机构。许多餐厅的宴席活动常常依赖于这些社会组织，他们构成了与消费个体市场不同的又一市场体系。购买力是指消费者支付货币购买商品或服务的能力。购买欲望是指消费者购买商品或服务的动机、愿望或要求，是消费主体把潜在购买力变为现实购买力的重要条件。从公式中可以看出，餐饮消费者、购买能力、购买欲望三者只要有一项为零，则餐饮市场为零。

2.1.2 餐饮市场的特点

1)具有明显的区域性

人们到餐厅就餐,主要出于两种动机:一是生理上的需要(吃饭);二是交往的需要。但无论哪种动机,都有着一个共同点,即就近和方便。正因为这一点,餐馆市场就有了明显的区域性,如人们可以花上几小时甚至更长的时间乘飞机去旅游,却很少有人乘飞机去品尝某一种风味。因此,餐厅的市场区是以餐厅为圆心,以消费者愿意前来的距离为半径的范围内,一般分为步行市场区和乘车市场区。

2)对餐饮需求的普遍性和广泛性

餐饮产品是指满足消费者基本需求的商品,因此,它带有普遍性和广泛性,不仅不受经济条件的制约,而且餐厅还是人们对饮食场所的第一选择。所以,餐厅与其他企业相比,分布比较广、比较散,在城市中凡是有消费群体的地方都有餐厅,无论是学校、医院、工厂的附近和居民区都可以开设餐厅。

3)消费需求的层次性

一般来讲,人们的消费需求总是由低层次向高层次逐渐延伸和发展,而决定这种需求层次的则是人们的经济收入。因此,人们对餐饮的需求与其他需求一样,具有层次性。这种层次性决定餐厅的档次和对目标市场的选择,以及经营策略的制订。例如优质优价、价廉物美、经济实惠等经营理念,都源于消费需求的层次性。

4)消费需求的诱导性

消费需求的诱导性是指消费者对餐饮产品求新求异、追求精神享受的一种表现形式。也就是说任何一个民族、任何一个人都经不住美味的诱惑。所以,餐饮企业要注意营销工作,可以引导、诱发或刺激消费者的需求,使无需求转变为有需求、潜在需求转变为现实的消费、未来的消费欲望转变为近期的消费行为。这一点在人们收入逐年增加的今天,更值得餐饮企业的重视。

5)餐饮市场是一个完全竞争的市场

在现实的市场经济中是不存在理论上的完全竞争市场的,但餐饮市场近似完全竞争的市场。餐饮市场上的买卖双方,任何一家餐饮企业或任何一个消费者的行为都不会影响市场的价格。因此,在完全竞争的市场上,餐饮产品的供应者和需求者都是被动地接受价格,受市场价格所左右。另外,餐饮市场近似一个完全竞争的市场还表现在可自由进出。新企业想进入市场不会受到阻碍,老企业退出市场也不会遭到阻挡,来去自由。所以,餐饮市场上很难形成寡头垄断的局面。因此,进入餐饮市场就要做好心理上和物质条件上的准备,敢于面对越来越激烈的市场竞争。

2.1.3　餐饮市场细分

餐饮市场细分是根据顾客的需求，通过评估和分析，选定一个或若干个细分的餐饮消费群体作为本企业餐饮目标市场并为他们制订相应的营销策略的过程。餐饮市场细分有利于餐饮企业发掘新的市场机会，把各目标市场的需求与市场上已有的餐饮产品进行比较，及时发现尚未得到满足的餐饮需求和营销机遇；有利于结合自身的实际情况，扬长避短，寻找和发挥本店的经营优势；有利于餐饮企业针对目标市场制订合理的营销方案，使餐饮产品、营销渠道、促销策略和餐饮价格等更适合本企业的目标市场。由于餐饮营销受消费差异、市场竞争环境及企业自身资源限制，因此餐饮企业只有集中力量，为具有相似需求的餐饮目标顾客创造并传递价值，才能有效地完成本企业的营销目标。

1）餐饮市场细分的标准

(1)找准差异，界限明确

有效的餐饮市场细分首先要明确自身的优势以及与竞争对手的差别，有明确的分界线，即找出各细分市场间的分界线，突出每个细分市场间的差异，反映每一个细分市场的鲜明特点，以便更加有针对性地制订营销策略。

(2)规模可观，量力而行

餐饮市场细分并非越细越好，市场细分到什么程度，最终由企业自身的能力和产品特点决定。细分后的市场必须在经济上是可行的，即企业的规模、资金实力、经营能力、物流供应及服务水平能否满足这部分特定餐饮市场需求并获得更多的利润。除了对现有的市场进行细分，还应注重潜在市场的挖掘，不局限于某一个特定的市场。

(3)反应灵敏，进入性强

餐饮企业依据自身特点将市场细分后应当随着市场的变动及时调整细分标准，对市场时刻保持关注，重新确定目标市场，通过选择不同的营销渠道、不同的营销手段和价格来刺激不同的餐饮市场。经过细分后的市场一定是可进入的，对于目标市场的社会环境、政治因素、目标顾客的接纳程度等要经过调查，保持销售渠道的畅通。

2）餐饮市场细分的依据

(1)按区域特征细分

按区域特征细分餐饮市场是把餐饮市场划分为不同的地理区域。如南方与北方、城市与农村、国际与国内。地理因素影响顾客对餐饮的需求，由于各地长期形成的气候、风俗习惯及经济发展水平不同，形成了不同的餐饮消费需求和偏好。

(2)按人口学特征细分

人口学特征包括人口数量、年龄、性别、家庭人数、收入、职业、教育、宗教、社会阶层和民族等。人口学特征与餐饮消费有着一定的联系。通过调查发现，不同年龄、不同性别、不同收入、不同文化程度和不同宗教信仰的消费群体对餐饮的原料、风味、工艺、颜色、用餐环境和餐饮价格有着不同的需求。此外,经济优越的年轻人、外出务工人员、求学和公务的就餐者、商务宴请团体、会议和旅游团队等的餐饮需求个性化很强。

(3)按心理特征细分

很多消费者在收入水平及所处地理环境等基本条件相同下却有着截然不同的餐饮消费习惯。这种习惯通常由消费者心理因素引起,因而心理因素也是餐饮细分市场的一个重要原则。心理因素主要指人们习惯的生活方式和个性爱好等存在着差异。

①卫生舒适心理。顾客用餐时需要干净、整洁和卫生的用餐环境,菜肴符合卫生要求并安全可靠,食之放心。餐饮业不同于百货商店和娱乐场所,更不同于农贸市场。顾客通常希望餐厅安静,清洁,有文化气息,得到服务人员周到细致的服务,用餐的心情舒畅,这是消费者用餐的最基本要求。

②理想心理。人们理想中的餐饮需求会因人、因事、因地而异,它可能是主题宴会,也可能是普通用餐。选择用餐地点可能是高星级饭店,也可能是大众餐厅。

③时空、怀旧心理。人们常盼望能品尝另一地区或他国的风味菜肴及早年的传统菜肴,这就是时空心理在餐饮消费中的反映。目前,由于交通的发达,存储设备的普及,餐饮消费时空心理在逐步减弱。餐饮消费行为的怀旧心理在中老年人中普遍存在,老年食客常抱怨目前的某些菜肴风味不如以前,他们喜欢在老字号餐厅用餐。

④求新心理。餐饮消费的求新心理人皆有之。尤其是年轻人求新心理强烈且善变。不论任何等级饭店或风味餐厅,如果设施、服务和菜肴永远不创新,肯定不会受顾客欢迎。

⑤实惠心理。消费者都想以较少的支出获取较多的商品,餐饮消费也不例外。因此,价格策略对餐饮促销起着一定的作用。当然,价格策略必须在拥有高质量和特色餐饮的基础上才能实现。

⑥保健心理。当今,随着国家经济的发展及人们工作效率的提高,顾客愈加关心身体健康,中医认为"医食同源",顾客对无激素和无农药污染的绿色食品非常青睐。

(4)按行为特征细分

所谓按行为特征细分餐饮市场,是指根据顾客对餐饮购买的目的和时间、使用频率、对企业的信任度、购买产品的态度和方式等将顾客分为不同的消费群体。例如,按顾客购买餐饮的目的、时间和方法将餐饮市场分为平时用餐、休闲、宴请,早餐、午餐、下午茶、晚餐和夜宵,零点和套餐等,这就形成了不同的消费群体。

①习惯型餐饮群体。这类消费群体是基于平时用餐目的,其特点是单人购买或团体消费。习惯型餐饮消费是维持生命本能的餐饮消费活动,市场需求量大,消费者多,购买力强。

②瞬时型餐饮群体。这种消费习惯比较复杂,常是突然的餐饮消费。例如,企事业单位临时接待活动,老同事、老同学偶然相遇用餐,节假日家庭外出购物或旅游,新餐厅开业,名厨挂牌服务,某餐厅美食节活动等都可能促成瞬时型的餐饮消费。

③计划型餐饮群体。除了习惯和瞬时型餐饮消费外,其他的餐饮消费都可归纳为计划型餐饮群体。例如,会议用餐和主题宴会等。这类消费者对餐厅环境、服务特色、菜肴风味、产品质量、餐饮价格等都有所选择,消费有计划,在时间上有规律。

2.2　餐饮市场定位

2.2.1　餐饮市场定位的概念

市场定位是由美国营销学家艾·里斯和杰克·特劳特在 1972 年提出的，其含义是指企业根据竞争者现有产品在市场上所处的位置，针对顾客对该类产品某些特征或属性的重视程度，为本企业产品塑造与众不同的、给人印象鲜明的形象，并将这种形象生动地传递给顾客，从而使该产品在市场上找到适当的位置。餐饮市场定位也称餐饮产品定位，是指餐饮企业选择最适合自己的一个或多个目标市场，并针对目标市场塑造特定的品牌和形象，餐饮企业为了使自己的产品和服务在公众和目标顾客的心中占据明确的、独特的、深受欢迎的地位而作出的各种决策和进行的各种营销活动，从而为餐饮产品和餐饮服务在市场上确定合适的位置。餐饮市场定位的实质就是使本企业与其他企业的产品和服务严格地区分开来，使顾客明显感知和认识到这种差异，从而在顾客心中树立自己餐厅的形象。

2.2.2　餐饮市场定位所需考虑的因素

①当地的饮食习惯爱好，包括菜品的原料、配料是否便于采购；当地人对菜肴的口味要求、对菜肴制作方式的接受程度、价格承受能力等。

②就餐人员的交通便利情况，就餐场所是否有充足的停车位已经成为顾客们选择餐厅的重要标准之一，在餐饮市场定位上选址是否有利于消费者用餐尤为重要。

③就餐人员的就餐形式，即当地消费市场的消费结构比例，家庭聚会、商务宴请、政府接待、旅游团餐等哪一类型的消费占主导是餐饮企业定位的依据和导向。

2.2.3　餐饮市场定位步骤

1）餐饮市场细分

餐饮市场具有鲜明的区域性和需求的复杂性的特点，中国各大菜系的不同风味特点便是一个反映人们需求差异的典型例证。从另一方面来看，各大菜系的风味能逐渐形成并最终稳定为一种特色，也表明每一菜系拥有数量可观的，且具有类似需求的消费者。这种在整体上有差别，在内部结构上又有相似的需求特点，正是进行市场细分的前提。餐饮市场细分就是将一个异质市场按照与需求有关的某种标志划分成若干个同质市场的过程。

餐饮市场的复杂性决定了餐饮企业在进入市场之前，必须先对市场进行细分。餐饮市场细分有利于改进对顾客服务的质量，有利于增强企业的竞争能力，实现企业的经营目标。

2）确定市场目标

管理人员首先要对餐饮的整个市场进行细分，在细致和准确的市场细分基础上，选择最符合本餐厅的目标市场。选择适合的客源层次进行市场定位时，要根据目标市场不同层次顾客的不同需求进行有条件的挑选，明白不同层次顾客的关键利益所在，有针对性地投其所好。例如，中、低档餐饮企业讲究的是经济、方便、舒适，定位时应把目光放在消费中、低档的顾客群体上，如国内企业的出差人员、推销人员及旅游团队等，以己所能，供客所需。

3）分析目标市场

通过调查分析目标市场的特点，餐饮企业提供的产品和服务是否能够满足目标顾客的需求，分析餐饮企业对此地区的可进入程度、当地的政策条件、群众的接纳程度、可能引起目标市场变动的因素分析等。

4）竞争对手分析

竞争对手的产品在某种程度上与自己的相同，并且能在市场上代替自己餐厅的产品，确定竞争对手后，管理者要清楚地认识到自身与竞争对手相比，优势在哪里，劣势又是什么。从餐饮实务角度来看，供应链、商圈价值、环境、陈设、菜式与饮品、服务水平、销售渠道、餐厅形象等元素都是分析的重点，得出分析结论后，管理者应在总体定位的指导下，完成各要素的建设或运行定位，以便在竞争中占得先机，取得竞争优势。

5）进行形势分析

综合分析餐饮企业的优势和机遇，有针对性地预防和避免企业的缺陷，积极正面地对待企业遇到的挑战。

6）树立企业形象

在选择了具体的目标市场之后，经营者就应考虑餐饮企业应树立什么样的形象来博取顾客的好感与信赖。决策时要从顾客的立场来思考问题，忧顾客之忧、乐顾客之乐，如针对外地出差人员可提供市内交通图，以方便顾客，同时经营中要突出自己的风格与个性，在竞争中独树一帜，让顾客情有独钟。例如饭店反映出浓郁的民族风情和地方特色，就能引起顾客的好奇与喜欢。可以在产品、价格、卫生、氛围、销售方式、服务人员及其服饰、形体动作、服务语言和礼节礼貌等方面来确定自己的特色，树立企业市场形象。餐饮企业可以通过宣传、营销、广告和公关等手段和优质的服务在目标顾客心目中提高自身的知名度和美誉度，从而达到市场定位的目的。

7）餐饮市场定位

在整个市场营销的计划和决策过程中，最后一个整体性的步骤就是市场定位。每种产品和服务在消费者心中都有一个“位置”。这种“位置”是消费者对产品特有的认识、印象和感觉的综合。它和市场上所有其他产品都形成了对照关系，这便是产品和企业的形象。企业通过各种努力（包括产品设计、定价、宣传、促销、选择销售渠道、培训员工等）来使这种形象达到最适宜的状态，这就是产品的市场定位。

2.2.4　餐饮市场定位的方法

1）餐饮形象定位

餐饮市场定位在选择确定其主要目标市场后，关键是确定并巩固企业的产品和服务在公众和目标市场顾客心目中的地位。要给公众和顾客在企业的名称、商标、可视的外观形象、室内装修环境、产品质量等方面都留下独特、深刻的印象，就必须做好餐饮企业的商标和形象定位工作。商标是此企业商品与彼企业商品相区别的标志，形象是由企业的知名度和美誉度在社会公众和目标市场消费群体中所形成的比较独特、稳定的印象。所有这些视觉因素，直接影响人们对餐饮档次的划分和对餐饮形象的评价。

2）餐饮产品质量定位

餐饮产品包括有形产品和无形服务两方面。产品质量和服务质量是能否留住目标市场消费群体、保持餐厅较高上座率和销售收入的关键。只有通过产品质量和服务质量的标准定位，使社会公众和目标市场的顾客认可餐厅的质量标准，才能吸引和留住顾客。产品质量标准定位应将菜品名称和种类清楚明确，每份产品的主料、配料、调料的用量标准制订合理，原料质量优良，产品加工过程质量控制手段健全，色、香、味、形标准明确，质量保证程度高，与目标顾客的消费需求相适应。

服务质量标准定位应当制订餐厅服务的通用质量标准，严格贯彻落实。具体包括餐厅服务态度、着装仪表、礼节礼貌、服务语言、职业道德、清洁卫生、形体动作、顾客投诉处理标准等。制订各岗服务程序和操作标准，逐级督导贯彻实施，包括餐厅迎宾领位、桌面服务、传菜、酒水等各个岗位的操作标准。逐级督导检查，及时纠正偏差，保证质量标准定位的具体落实，确保提供优质服务。

3）顾客群体定位

餐饮企业选择合适的消费者群体作为自己的目标市场，根据餐饮企业的实际情况可选择单一的且范围较大的一类顾客，也可以选择类型相近且各具特点的多个类型的顾客作为目标市场开展经营活动。首先，掌握当地市场的客源数量、规模、类型、档次结构、消费水平、支付能力、市场竞争状况和程度等，分析市场可进入、可渗透的程度，包括可选目标市场规模大小、客户类型、客源层次、市场份额高低、发展潜力大小、企业能够争取到的接待人次、各种餐厅上座率的高低等。其次，分析目标市场消费群体的市场需求，包括对餐饮企业的消费环境、产品风味、产品质量、产品价格、可以接受的价格波动幅度、人均消费和支付能力等。最后，选择和确定目标市场的消费群体，完成市场客源定位。这一定位要最终落实到企业的不同餐厅的预测上座率和接待人次上，包括酒店餐饮的中餐厅、西餐厅、风味餐厅、宴会厅、咖啡厅、酒楼饭庄等独立餐饮企业的大众散座餐厅、各种包房、雅间餐厅等。

以拍照场景定位顾客群体

让顾客主动拍照发朋友圈的重要性，已经上升到战略层面。汴京茶寮创始人藏北算过一笔账：以人均朋友圈300个好友计，30多个人发朋友圈，就能影响到上万人；再按照10%的到店率，到店的1 000人中，能有300人发朋友圈，最后的到店人数就过万了。

1.主动造景

微信朋友圈发图最多可以发一个九宫格，许多顾客每次必须凑齐9张才发。也就是说，一家餐厅里有9个以上的景点才是成功的布景。软装道具是网红店的宠儿，因为它成本低廉容易替换，能够不断地给粉丝制造新鲜感。同时，对于常常需要更新菜单的餐厅来说，及时根据新品来添置软装道具吸引顾客拍照，可以收获很好的推广营销效果。除了“造景”能力，追求拍照视觉效果的另一个重要维度是“造灯”。餐厅毕竟不是旅游景区，在餐厅里拍照主要是拍人，所以环境要能衬托人。奈雪的茶对灯光的把握就被业内称道，在设计门店时，专门请来懂舞美的团队调试灯光亮度、角度、色温，使拍出来的人像精神奕奕。

2.打造菜品亮点

菜品是餐厅重要的拍照触发点，把菜品做得美有助于传播。然而这是不够的，还需要对顾客加以暗示。首先，菜品最好带一些主题性，这可以使画面有叙事能力，不显得呆板。香港茶餐厅“点心代表”就做得很好，它将表情包、蜡笔小新、加菲猫等元素与食物相结合，定期推出新的主题菜品，店内顾客无不拍照分享。除了菜品本身，更露骨的暗示可以由服务人员来进行。大厨在为顾客端上烤鸭时，往往会询问：“您还需要拍照吗？我马上要给各位片烤鸭啦！”

3.增加互动

说起互动，有一类餐厅的做法是：拍照分享可获赠菜品一份。可这已经不流行了，为何不去看看抖音呢？与顾客进行有趣的互动，使得一批餐厅在抖音上红了。无论是“挑战10秒”还是“钓龙虾”，都是屡试不爽的吸睛法宝。首先这些活动项目独特有趣，具有观赏价值且门槛低；更重要的是，基本上通过一张截图、几秒视频，你立刻能明白这些小互动是怎么玩的。蜜雪冰城连续策划了“粉色泡泡湾”“返老还童小学”两个成功的快闪店，每次都引发了刷屏。其CMO王伟龙说，在快闪店开幕之前，他们会对店员进行一次集中的“拍照培训”。

4.引起共鸣

拍照分享本身就是一种传递情绪的方式，那么善于捕捉情绪，再将其变为看得见摸得着的场景和道具，传播自然就来了。拥有百万级公众号的胡辛束，对情绪的拿捏带有媒体人的敏感，她的奶茶品牌定位就是“情绪茶饮”。店内每一杯茶饮都有情绪成分表，比如说“借奶消愁百利甜”，它的情绪成分表就是：10%贪欢+25%暧昧+20%清醒+30%冲动+15%敏感。这样的饮品每一杯几乎都能引发顾客拍照传播。“我们希望让大家在喝这杯茶的时候，能有情绪上的共鸣，找到属于自己的情绪。”个性鲜明的情绪宣泄，非常容易激起共鸣，充满年代感的“过去进行食”“春丽吃饭公司”，都是因为调动了顾客的某种情绪，而成为潮人拍照圣地的。想精准地触发情绪，考验的是餐厅对目标群体的精准研究。

事实上，拍照发朋友圈也好，拍视频发抖音也好，都是一种传播和分享的行为。你得清楚真正引发顾客传播的出发点是什么。对比成功和失败的案例可以发现，一些餐厅在促进拍照分享的思路存在误区："拍照打卡"的本质并不是商家与消费者的互动，而是消费者与自己朋友圈的互动，这是两种完全不同的语境。餐厅营造的场景也好，道具也好，菜品也好，都必须能替消费者向他自己的朋友"说出"自己没说出口的话。

总之，餐厅经营者可以记住一句话：把拍照分享理解成击鼓传花，餐厅把花传给顾客之后，还要接着"击鼓"，让花不断传下去。

（摘自《职业餐饮网》）

2.3　餐饮市场营销策略

餐饮企业的市场营销活动总是在一定的营销观念指导下开展的，餐饮经营的效果取决于经营者所持有的市场营销观念。

2.3.1　餐饮市场营销环境分析

1）市场营销可控因素分析

（1）产品风味和产品结构

产品风味和产品结构直接影响餐饮市场营销活动的开展，经营风味的选择要根据目标市场顾客饮食习惯、客源数量、企业技术力量等来确定。所选风味必须突出特点，坚持继承和创新相结合，确保产品质量，办出经营特色。花色品种的安排既要考虑顾客的消费水平、支付能力、产品结构，又要将常年菜、季节菜、时令菜结合起来，适应顾客多层次的消费需求。

（2）劳动力成本和技术设备

劳动力成本主要取决于工资福利水平和劳动组织的合理程度。餐饮管理一方面要逐步提高员工的工资福利待遇，以增强企业竞争能力和调动职工积极性；另一方面，又要搞好定额定员编制，合理用人，搞好劳动组织工作，提高劳动效率，以相对降低劳动成本。技术设备的改进和劳动成本的降低是相辅相成的，配备精良的生产设备，合理安排生产流程，既可搞好厨房生产过程的组织，确保产品风味和质量，又可降低生产成本，提高餐饮竞争能力。

（3）就餐环境和服务质量

就餐环境和服务质量是顾客精神享受和物质享受的需要。根据企业等级规划和接待对象的需要，提供先进的设备，搞好餐厅布置，清洁卫生，制订接待程序和操作规程，提供高质量、高效率的服务，使顾客在舒适、典雅、美观的各种餐厅享受餐饮产品，广泛吸引客源，改变顾客的消费结构。

(4)营销目标和营销组织

营销目标重点是确定主要目标市场和接待对象,每家企业都应根据企业档次、设备条件、技术水平、地理位置等,确定自己的主要目标市场和接待对象,并和目标市场的有关客户建立固定的业务联系。在制订营销目标时,要制订营销计划,确定餐厅上座率、接待人次、人均消费等指标,将营销目标落到实处。市场营销目标一经确定,就要建立营销机构,配备推销、预订人员,搞好公共关系,做好营销组织工作。

(5)产品毛利和价格

价格是餐饮供求关系中的运动参数,价格通过毛利率来确定。合理确定毛利标准,控制产品价格,可以更好地搞好市场营销活动。在餐饮营销活动中,价格是连接需求和供给的经济杠杆。由于餐饮毛利率有总和毛利率和分类毛利率之分,就使产品价格具有灵活性。具体产品价格要区别对象、原材料成本和市场供求关系,充分运用价格策略,调节市场需求。有的高进高出、有的低进高出、有的随行就市,以适应顾客多层次的消费需求,同时,餐饮市场营销中的均衡价格永远是暂时的,不断根据市场供求关系的变化,适时调整价格,就是开展市场营销活动、扩大产品销售的重要任务。

(6)原材料成本和流通费用

原材料成本和流通费用直接影响餐饮市场营销活动的竞争能力和营销目标的实现。制订采购计划,合理组织食品原材料,降低库存;搞好餐饮产品加工过程的组织;制订领料、发料、投料、用料标准,控制成本消耗;加强水、电、燃料、餐茶用品管理,降低流通费用,可以降低餐饮消耗,使经营者在同行业中形成局部竞争优势,以同样的价格提供更多的产品,保证营销目标的实现。

2)市场营销不可控因素分析

(1)区域顾客数量和收入

顾客数量主要取决于当地旅游发展水平、国民经济发展程度和政治、经济、文化等社会发展程度。顾客收入主要取决于旅游者的档次结构和当地国民收入水平。

(2)政治经济环境和国家政策

政治经济因素包括社会环境安定程度、经济发展水平、地区对外开放程度、通货膨胀、汇率变动等。国家政策包括旅游发展政策、环境政策、税收政策、国家对餐饮经营的工商管理法规等,这些因素是餐饮经营者自身无法控制的。餐饮企业可以在认真调查、分析地区政治经济环境的基础上,制订企业营销策略,旺季增加客源,淡季调整价格,发生通货膨胀时尽力在降低成本的同时增加服务项目,坚持灵活经营,增加经济、社会收益。

(3)企业竞争环境和竞争格局

餐饮市场竞争主要表现在菜品质量和服务质量上,它们通过产品价格、促销手段、销售渠道、销售方式、销售策略等表现出来。然而,竞争主要是同一档次、同种风格之间的竞争,这种竞争又以周围近距离餐饮企业为主。餐饮经营者虽然无法控制企业大的竞争环境和竞争格局，但是他们可以分析周围同类企业的经营风味、技术力量、市场领域、产品质量、价格水平、服务质量和销售方式、销售策略、促销手段等，然后和企业内部客观条件结合起来，分析自己的长处和不足，调整自己的竞争策略，扬长避短，以优取胜，同样可以在餐饮市场营销活动中立于不败之地。

(4) 互补产品和替代餐饮产品价格

互补产品和替代餐饮产品价格是由同行业中竞争对手确定的，也是餐饮需求关系中的转移参数。这种价格职能在同类餐饮产品中比较，只有当自己的价格过高，就餐顾客难于接受，顾客才转而寻求替代产品和互补餐饮产品。从餐饮经营者角度看，降低原材料成本和流通费用，提高产品质量和服务质量，调整自己的产品价格，使其在同种风味和同类产品中处于竞争优势，可以抑制消费者向互补产品和替代餐饮产品方面转移，从而增加客源，保证餐饮市场营销活动向有利于经营者的方向发展。

(5) 企业地理位置和交通条件

地理位置和交通条件直接影响餐饮市场营销活动的组织。企业筹建时，应尽可能选择较好的地理位置和交通条件，但在企业地理位置和交通条件已经确定的情况下，餐饮经营者仍然可以利用可控因素去调节这一不可控因素。其重点是加强广告宣传，搞好公共关系，同企业周围的机关、社团、企事业单位加强业务联系，逐步形成市场声誉。特别是要办出经营特色，突出产品风味和质量，发挥优势，使就餐顾客大多成为回头客，同样可以搞好餐饮市场营销活动的组织。

2.3.2　餐饮品牌营销策略

在现代经济中，品牌是一种市场销售行为，销售市场的竞争就是品牌的竞争。品牌是消费者对产品、对生产该产品的餐饮企业全方位的复杂感觉的综合体，品牌不仅是餐饮企业文化的标志，也是餐饮产品差别化的符号；餐饮品牌不仅可以激励企业员工勤奋工作，也可以反映餐饮企业的服务质量和水平。餐饮企业开展品牌营销的目的在于：体现经营理念、显示企业特色、保护知识产权、进行关系营销、进行沟通宣传。

1) 品牌定位

品牌定位是餐饮企业开展市场销售工作的重要前提，即推出餐饮企业自身所期望的形象，目的是让其在消费者的心目中的实际形象和餐饮企业所期望的形象高度吻合并产生共鸣。品牌定位分为 4 个要素，包括目标市场、消费者心理、竞争环境和品牌独特性。

中式快餐巨头——真功夫，以营养健康为卖点。信奉“民以食为天”的中国人特别讲究饮食的搭配与营养的吸收，人们在快节奏的生活中要求用无公害的、绿色的天然原料进行科学烹饪、加工，要求保持菜肴原料的本色、原味、清淡。

近年来，麦当劳、肯德基等世界快餐品牌产品的营养问题已经引起人们的普遍质疑。代表着“黄色”和“黑色”的食品，其品种在开发、配方、加工方式上单一化、标准化，其烹饪方法以煎、烤、炸为主，从而导致了产品的高热量、高脂肪、高蛋白和低维生素、低矿物质等对人体需求不利的、易使人体发胖的弊端。这样的弊端逐渐被国人所认知，国人对洋快餐的追捧也在逐渐降温。真功夫抓住机会积极扩展市场，宣布“坚决不做油炸”，推出各款营养食品，以满足人们对健身、健美的追求。

美味是中餐的一种共识，营养才是真功夫的竞争力所在。真功夫的品牌口号“营养还是蒸的好”和“80 秒完成点餐”顺应了中国消费者对快餐“健康、便捷”的需求趋势，并与肯德基、麦当劳等洋品牌形成了鲜明的市场区分，一举击中洋快餐的软肋，具有较强差异化竞争，初步完成对快餐市场蛋糕的切割。

2）品牌形象建立

（1）品牌文字和标志

品牌文字是建立品牌形象的一个要素。品牌名称、品牌口号、品牌年度报告、品牌产品目录、品牌手册等文字都是建立品牌形象的重要手段。

（2）品牌传播

品牌的标志图案、品牌包装、品牌广告、品牌展览、品牌公关和品牌形象代言人等传播方式，都是建立品牌形象的手段。

西贝的超级符号

首先是 I ♥ 莜。

第二个超级符号是红格子台布。在最初使用时其实并没有达成共识，但是随着时间的推移，大家发现它真的是一个超级符号，当这个 I♥莜和红格子台布出现的时候，基本上你就可以断定它是西贝的店。

第三个超级符号是厨房。西贝的餐厅，我们称之为厨房里的餐厅。大家如果仔细去看会发现，西贝的店面装修上一定会在厨房的对面放一面镜子，就是因为它要把厨房加倍放大，打造一个厨房里的餐厅还不够，还要让这个镜子使厨房里的餐厅视觉效果加倍。

这三个元素加在一起，百分之百就是西贝了。

（3）品牌销售环境和活动

品牌销售的地点、建筑、场地、工具、人员、顾客、公关活动对品牌形象的建立有着至关重要的作用。

3）品牌设计

品牌设计即品牌的表现形式，包括名称、标志、说明、品牌故事、品牌形象代言人及品牌包装。品牌设计要方便餐饮消费者记忆，产品内涵要丰富，产品属性要迎合广大消费者的需求，设计时应注意产权保护等。

中国品牌全聚德具有丰富而深刻的文化内涵，周恩来总理曾这样诠释全聚德：“全而无缺，聚而不散，仁德至上。”像这样典型地体现中国传统文化的品牌就很难翻译成一个外文品牌。

2.3.3　“4P”营销策略

“4P”营销策略注重市场占有率,即产品、价格、销售渠道、促销的整合营销。

1)餐饮产品

餐饮产品是指餐饮企业提供的餐厅环境、设施、菜品的质量、服务、菜品的盛器、包装以及餐饮企业的企业标志和品牌文化的总和。一些餐饮企业经营全新的风味佳肴,使用全新的菜品名称、设计全新的就餐环境等;一些餐饮企业则经营改进的传统餐饮产品,包括传统配料、工艺、盛器以及服务方式等;另外一些餐饮企业紧跟时代潮流,直接引进国内外的新产品吸引大众的眼球。当代人除了对菜品本身提出高要求,还对就餐环境和餐饮产品本身的文化内涵有了新的需求,因此为宾客提供一个优雅、舒适、整洁和独具特色的用餐环境是餐饮产品开发的重要组成部分。

任何一个餐饮产品都有它的生命周期,即产品的培育期、成长期、成熟期和衰退期,餐饮企业必须对不同阶段的餐饮产品制订适当的营销策略,在不断开发新产品的同时逐渐取代衰退的产品。新开发的产品应当通过各类促销手段及时被大众所接收,已经被顾客认可的产品应该通过提高标准进一步提升产品质量,吸引顾客二次消费。

2)餐饮价格

餐饮价格是餐饮营销中直接影响企业收入和利润的因素,餐饮价格受多种因素的制约和影响,尤其受到地域和时间因素的约束。通常价格越高,市场需求就越少。餐饮价格策略又分为成本价格策略、需求价格策略、竞争价格策略、折扣价格策略和心理价格策略。成本定价策略客观地通过销售来补偿餐饮实际消耗的各项成本;需求定价更多的是从顾客需求和感受出发,弹性定价;竞争定价则随行就市。此外,餐饮企业还可以通过价格优惠吸引许多新老顾客,为方便顾客付款提供多种结账方式,对信誉好的合作单位给予季度优惠或累计折扣优惠。

3)餐饮销售渠道

餐饮销售渠道包括直接和间接销售渠道。直接销售渠道是通过直接与顾客接触的服务员将菜品和酒水在餐厅直接销售给顾客;间接销售渠道是通过中间商销售餐饮产品。越来越多的企业开始重视拓宽销售渠道,通过网络、产品捆绑销售以及产品优惠券等形式广开销售渠道,除常规的现场烹制以及自助餐服务外,还可以为消费者提供外卖服务、网上订座订餐服务、专属餐饮设计服务等。

4)餐饮促销

餐饮促销是指餐饮企业为刺激销售、控制销售或维持良好的销售水平,通过人员和非人员的方式,将餐饮产品的相关信息进行传播,帮助餐饮消费者认识餐饮产品所能带给他们的利益而开展的一系列活动的总和。

(1)员工促销

餐饮企业的每一位员工都是推销员,他们的工作态度和服务水平都是对餐饮产品无形的宣传,餐饮服务人员工作过程中的适时推销都是餐饮企业促销的有效途径。员工促销包括员工的形象推销和服务人员的推销技巧。统一整洁的着装、热情周到的服务以及良好的餐饮销售经验可以帮助顾客满足需要,提高餐厅的营业额,给顾客留下美好的回忆使其愿意重复光顾餐厅。

(2)广告促销

利用大众媒介进行宣传,能够有效地向公众或特定市场传播餐饮企业的信息,吸引顾客前来购买。一个有效的餐厅广告能对潜在顾客的消费态度、消费行为产生影响,能为餐厅产品创造良好的形象,并为餐厅创造销售收入。在日常经营过程中可针对不同的顾客设计并举办刺激消费的活动,例如派送打折券、提供免费品尝机会、老顾客答谢会等方式吸引其重复消费,培育顾客忠诚度。

(3)菜单促销

菜单促销是指通过各种形式的菜单向前来消费的顾客进行餐饮推销。可通过形式各异、风格独特的固定式菜单、循环式菜单、情侣菜单、节假日菜单等来进行宣传促销。

2.3.4 "4C"营销策略

1990年,罗伯特·劳特朋提出了"4C"理论,他认为在营销时需持有的理念应是"请注意消费者"而不是传统的"消费者请注意"。"4C"分别指 Customer(顾客)、Cost(成本)、Convenience(便利)和 Communication(沟通)。

1)关注并研究餐饮消费者的需求

通过社会调查和经营情况,餐饮企业应该积极地了解顾客的餐饮消费在生理、安全、感情、尊重和自我实现等方面的各种需求。对顾客需求的研究,除了需要掌握其现实需求,还要了解他们的潜在需求,并预测他们饮食消费的发展趋势,从而在经营中根据消费要求的变化,不断地调整菜肴的花色、品种和服务项目,改进服务方式。

2)掌握顾客愿意支付的成本

现代营销理论认为,在买方市场的条件下,顾客在交易过程中占有主导地位。然而顾客是否决定实施某种购买行为,取决于购买的让渡价值。

$$\text{让渡价值} = \text{购买价值} - \text{购买成本}$$

$$\text{购买价值} = \text{产品价值} + \text{服务价值} + \text{形象价值} + \text{人员价值}$$

$$\text{购买总成本} = \text{货币成本} + \text{时间成本} + \text{体力成本} + \text{精神成本}$$

根据这一理论,要实现让渡价值的最大化,餐饮企业就要设法提高顾客的购买价值,减少顾客购买成本。具体来讲,就是要求企业除了在菜肴的质量上下功夫之外,还要提高服务质量,增加服务的文化含量,树立良好的企业形象,融洽与顾客的关系,重视对消费者愿意支出的成本的研究，努力使购买成本降低到顾客愿意支付的成本以下。

3）为顾客提供尽可能多的方便

以餐饮服务为主体，为顾客提供多种延伸服务。顾客在用餐的同时不仅要享用美味精致的菜品，更重要的是得到舒适和方便的体验。知名餐饮企业海底捞在为顾客提供方便方面就有很多值得借鉴的方法。例如为等位的顾客免费擦皮鞋、做美甲，在就餐时为佩戴眼镜的顾客送上眼镜布等。虽然是一个细微的服务，却体现了处处为顾客提供方便的经营理念。

4）加强与顾客的沟通

餐饮企业在经营过程中尤其要重视沟通，想方设法地利用各种机会、方法和手段与消费者进行沟通。设计顾客喜爱的店名、招牌、服务标志和菜谱等；根据企业定位对餐厅进行合理布置；利用电话接听、公共关系和广告宣传等手段向顾客传递具有特定目的的信息；通过市场调查、请顾客留言、倾听和收集顾客意见等来掌握有效信息，把握商机。

2.3.5　餐饮文化营销策略

餐饮经营如果没有了文化，就没有了品位。想提高餐饮档次，就必须增加文化品位。餐饮文化营销策略就是要弘扬餐饮文化、进行文化包装、开展文化促销。

1）弘扬饮食文化

狭义的饮食文化是指餐饮业的产品文化，就是在一定历史时期，餐饮业某一类或者某一种菜肴在色、香、味、形等方面以及制作和享用的过程中形成的具有文化内涵的特征。广义的餐饮文化则是指一个国家、一个民族、一个地区、一个城市产生的餐饮文化。餐饮文化在餐饮业的跨国营销和跨地区营销中发挥着重要作用。弘扬饮食文化，就是要不断地挖掘、继承和发扬历史上形成的饮食文化，并将饮食文化用于营销之中。

2）进行文化包装

文化包装就是塑造文化环境。餐饮环境的许多要素，如地段、周边环境、建筑外观、内部装修、气氛、布局、灯光、音响、餐具、菜谱、人员和顾客等，都能成为文化包装对象。餐饮的文化包装对象按照文化性质划分还有历史文化、乡土文化、城市文化、民族文化和旅游文化等。

3）开展文化促销

餐饮业的文化促销活动，大致可分为两个方面：一是举办美食节和引进社会文化；二是引进或赞助社会文化。餐饮营销过程中引进社会文化，可以在满足顾客精神享受的同时迅速提高餐饮企业的文化品位。同时，餐饮企业又可以在企业文化中融入社会文化，以此来增强企业文化和品牌形象对市场的营销力。此外，餐饮企业在公关活动中支持和赞助社会文化，还能够提高和扩大品牌影响力和知名度，提高品牌的社会形象，从而间接地促进营销。

有这样一句顺口溜："逛故宫、登长城、去大董。"到大董餐厅品尝"中国意境菜"已经成为北京旅游的一项重要内容。

大董——董振祥先生提倡把中国菜与中国的文学、陶瓷、绘画、音乐等艺术形式相结合，创造出独具特色的"意境中国菜"，让顾客在品味美食的同时体会中国文化的魅力。大董的菜品保留中国饮食文化的精髓，有选择地吸收运用了西式烹饪中原料和配料，并把分子厨艺运用到中式菜肴的制作中，创造性地用菜肴诠释了中国美食的精义。"酥不腻烤鸭"，鸭皮酥脆，早已是公认的招牌菜。近几年董氏烧海参等十大招牌菜更是势头凶猛，博得众多老饕们的赞赏。董氏烧海参味浓不见汤，绵软香糯，黏唇抱齿，回味悠长；海参本是无味的，"无味使之入味"是中国烹饪的至高境界，味浓而不见汤汁，香浓滋味浸入到海参的每一丝肌理之中，这也使得味道和软糯的结合达到了很高的水准，足见烹调技艺已臻化境，实属难得。

2.3.6 餐饮绿色营销策略

绿色营销是指餐厅在消费者利益、环保利益和自身利益有机统一的基础上，创造和发现市场机遇，采取相应的市场营销方式来满足顾客需求并从中获利和发展的过程。随着社会经济的发展，人类越来越多地关注自身的生存环境，对于餐饮企业来说，其经营行为受到保护环境责任的约束，在提供可创新机会的同时也带来了保护环境的压力。

1）强化绿色饭店文化建设，积极推广绿色产品生产

绿色饭店文化的核心就是要强调对社会和环境的责任，将环保目标和饭店经营管理的目标融为一体，激励员工节约资源，强化全体员工的绿色意识，保护环境，树立饭店绿色形象。餐饮企业应建立积极有效的公共安全和食品安全的预防、管理体系和采购人员及供应商监控体系，尽量选用无污染、无公害、安全、营养、优质和天然、可绝对放心食用的绿色环保产品，最大限度地限制化学合成物。

2）提供绿色服务

绿色服务不仅提倡服务过程中的简洁节约，更重要的是环境和设施设备的绿色清洁。餐厅内设无烟区，在为顾客提供打包服务过程中坚决取缔造成白色污染的发泡塑料饭盒、一次性筷子，减少对低值易耗品的使用；制订绿色服务规范，倡导绿色消费，提供剩余食品打包和存酒服务；餐厅服务员为点菜顾客介绍和推荐菜肴时，应充分考虑顾客的利益，力求做到经济实惠、节约资源、营养配置合理等。

【案例·讨论】

中国的餐饮行业是朝阳行业中蓬勃发展的一种新兴古老产业。说它古老是因为自从产

生了社会分工就有了餐饮业和餐饮从业人员，可以说伴随了整个人类社会发展的每一个阶段。说它新兴，今天的餐饮业已经与以前的餐饮业有了很大的不同，无论从功能上、经营模式上都有了极大的变化。功能上从解决温饱问题到社会交往，到人生享受，经营模式也是百家争鸣、异彩纷呈。

随着我国国民经济的快速发展，居民的收入水平越来越高，餐饮消费需求日益旺盛，营业额一直保持较强的增长势头。据统计，近五年来，我国餐饮业每年都以 18% 左右的速度增长，是 GDP 发展速度的 2 倍，可以说整个餐饮市场发展态势良好。旅游餐饮、家宴、婚庆消费成为经营亮点，经营特色化和市场细分化更加明显，大众消费进一步成为餐饮业的消费主流。餐饮企业之间的合并重组增强，企业改制步伐加快，异地扩张和餐饮集团化、连锁化成为发展趋势。

我国餐饮行业发展态势明显，主要体现在以连锁经营、品牌培育、技术创新、管理科学化为代表的现代餐饮企业，逐步替代传统餐饮业的手工随意性生产、单店作坊式、人为经验管理型，快步向产业化、集团化、连锁化和现代化迈进；大众化消费越来越成为餐饮消费市场的主体；饮食文化已经成为餐饮品牌培育和餐饮企业竞争的核心，现代科学技术、科学的经营管理、现代营养理念在餐饮行业的应用已经越来越广泛。

从国家政策和社会大环境来看，餐饮业已经到了发展的黄金时期。一方面，由于餐饮业是劳动密集型产业，在解决劳动就业方面有着非常重要的作用。目前解决劳动就业问题是各级政府为民谋利的主要体现和政策取向。另一方面，餐饮业还是经济农业、水产养殖业、林业畜牧业产品的最直接变现的途径，是解决三农问题，增加农民收入的一个重要行业，所以国家在税收政策上、产业政策上给予了大力倾斜。

在市场方面，中国的城市化步伐加快，大量的农村人口逐步城镇化，原有城市人口的消费能力逐步增强，由于人口众多和中国经济的持续高速发展，在“民以食为天”的文化背景下，中国已经成为世界上最大的餐饮市场。

分析：结合案例，依据当前餐饮行业的发展趋势设计特色鲜明、针对性较强的餐饮企业营销方案。

复习思考题

1.简述餐饮市场的特点。

2.简述餐饮消费行为的特点。

3.简述影响餐饮市场定位的因素。

4.简述餐饮绿色营销策略。

第3章
餐厅选址及布局设计

【学习目的】

了解餐厅选址的原则、要素与细节;理解餐厅的面积设计与动线安排;掌握餐厅主题设计原则与思路;熟练运用餐厅选址的操作流程。

【学习重点】

- 餐厅选址的区域市场调查内容与方法;
- 餐厅的面积设计;
- 餐厅主题设计思路。

3.1 餐厅选址

餐厅选址是指依据科学的数据分析及所选地域的综合评估确定餐厅的经营位置。餐厅选址决策过程复杂,成本高,一旦选定不易变动。一般来说,如果餐厅位置好,即使经营者能力一般,也相对容易获得成功;如果选址不佳,即使经营者再有能力,也往往难以弥补这一缺陷。现代商业酒店之父斯塔特勒认为,对于任何酒店来说,经营成功的3个重要因素是“地点,地点,还是地点”。

3.1.1 选址原则

餐饮产品与制造业产品不同,不是将产品从生产地向顾客消费地输送,而是将顾客吸引到餐厅来就餐,因而餐厅的地点对餐饮经营的成败有很大的影响。餐厅选址通常要坚持以下几点原则:

1)市场原则

餐厅地址选择、经营思路确立以及产品和服务的开发都是以市场为依据的。因此,考虑在何处兴建餐厅、建造什么规模和档次的餐厅、选择哪些设施设备、提供怎样的餐饮产品和服务，都应该以目标市场为出发点。

地址的选择应该和目标客源所属的地区相吻合。如果餐厅主要以经营快餐为主，较为理想的区域应该是流动人口比较多的商业购物区、院校附近、居民住宅区、主要交通干道附近等场所；如果餐厅提供的用餐环境较为雅致、菜肴比较精美、讲究精致服务和用具，此类餐厅则最好开在高档住宅区、大型贸易商行和金融机构等所在地区，主要针对的客源市场是商务宴请、正规的社交活动以及一些高收入者。

餐厅的选址要方便顾客，尽可能在地理位置上接近目标市场所在位置，交通要便利。

2）**投资回报原则**

餐厅选址要考虑到投资的回收以及预期的利润。餐厅投资、经营的最终目的是取得预期利润，并尽可能在较短的时间内收回投资。因此，餐厅选址要充分评估地价、经营场所面积、租金、基础设施费用、劳动力成本、原材料采购供应的方便性、各种税费的有关规定等成本费用因素，并且预测餐厅可能的销售收入以及在经营过程中将会或有可能碰到的问题。

3）**方便性原则**

方便性表现在选址地点上，要尽可能靠近顾客或者方便顾客前来的地点，换句话说就是餐厅要有比较强的可进入性。方便性也要体现在餐厅为顾客所提供的附属设施上，从目前情况看此类设施最主要的就是停车场，这是目前提高餐厅竞争力的一项有力措施。此外，餐厅选址的地点应该保证有足够的交通工具为顾客服务，餐厅周围有便捷的道路通行，没有过多的交通限制和交通障碍物，能够使顾客或者其使用的交通工具方便地抵达餐厅。

4）**稳定性原则**

稳定性原则首先表现在市场的稳定性。其次表现在所选场地的安全性，重点是要考虑所选的地点在预期的营业期内不会因为城市的扩建、改造而受到影响。同时，餐厅的选址也要注意所选地点周围环境可能发生的变化，注意这些因素是否会影响到餐厅日后的经营。

5）**可见度原则**

餐厅是一个社会性服务机构，它直接面对顾客，因此需要处在一个比较明显的位置，以便引起顾客的注意，吸引顾客。如果顾客从任何一个角度都能注意到餐厅的规模和外观，说明这家餐厅的选址具有较高的可见度。一般来说，餐厅最好能直接面对街道或者位于其他顾客能直接看到的位置。如果餐厅不是非常一目了然或者处在某些建筑物内部，那么就应该设立一些明显的标志，比如通过建筑的装饰、霓虹灯等来弥补可见度不足的缺陷。

3.1.2　选址要素

餐厅类型不同，选址的方式方法与选址操作要点不同。不论何种类型的餐厅，在餐厅选址的过程中，都必须对所选定的潜在地址的相关因素进行详细的分析，这些因素从宏观上讲包括地理因素、社会与文化因素、经济因素和竞争因素等。

1)地理因素

(1)空间环境

餐厅选址的标准一般要求达到周围环境干净卫生、空气清新、无噪声污染,最好周边的绿化较好、建筑物美观。一般要求餐厅离街道要有一定距离,离人行道要有 3~5 米,减少街道上川流不息的车辆释放出污染严重的灰尘、废气、噪声。

(2)区域规划

当选中某一区域后,必须了解该区域的规划是否有拆迁和重建项目,这些项目涉及位置和动工时间,避免在餐厅成本收回之前遇到拆迁和重建而蒙受损失或失去地理优势。因此,必须向有关部门咨询清楚后,才能确定餐厅的具体位置。

(3)交通承载

交通承载是指车辆通行与行人流动的程度。受行人流动速率高,车辆行驶速度快、停留时间短的影响,交通要道周边并不适合餐厅选址。狭长的商业街两端由于承担了出口与入口的功能,顾客并不习惯在此停留,亦不适合餐厅选址。如果街道过宽(通常指超出 30 米),餐厅有可能超出顾客的视线范围,也不适合作为餐厅选址。

2)社会与文化因素

文化教育、民族习惯、宗教信仰、社会风尚、社会价值观念和文化氛围等因素构成了一个地区的社会文化环境。这些因素影响了人们的消费行为和消费方式,决定了人们收入的分配方向。

在餐厅选址时,不仅要考虑国情和所处地区的民俗风情,还要重视顾客的消费习惯,即要对当地顾客的饮食习惯作充分的了解,了解当地的饮食习俗和偏好,避免当地的习俗禁忌,要符合当地的饮食习惯,即所谓“入乡随俗”。在此基础上才能设计出迎合当地口味的菜肴,使本餐厅推出的产品和服务深受当地民众的欢迎。

3)经济因素

餐饮消费额度受消费者可自由支配收入的影响。通常情况,居民的收入水平、当地的物价水平影响消费者的外出就餐意愿。一般情况下,当人们的收入增加时,会愿意支付更高价值的产品和服务,在餐饮消费的质量和档次上会有所提高。因此,餐厅应选址在经济繁荣、经济发展速度较快的地区。

4)竞争因素

对于竞争的评估可分为两个不同的部分考虑——直接竞争与间接竞争。直接竞争由提供同类型菜品或服务的餐厅引发,这类竞争会直接导致价格降低或成本增加,从而影响餐厅的利润率。间接竞争是指提供不同菜品或不同服务的餐厅竞争,这类竞争由于菜品或服务是替代性的,更能突显餐厅的特色。

在选址时应对各种因素分清主次,进行综合权衡。对于一般中小餐厅来说,尽量避免将地址选在与拟建餐厅的产品和服务特色相同或非常相似的已建餐厅附近,更不要门对门或门挨门地经营,尤其是已建餐厅是知名的或实力强大的餐饮企业时。否则新建餐厅一开业就陷入激烈的竞争,无疑会增加成功的难度;不同经营类型的餐厅选址应有不同的侧重点。如专门经营午餐的餐厅,一般应设在顾客走路几分钟或开车10分钟之内便可到达的地方,因为大多数在外吃午餐的人都只有半小时到一小时的就餐时间。而经营快餐为主的餐厅应考虑设在紧靠某条主要街道、邻近公寓区或繁华的商业区的地方。在位置稍偏僻的地方选址并非没有成功的可能,餐厅可以用独特的气氛、特色或特殊的就餐环境来吸引顾客,做到扬长避短。当然位置较偏僻并不代表交通不便,相反,位置较偏僻更要注意配套设施的完善,如停车场等。在选址时还应考虑餐厅的发展方向,也就是餐厅选址应为企业今后的进一步发展或转型留有余地。

3.1.3　选址细节

餐厅经营往往离不开天时、地利、人和。餐厅选址必须对所选地点作全面的考察,全面、客观地比较多方面细节。

1)人流的密集程度

剧院、电影院、公园等娱乐场所附近,或者大工厂、机关附近,一方面可吸引出入行人,另一方面易于使顾客记住该店铺的地点,来过的顾客向别人宣传介绍,也比较容易指出位置所在。

2)交通的便捷程度

餐厅所在位置应交通便利,易到达,易周转,人群流动量大。最好在公共汽车站200米范围内,且要避开单行道、禁止通行路段等。此外,在距离主要目标消费群体步行不超过20分钟的街道选址也是较好的选择,但须观察马路两边行人流量,以行人较多的一边为好。

3)竞争的密集程度

中国有句俗话叫"同行是冤家",是说直接的竞争对手之间很难处理好关系。但是,这句话用在餐饮行业却并不适用。同行的餐饮业不仅不是冤家,而且是各有所长、互相搭配,为顾客提供最佳的服务,形成"热岛效应",吸引更多的顾客前来消费。因此,多家不同性质的餐厅聚集在一起,不但不会互相挤了生意,还能相互促进、相互发展。

4)品牌的知名程度

品牌的知名程度即把餐厅开在著名连锁店或某品牌店附近。可以与超市、商厦、酒店、24小时药店、咖啡屋、茶艺馆、酒吧、学校、银行、邮局、洗衣店、冲印店、社区服务中心、社区文化体育活动中心等客源较多、集客能力较强的店面和公共场所相邻。最简单的方法是,如果你想经营某小吃店,可以将店铺开在麦当劳、肯德基的周围。因为,这些著名的洋快餐在选择店址前已做过大量细致的市场调查，挨着其开店可省去考察场地的时间和精力。

3.1.4 选址操作流程

1）区域调查

（1）确定调查区域的范围

区域是指餐厅所处的市场区位。在中小城市或地区选址，区域的范围就是整个城市或地区；在一些大城市选址，区域的范围则要进一步细分。如在北京地区选址，其区位可以西城区、海淀区、东城区、朝阳区等行政区划为基础，还可以进一步细分为西单商圈、王府井商圈、亚运村商圈、国贸商圈等。区域市场对餐厅选址和市场准入影响重大，所以，其调查范围要以区域市场为主。

确定餐厅地点后，就要确定餐厅的区域市场。餐厅的区域市场是指顾客愿意前来就餐并且愿意行经的距离。它一般是以餐厅为中心，以顾客愿意移动的距离为半径确定的范围，即指餐厅的潜在顾客或者现实顾客所分布的地区，也就是市场的地理范围。

①步行时间界定法。

步行时间界定法是西方国家界定经营区域时经常采用的方法。首先在地图上找出餐厅选址的地理位置，然后以餐厅所在的位置为中心，按步行的距离来圈定经营区域的范围，一般这样的距离是以3~4个街区为半径。则一个餐厅的核心经营区就是围绕该餐厅的5分钟步行范围，5~8分钟步行距离属于中间经营地带，10分钟步行区以外的属于外层经营地带。按距离来表示，这3个不同的经营地带分别相当于400米、600米和800米的距离。经验表明，一家餐厅的业务量约有70%分布在5分钟步行距离范围内，即400米半径的范围内；业务量的20%分布在5~8分钟步行距离范围内，即400~600米半径范围内；而其余的业务量分布在600米以外的距离范围内。

一般来说，用餐的顾客往往遵循就近原则，而不愿意走很多路去用餐。由于我国人口密度比较大，步行速度相对于西方人要慢，因此在考虑用步行法界定餐饮的经营区域时，应适当地缩小各经营地带的半径。

②行车时间界定法。

驾车和乘坐交通工具前来用餐的顾客，可以用行车时间界定法来确定餐厅的区域市场。它是以顾客从工作单位或家里到餐厅的行车或乘车时间来确定经营地理范围的方法。一般认为，以30分钟的行车时间所能走过的路程为半径，可以划出餐厅的整个经营区，而30分钟的行车时间往往被看作餐厅经营区域的行车极限。通常，乘车或开车20~30分钟内的范围是餐厅重要的经营区。由于各条道路的状况不同，因此以行车时间来界定餐厅的经营区域所得到的并不是一个以选址所在地为中心的同心圆，而是一个不规则的多边形，但是这种方法比简单地按行车距离画同心圆要精确。如果把步行时间界定法和行车时间界定法与对顾客的调查结合起来，界定的经营地域精确度还会进一步提高。

区域市场的大小除了用以上方法来确定外，在具体进行信息分析时还应该考虑各种因素对它的影响。

第一,餐厅规模。餐厅规模与对顾客的吸引力、经营的辐射范围成正比。一般来说,餐厅规模越大,接待能力越强,它的影响面就越广,区域市场也就越大。

第二,餐厅特色。餐厅越具有自身的经营特色,和其他餐厅相比就越有明显的差异性和产品的垄断性,它对市场的吸引力就越强,经营的辐射面会变得越广,经营区域也就越大。

第三,竞争状况。选址地点附近竞争者的存在显然会影响餐厅未来区域市场的大小。如果附近的竞争者处在某些交通更为便利的地方,或者位于客源地附近,或者其产品和服务更有特色,都会影响到本餐厅市场向外辐射的能力,从而影响餐厅经营区域的大小。

第四,选址所在的地理位置。餐厅所处的地理位置同样会影响其区域市场的大小。位于商业繁华中心的餐厅比僻静的餐厅市场范围要小。这主要是由于商业中心的交通比较拥挤,停车也不方便。我国台湾餐饮管理专家认为:在商业中心的餐厅,它的区域市场是以餐厅为中心,200 米的距离为半径作为第一经营地带;较为僻静的城镇,以 300 米的距离半径为第一经营地带;而市郊道路沿线以 2 000 米距离的半径为第一经营地带;如果餐厅的位置处于大厦内部,则以大厦为第一经营地带。在确定市场区域范围时,要注意该地区的地理特点。如果餐厅设在各条道路纵横交叉的城镇之中,餐厅具有正方形区域市场(图 3.1);如果餐厅设在一边有天然障碍的地区(如海边),会有半圆形区域市场(图 3.2);如果餐厅设在公路或铁路沿线上,其区域市场为长方形(图 3.3)。

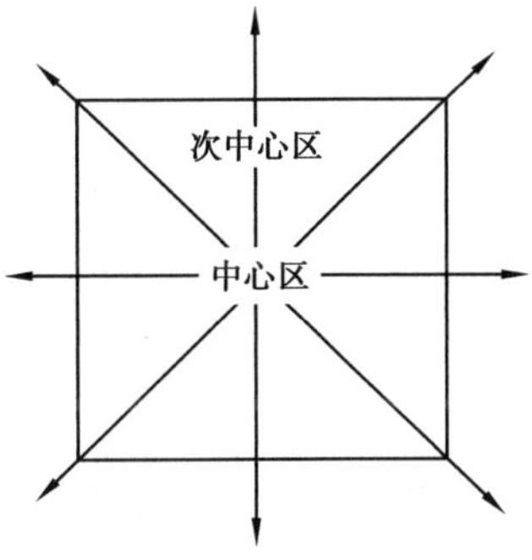

图 3.1　正方形区域市场

资料来源:陆朋.餐饮服务与管理[M].北京:中国物资出版社,2009.

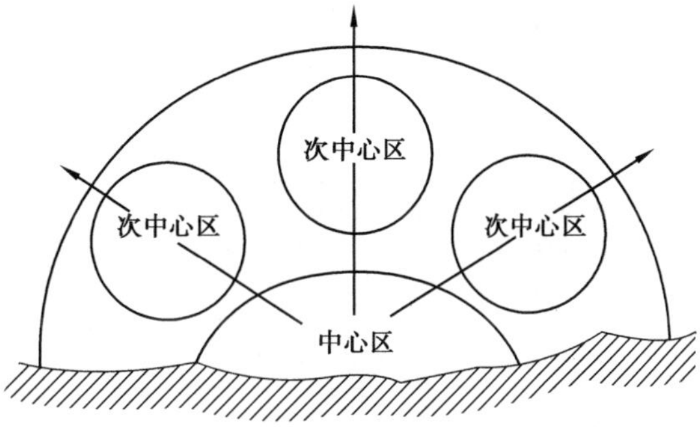

图 3.2　半圆形区域市场

资料来源:陆朋.餐饮服务与管理[M].北京:中国物资出版社,2009.

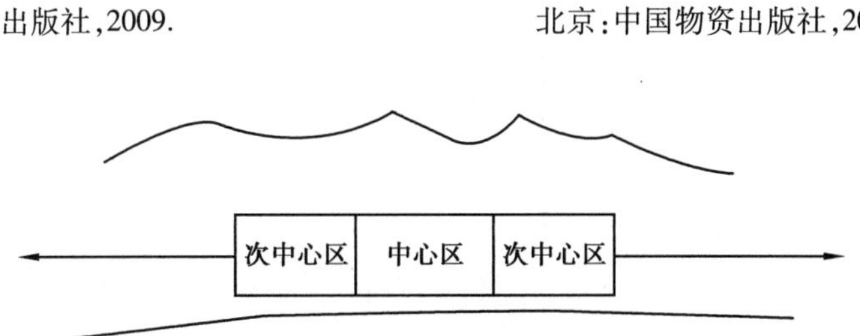

图 3.3　长方形区域市场

资料来源:陆朋.餐饮服务与管理[M].北京:中国物资出版社,2009.

在一张地图上标出餐厅的位置，然后根据地区的地理特点取不同距离作半径，画出中心区和次中心区，列出该地区主要居民和重要的商店及企事业单位。一般来讲，传统的餐厅地址选择和现代的餐厅有一些不同。传统餐厅选择地理位置的主要条件为：繁华的商业中心、人口比较集中的居民区、交通便利的地段、人均消费水平较高的地区、风景名胜周边地区等，但这些地区是经营餐饮业的商家必争之地，过度竞争的结果是土地价格或房屋租金昂贵、各种交通工具过分集中而使泊车位难寻。而现代餐厅地理位置选择的附加条件为：大型机构或单位的周边地区、竞争相对较弱的地区、停车场宽阔的地段，这些标准弥补了传统选址标准所带来的问题。

（2）区域市场调查的目的和内容

①进行区域市场调查的目的是收集资料，掌握市场环境和市场需求，以便确定是否应该在这个区域选址。如果在此选址，则要确定其目标市场的所在，需要建设一个什么类型、什么等级规格、经营什么风味的餐厅，才能与目标市场的消费需求相适应。

②区域市场的调查内容主要有：

第一，基本情况调查。具体内容包括当地的人口规模、经济发展水平、人均收入、人均可支配收入，以及人们外出用餐的比例、次数、人均消费水平（表 3.1）。

表 3.1　顾客基本情况调查

顾客类型		占全体顾客比重	平均每月外出就餐次数	单次消费愿意支付的金额	喜欢的菜系	喜欢的主题	…
个人月收入	2 000 元以下						
	2 000~3 999 元						
	4 000~5 999 元						
	6 000~7 999 元						
	8 000 元及以上						
职业	自由职业						
	白领						
	高管						
	机关干部						
	教师						
	学生						
	工人						
	其他						

续表

顾客类型		占全体顾客比重	平均每月外出就餐次数	单次消费愿意支付的金额	喜欢的菜系	喜欢的主题	…
就餐目的	充饥						
	美食						
	会议或团餐						
	宴请						
…							

第二,交通情况调查。具体内容包括交通干线分布、交通流量、主要街道分布、交通密集和人流量集中的地点分布情况等。

第三,商圈商情调查。即在 30~60 分钟车程的距离范围内有几个商业繁华和人流集中的商圈,每个商圈的规模有多大。

第四,市场竞争情况调查。具体内容包括地区和商圈范围内现有多少家餐厅,各家餐厅的档次、规模、经营风味、座位周转率、接待顾客数、产品价格水平、人均消费水平等(表 3.2)。

表 3.2　竞争者调查汇总表

项目 \ 餐厅名	A	B	C	D	…
地点					
营业时间					
主题环境					
座位数(面积)					
座位周转率					
风味					
价格水平					
人均消费					
…					

(3)进行区域市场调查的主要方法

①抽样调查法。主要适用于区域市场范围内的居民用餐消费调查、流动人口消费调查,其方法是随机选择一定数量的家庭或流动人员,制订抽样调查表格,派人深入住户或市场,

询问、记录调查内容,然后进行统计分析,掌握市场需求状况。如区域市场的居民用餐需求调查,可以询问居民家庭人口、人均收入、人均可支配收入、人均消费水平等。

②收集资料法。主要适用于区域市场范围内的市场基本情况调查,如地区人口总量,居民人口数,饭店宾馆,公寓写字楼的数量,政府机构、学校、科研单位的人口数量,当地国民生产总值,人均国民收入等。其基本方法是通过收集报刊、杂志、政府过去的有关统计资料等来收集信息,为企业市场选址提供依据。

③实地统计法。主要适用于区域市场的客户单位和市场竞争调查。如调查客户单位,可以通过实地走访机关、学校、科研机构等了解情况,获得信息资料,然后制订调查统计表,掌握客户需求。

调查现有餐饮市场竞争状况,也可采用实地统计法,即派人到现有的餐厅、酒楼,通过访谈、实际观察、品尝等获得有关信息资料,然后制作成统计表格。

2)店址的实地考察

(1)备选地点的位置比较

通过实地考察,确定几处可供选择的合适地点,比较每一地点的具体位置、朝向、占地面积有多大或可租赁经营的房屋面积有多大;是否面临大街或在交通主干线旁边,或在街巷、胡同等较僻静的地方,或在办公楼、居民楼、写字楼等建筑的一层或二层以上;每一个可供选择的地点有哪些优势和劣势等。

(2)备选地点的市场比较

通过实地考察,确定每一个备选地点的市场范围;每一个地点的中心区、次中心区、边沿区的范围何在,步行距离、驱车距离是多少;每一个点位的中心区、次中心区的客源总量有多少,现有市场竞争状况如何。

(3)备选地点的市场潜力比较

通过实地考察,确定每一个备选地点的交通状况和顾客进出的方便程度,中心区每日的平均流动人口规模有多大;估计拟建餐厅的餐位利用率能达到多少,价格水平、接待人次、人均消费、市场潜力有多大;地区范围内正在建设或在未来一年内准备建设的饭店宾馆、酒楼饭庄共有几家,档次规模如何,接待能力会增加多少;近期内有无要建设的大型商场、超市、展览中心、文化广场等设施,这些都会直接影响餐饮企业选址后的市场准入的潜力大小。

(4)备选地点的市场投入比较

通过实地考察,与土地占有者或房产所有者进行相应的接触、询价、谈判,确定每个可选地点的地产价格、房产价格,可使用或租赁经营的期限有多长,价格水平和经营期限的可接受程度如何。然后通过分析比较,权衡利弊,最终确定餐厅的经营地点。

3)作出餐厅选址的最终决策

(1)协调好与投资方的关系

①餐厅的选址一般是在投资方的授权下,选派并成立一个开业筹划工作小组或委托一家管理公司来进行的。

②在餐厅选址的市场调查、店址实地考察过程中,筹划工作小组必须随时加强与投资方的联系,做好双方的协调配合,主要是将工作进展情况及时向投资方负责人汇报。必要时,要请他们到现场考察。

③在餐厅选址的过程中,一般要向投资方汇报三四次。向他们通报调查的情况和结果,提出选址建议并说明理由,征求他们的意见,并向他们请示下一步的工作,然后按投资方的指示和要求开展餐厅选址的具体工作。

(2)制订餐厅选址的方案

选址决策方案是为投资方的决策提供科学依据的。所以,相关人员要在区域市场调查和店址实地考察的基础上,对各种信息资料进行分析整理,制订出可供选址的决策方案,并将影响决策的主要因素一一列出,以供投资方分析比较,作出最终的评判。

(3)进行方案的评估与决策

在制订出投资方案的基础上,要召开相关的选址方案评估工作会议,会议的内容主要涵盖以下几个方面:

①由筹划工作小组介绍餐厅选址过程中的市场调查、店址实地考察的结果,详细解释根据调查资料所制订的不同选址方案的内容、影响因素及有关数据,以供与会人员参考与分析。

②由投资方的负责人介绍投资的意向、投资方情况、选址建设餐厅的想法和要求等,供与会人员参考与分析。

③请参会的相关专家学者进行分析论证,提出各种问题,并由筹划工作小组成员作出解释与说明,分析比较不同方案的优劣。

④由投资方的负责人综合参会人员的意见,作出最后的决策,并对选定的方案提出需要补充、修改的意见与要求,进而做出最后的决策。

3.2　餐厅格局规划

餐厅的成立绝非一蹴而就,更不可能任由一个灵感闪过即成型。在所有因素尚未定案前,规划则是开始的第一步。餐厅格局的规划必须涵盖所有设计细则与经营理念,从尚未经营时的配置理念至未来的经营模式都必须事先构思完毕。因此,我们常说餐厅规划的谨慎度是日后经营好坏的基础,唯有通过事前详细的评估、筹备,才得以应付经营时所发生的突发状况与难题。

3.2.1 餐厅规划原则

1）安全性

餐厅的布局要合理、实用、卫生，保证用餐区内顾客、产品、服务员和设备的流动畅通并无安全隐患。包括在用餐区为员工提供安全的工作空间，为顾客提供公共通道，保证用餐区的卫生环境整洁。

2）便利性

餐厅经营所涉及的业务流程包括场所内部物流、加工生产流程和服务流程等。餐厅的设计和布局需建立高效、快捷、连贯的物资流通渠道，便于物品的到达、储存，以确保上述工作流程畅通无阻。

3）高效性

餐厅的内部设计应以缩短服务距离，确保服务高效、快捷为准；应尽量缩短加工厨房和生产厨房之间的距离，减少原材料传送时间；应科学合理地设计餐厅与厨房之间的连接点，减少跑菜距离。

4）经济性

要考虑投资的成本，使投资所获取的收益最大化。具体包括用餐区的设备、设施使用与维护费用，最大限度地用自然采光，在充分利用餐厅营业空间的同时给顾客带来乐趣。充分考虑餐厅面积的高效利用程度，既要为顾客提供舒适的环境，又不应占据太多营业空间，以免影响到接待能力和营业收入。

5）实用性

餐厅功能设计应保持一定的服务空间，尽量避免服务员和顾客之间行动线路的交叉和重叠；应在餐厅和厨房之间设双门双道，避免服务员进出厨房时互相碰撞，避免餐厅、厨房内人流、物流的交叉和碰撞。

6）功能性

在设计处理人与物的关系时，要以人的需求为主，各种装饰布置不宜过于繁杂；餐厅布局要充分考虑功能所需，如在餐厅入口处设立收款台，便于引领顾客和结账收款等。

7）文化性

餐厅的设计还必须与饮食文化的弘扬结合在一起，通过文化氛围的营造体现餐厅的特色，提升餐厅自身品位，增强餐厅的竞争力。

3.2.2　餐厅格局规划的影响因素

餐厅的格局规划受到许多因素的影响和制约,这些因素包括:

1)餐厅的客源结构

不同的客源对象对就餐环境的要求也不同,餐厅设计布局应该适应顾客的各种需求,不能把顾客的到来看成是简单的充饥或满足食欲的要求。事实上,更多的就餐者还带着其他形式的需求进入餐厅。如有的来参加亲友的婚礼,有的来给孩子过生日,也有的与老友叙旧。因此,在进行餐厅设计时要最大限度地满足顾客的各种心理要求,也就是在餐厅的环境设计和布置中创造出各种特定的氛围。例如,宴会厅要庄严、气派、富丽堂皇,以显示宴会主人的身份和地位;普通大型餐厅要热烈有序,混而不乱;高档西餐厅要高贵雅致、温馨宁静。

2)餐厅的建筑结构

餐厅的建筑结构会随着饭店的整体构造和布局而有所不同,因此,餐厅的设计布局必须因地制宜,根据不同的建筑结构进行合理布局,使服务设施的安排、服务线路的设计与现有的建筑结构相结合。

3)餐厅的服务类型

不同的餐厅需要不同的服务方式,不同的服务方式对餐厅的格局又有不同的要求。例如,中餐零点服务餐厅,几桌、十几桌,甚至几十桌顾客同时用餐,用餐区域的划分,客流线路、服务线路的设计要求明确合理,避免交叉,餐台和工作台搭配合理;西餐厅法式服务、美式服务、俄式服务等不同的服务方式对服务设施、服务空间的要求各不相同;自助服务形式主要是自助餐厅、西餐厅常用的一种形式,出于方便宾客自助选餐和方便成品菜肴供应的目的,在格局规划时要求减少服务流线和宾客流线的重合与交叉。所以,餐厅的设计布局必须充分考虑餐厅的服务类型,必须与餐厅所提供的菜式和服务方式相一致。

4)餐厅的等级和规格

根据《旅游饭店星级的划分与评定》(GB/T 14308—2010)要求,不同星级的饭店,其餐厅的等级、规格、标准等都各不相同。不同等级和不同规格的餐厅在设计和布局上应该根据餐厅的目标市场进行合理安排。餐饮经营者必须谨慎地选择自己的目标市场,分析目标市场的实际需求,确定正确的经营方针。明确的经营目标不仅有助于投资决策,而且从某种程度上也决定了餐厅的布置与装备。

5)餐厅的资金投入

资金投入是决定餐厅布置、设备选择的重要因素之一。资金充裕,则可以按照经营者的设计思路进行设计,充分发挥餐厅的经营潜力,实现最大经济效益,反之则会束缚餐厅应有能力的发挥。

在上述5个因素中,餐厅的客源结构和资金投入是最为重要的两项因素,餐饮经营者应根据本饭店实际,分清主次,把握好餐厅环境的布置与安排。

3.2.3 餐厅的面积设计

餐厅面积设计的目的是既能使餐厅面积得到充分的利用,又能给服务员的工作带来方便,给顾客带来舒适。餐厅面积设计应考虑以下方面:

1)各功能区域的面积比例

餐厅内部各部门所占空间的需要不同,要求在进行整个空间设计与规划时统筹兼顾、合理安排。要考虑到顾客的安全性与便利性、营业各环节的机能、实用效果等因素;注意全局与部分间的和谐、均匀、对称,体现出浓郁的风格情调,使顾客一进餐厅就能在视觉和感觉上强烈地感受到形式美与艺术美,得到一种享受。

通常情况下,餐厅的功能区域包括以下几个方面:

①流通空间:通道、走廊、座位等;

②管理空间:服务台、办公室、休息室等;

③调理空间:配餐间、主厨房、冷藏保管室等;

④公共空间:洗手间等。

餐厅面积设计时,需要注意餐厅面积使用的分配。通常厨房要占餐厅营业区的1/2。但有些人在设计餐厅面积时常常会犯错误,希望就餐区越大越好,因为就餐区越大,座位越多,可以容纳多一些顾客。但厨房变小后,所有厨房必需的设备往往无法全部放在厨房内,勉强放进之后,厨房的活动空间就变小了,从而影响厨房人员的工作。当生意好的时候,厨房的工作人员就忙不过来了,反而影响了工作的效率和服务质量。

在设计餐厅时,厨房、仓库及其他区域也必须事先做出合理的规划。这样当餐厅营业后,才不会发生营运不良的情况,使餐厅面积发挥最大的效率。餐厅面积的大小和分配与企业经营的性质、规模、菜单的特点等有很大关系。各种不同类型的餐厅和餐饮设施的面积分配虽各不相同,但都有一定的范围。下面介绍一家拥有200个座位的餐厅的就餐区和生产区面积的分配,以供参考。该餐厅每小时最多可为450位顾客提供就餐服务(表3.3)。

表3.3 ××餐厅的面积规划

餐厅功能区域	面积/平方米	比例/%
总面积	446	100
顾客就餐区	223	50
顾客休息区	33	7.4
厨房	127	28.5
员工活动区	18	4.0

续表

餐厅功能区域	面积/平方米	比例/%
办公区	9	2.0
仓储区	36	8.1

依据《饮食建筑设计标准》(JGJ 64—2017)的规定,小餐厅室内空间净高不低于 2.6 米,有空调的餐厅空间不低于 2.4 米,大餐厅净高不低于 3.0 米,异形顶棚的餐厅室内空间净高不低于 2.4 米,宴会厅的净高要比一般餐厅高一些,大宴会厅的净高不低于 5 米。

2)座位数的确定

(1)餐座形式与尺寸

餐座面积是指顾客个人占用的餐桌椅面积和活动空间面积之和。餐座面积是餐厅面积规划的基础,单位是平方米/座。餐座是保障顾客用餐舒适的基本设计,其规格尺寸必须符合人体工程学。

餐厅座位的设计、布局对整个餐厅的经营影响很大。尽管座位的餐桌、椅、架等大小及形状各不相同,但还是有一定的比例和标准。一般以餐厅面积的大小,按座位的需要做适当的配置,使有限的餐厅面积能最大限度地发挥其运用价值。不同类型餐厅所需的餐位面积如表 3.4 所示。

表 3.4　不同类型餐厅所需餐位面积

类型	每个餐位所需面积/平方米
咖啡厅	1.4~1.6
自助餐厅	1.2~1.7
豪华餐厅	1.5~1.9
普通餐厅	0.9~1.4
风味餐厅	0.4~1.8
快餐厅	1.1~1.4
宴会厅	1.1~1.3 (舞池、乐队位置除外)
酒吧	1.2~1.4

资料来源:桂佳,吴升旸.餐饮服务与管理[M].北京:对外经济贸易大学出版社,2013.

目前,餐厅中座位的配置一般有单人座、双人座、四人座、六人座、火车式、圆桌组合、沙发式、方形、长方形、卡座、柜台形、家庭式等形式,以满足各类顾客的不同需求。

方形组合由一个方桌和四把椅子构成,形成4个就餐座位。方形组合的使用频率较高,通常的尺寸为(0.75~1.0)米×(0.75~1.0)米,档次越高,尺寸越大(表3.5)。

表3.5 方形组合餐位的尺寸参数

尺寸参数	布置形式							
	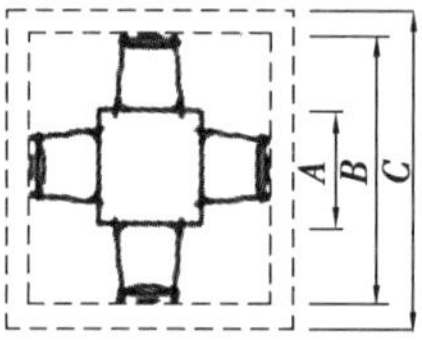				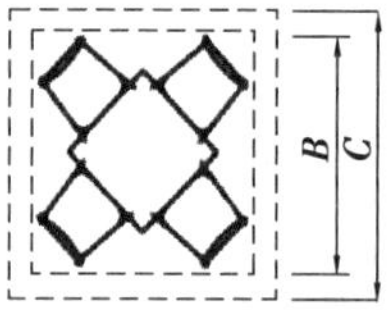			
方桌边长 *A*/米	0.78	0.80	0.85	0.90	0.70	0.80	0.85	0.90
四人桌最小尺寸 *B*/米	1.78	1.80	1.85	1.90	1.58	1.60	1.64	1.67
四人桌舒适尺寸 *C*/米	2.13	2.15	2.20	2.25	1.78	1.80	1.85	1.90
每座面积指标/平方米	0.79~1.13	0.81~1.16	0.86~1.21	0.90~1.26	0.62~0.79	0.64~0.81	0.67~0.86	0.69~0.90

圆桌组合形式由一个圆桌和多把椅子组成。中餐厅常用6~10人的大圆桌,大的宴会厅通常采用10人以上的大圆桌(表3.6)。

表3.6 不同餐位人数的圆桌直径和餐座面积

		6人	8人	10人
普通餐厅	圆桌直径/米	1.2	1.3	1.55
	餐座面积/平方米	6.16	7.02	8.41
舒适性餐厅	圆桌直径/米	1.25	1.4	1.7
	餐座面积/平方米	6.41	7.56	9.30
高档餐厅	圆桌直径/米	1.3	1.55	1.85
	餐座面积/平方米	6.66	8.41	10.24

资料来源:孙佳成.酒店设计与策划[M].北京:中国建筑工业出版社,2010.

长方形组合通常有2人、4人、6人、8人等形式,可根据需要进行组合,人数较多的长桌组合形式相对会更节省面积。

卡座形式是用隔断方式将一组餐座组合进行分隔的形式,卡座形式因其被分隔所以具有一定的私密性和独立性。在规划设计时可根据需要对其进行任意排列组合和灵活布局，一些特色餐厅多采用这种餐桌形式(图 3.4)。

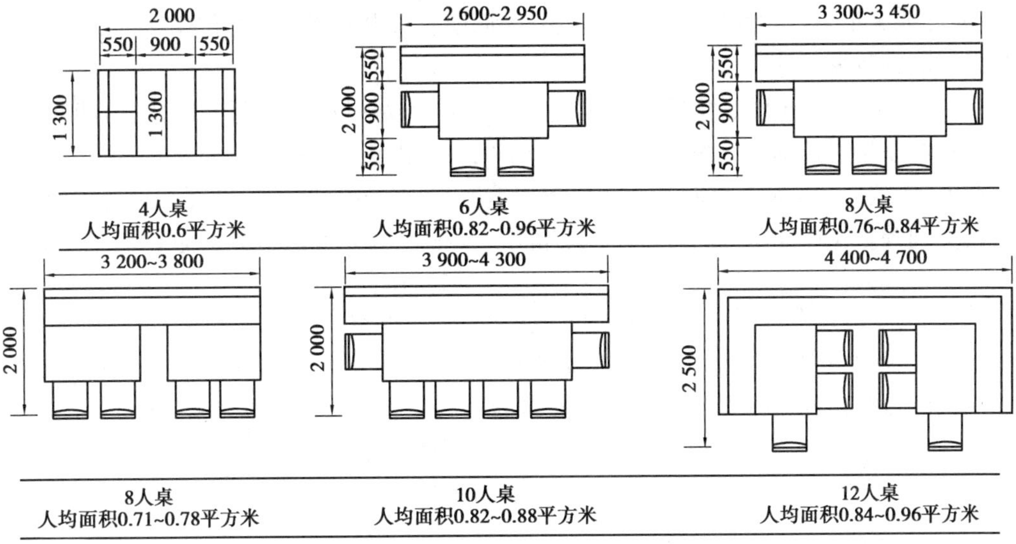

图 3.4　卡座形餐座布局(单位:毫米)

资料来源:孙佳成.酒店设计与策划[M].北京:中国建筑工业出版社,2010.

柜台形式是一种便捷的就餐形式。氛围轻松的餐厅可选择这种形式,如酒吧、快餐厅等。柜台要考虑具有代表性使用者的人机尺度以及操作管理的服务方式,以确定柜台及相关柜台座椅的最佳尺度。通常柜台的高度为 0.9~1.08 米,台面宽度最小尺寸 0.45 米,柜台总宽度为 0.6~0.7 米。通常,柜台对顾客餐椅高度与对顾客服务台面落差约为 0.3 米,脚蹬杆高度约 0.15 米,一个顾客占用柜台宽度约 0.6 米(图 3.5)。

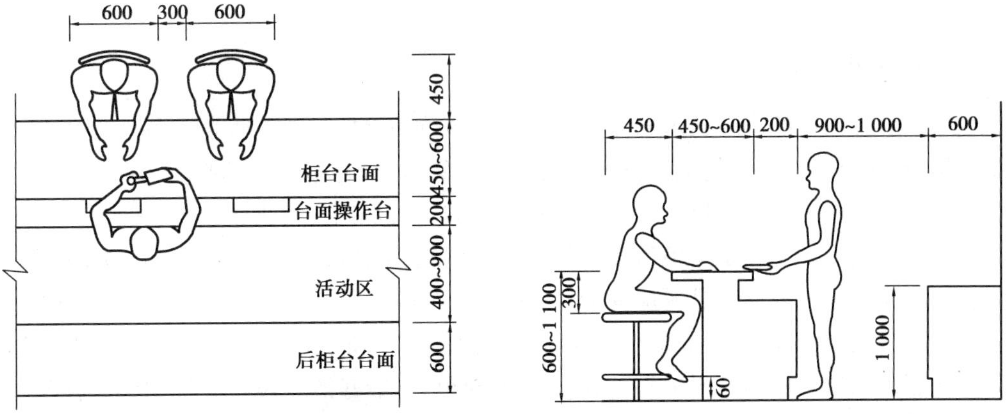

图 3.5　柜台形餐座布局(单位:毫米)

资料来源:孙佳成.酒店设计与策划[M].北京:中国建筑工业出版社,2010.

餐座形式和布局形式影响着餐厅面积的合理使用,通常餐厅的餐座布局由几种不同形式搭配组合形成,这样既能合理利用空间面积,又能满足顾客的多种需求。

(2)座位数确定

座位数是根据某段时间内需要接待的就餐人数与该段时间内最大座位周转率来确定的,一般要能满足高峰时间接待顾客的需要,因而就餐人数的预计和座位周转率的计算需根据这段时间的数据统计。

座位周转率取决于顾客食用的食品与饮料的数量、服务的复杂程度以及就餐时间的长短。早餐的座位周转率一般高于中、晚餐,简单的快餐比豪华餐的座位周转率要快。

此外,座位周转率的高低还取决于供餐的速度、顾客选餐的速度、餐厅布局的方便程度、供餐的类别等。在计算座位周转率时还要留出一定的空位率和服务人员撤桌摆台时间。

$$座位周转率 = \frac{供餐时间}{顾客平均就餐时间 \times (1 + 空位率 + 撤台率)}$$

在确定餐厅中的座位数时,有必要预测餐厅中的就餐人数。餐厅就餐人数的预测取决于市场区中目标顾客外出就餐的次数,这要通过对市场和竞争者的调查来估算。

$$座位数 = \frac{预计就餐顾客数}{座位周转率}$$

3.2.4 餐厅动线的安排

餐厅动线是指顾客、服务员、食品与器物在厅内的流动方向和路线。

1)顾客动线

顾客动线应以从大门到座位之间的通道畅通无阻为基本要求。一般说,餐厅中顾客的动线采用直线为好,避免迂回绕道,任何不必要的迂回曲折都会使人产生一种人流混乱的感觉,影响或干扰顾客进餐的情绪和食欲。餐厅中顾客的流通通道要尽可能宽畅,动线以一个基点为准。

2)服务人员动线

餐厅中服务人员的动线长度对工作效益有直接的影响,原则上越短越好。在服务人员动线安排中,注意一个方向的道路作业动线不要太集中,尽可能除去不必要的曲折。可以考虑设置一个区域服务台,既可存放餐具,又有助于服务人员缩短行走距离。

餐厅的流线规划主要是避免流线交叉,尽量缩短服务流线的距离,保证流线的畅通。而影响餐厅流线的主要因素就是餐座的形式、布局以及餐厅中各种门的位置与分布,如厨房备餐间门的位置、餐具回收间门的位置以及洗手间门的位置和不同的餐座形式和布局形式等。餐厅的顾客出入口与厨房的出入口应保持一定的距离,最好能分设在餐厅空间的两端位置上,这样可以最大限度地避免顾客流线和服务流线的交叉和重合。厨房应设置两个出入口,即备餐间出菜口和餐具回收口,这样既避免了服务流线的倒流,同时又实现了洁污分离,符合卫生要求。

按人体工程学标准,一般人在站立时的最小厚度是 23 厘米,最小宽度是 50 厘米,加上人胳膊活动的空间,单向服务通道的最小宽度建议是 60 厘米,双向服务通道的最小宽度建议是150厘米(通过以两部餐车为度)。而设计顾客通道要考虑比服务通道宽,单向顾客通道建议最小宽度为80厘米,双向顾客通道建议最小宽度为160厘米。在实际设计中,如果有足够的空间,应该将顾客动线和服务人员动线分开,这样可以避免服务人员与顾客发生碰撞。当然,如果空间较小,不能安排多个通道,服务人员与顾客动线混用时,建议选择顾客动线的参数。

3.3　餐厅的主题设计

任何活动都要围绕主题展开,餐厅的主题是餐厅经营的灵魂和中心思想,是突出和集中表达餐厅的特殊优势、独特思想的方式,是餐厅经营者提供给顾客的一种经营者倡导的、顾客认同的消费理念。

餐厅主题能引起顾客的兴趣,能体现餐厅的餐饮特色,能留给顾客深刻的印象,能刺激顾客的消费欲望,餐厅主题的优劣直接影响餐厅对顾客的吸引力。一般而言,餐厅的主题包括两种:一种为有形主题,如餐厅的位置、门面、内部装饰、格调布局等;另一种为无形主题,如服务人员的态度、礼节以及让顾客满意的程度等。

3.3.1　主题设计原则

餐厅的主题设计必须迎合餐饮市场与行业发展的趋势与机遇,即产品市场永远是第一位的,策划必须迎合市场、预测市场、抢占市场,才能占领先机。

1)统一原则

在餐厅名称、风格、色调一致的基础上,其他用品也必须与之一致。餐厅必须符合自身的经营特点,从外观和风格上要反映出本店的经营特色。比如农家土菜馆在设计时要考虑文化氛围的营造,从外墙装饰、桌椅到挂件,从菜单、餐具到菜肴宣传都要体现其农家原生态的风格,这样才能给顾客营造一种氛围,勾起顾客的回忆或增加农味的体验,让顾客从心灵上得到一种满足。另外,具有特色的设计可以提供给顾客一定的暗示,让顾客留下深刻的印象。比如某地避风塘餐饮公司采用"渔民拿桨"的招贴画,店堂里用蓑衣、斗笠装饰墙面,用渔船打造的餐桌或包间,别有风味,不用说就知道避风塘是渔港的代名词,其经营的菜品不言而喻。

2)和谐原则

餐厅的装潢要充分考虑与原建筑风格及周围店面相协调,独特的风格虽然抢眼,可一旦使顾客觉得粗俗,就会失去信赖。比如周围建筑都是低矮的民居,本店的装饰却设计成欧陆风格,就会显得扎眼:一来缺少协调,感觉别扭;二来会将周围消费群拒之门外。比如某地有个叫"风波庄"的小酒店,就是建立在小巷中,装饰设计很有特色,竹制的阁楼沿街而建,带有山寨的野性，与周围环境协调统一，生意非常火爆，等候的顾客统一使用家庭用的长条板凳，沿街而坐，别有一番景象。

3）个性原则

必须立足于餐厅自身的资源优势（例如菜品、区位等），即自身的资源优势本身就是独有的，据此创造出的主题才会与众不同，别人也不易模仿；要有独特的个性，即内容上要有突破、创新、提高，表现形式要别具一格；要有完善的支撑体系，即任何包装的东西是经不起时间考验的，完善坚强的主题支持体系是主题概念得以实现的有力保证。

3.3.2 主题设计思路

餐厅的主题设计要有足够的深度和广度，即内涵要有深度，才能挖掘源源不断的题材，外延要有广度，才能容纳社区开发的各种要素。通常来讲，餐厅主题的设计要立意新颖、富于个性；要简洁明了、易于流传；要适度超前、合乎实际。

1）突出文化内涵

丰富的文化可以作为餐厅的取材内容，只要根据当地的实际情况巧妙地对文化宝库进行开发，就能得到意想不到的收获。

大董意境菜

大董意境菜以菜品为媒介，运用中国绘画的写意技法和中国盆景的拼装技法反映中国古典文学的意境之美。

中国传统绘画讲究“不似之似”的意境，似形写神，形神兼备，讲究气韵，注重笔墨；不以结构严谨的逻辑体系为基础，追求其意境。盆景则重神韵，以诗情画意见胜，是自然美和艺术美的巧妙结合，它与中国画论、画理相互影响、相互渗透、相互提高，有着姐妹艺术的关系。盆景艺术表现对象是具体反映“源于自然，高于自然”的自然美和作者丰富的内心世界。大董意境菜的装盘设计“不似之似”的意象造型与传统绘画的美学、盆景的“缩龙成寸”“小中见大”的写实艺术手法如出一辙，以达到“源于自然又高于自然”的审美效果。如“江雪糖醋小排”，它的意境构思来自柳宗元的《江雪》：“孤舟蓑笠翁，独钓寒江雪。”在“置陈布势”之中大胆而巧妙地运用了通景法、黄金分割法、三元法，夸张地将其意境浓缩于咫尺盘盅之内，意境之美得以充分体现出来。

2）突出特定环境

以特定的环境为主题，可以将餐厅设计成一个有特色的环境，让顾客在用餐过程中感受到特别的风景与情调，如“蒙古包餐厅”“窑洞餐厅”“空中餐厅”“海底世界”“罗马餐厅”等。此外，还可通过营造特别的环境突出某种情调和氛围的餐厅，如“梁山寨酒家”“大上海餐厅”等复古、怀旧餐厅。

3)突出人文主题

人文就是人类文化中的先进部分和核心部分,即先进的价值观及其规范,体现在重视人、尊重人、关心人、爱护人。简而言之,人文即重视人的文化。以某种特殊的人文情怀为主题,即通过某种情感为主线来渲染出特殊的氛围,如以友情为纽带的学院或者学校式餐厅,以网游或手游为主线的模拟游戏氛围餐厅,以兴趣或者爱好为触点的专题餐厅,等等。

3.3.3　主题设计要素

餐厅在选定主题后,应从装饰、装修风格以及服务水准、宣传策略上体现出主题的魅力。

1)有形布置

(1)环境设计

餐厅的外部气氛是给顾客的第一印象,反映餐饮店经营的特色,并与内部装修融为一体。在设计时应注意餐饮店的名称、位置、建筑风格、门厅设计、停车场等。比如,外部建筑风格设计宏伟庄重,那么内部气氛的设计也应以宏伟庄重式风格为主,总之要以更好地突出餐厅的主题为出发点。

(2)灯光设计

气氛设计中最关键的一步是灯光。不同的灯光设计有不同的作用,选择灯饰要根据餐厅的特点而定。中餐厅一般要求比较明亮,使其显得华丽。餐厅灯光设计使用的种类颇多,诸如白炽灯、荧光灯及彩灯等。餐厅可依据自己的需要而定,总之,灯光一定要给人一种舒适、温馨或庄重的感觉,切忌出现压抑、忧郁的感觉。但是一些追求另类的餐厅就无须顾忌这一点了,比如那些黑暗餐厅。

(3)背景音乐

背景音乐能起到调节气氛、增加情调的作用,因此背景音乐必不可少。配置背景音乐时一定要与餐厅风格相适应,或欢快、优雅的流行音乐,或古典、婉转的名曲等。例如,一些以原创音乐为主题的餐厅,就应该放一些原创性的摇滚、民谣等,甚至可以请乐队现场演出,以烘托餐厅的气氛。

(4)色彩搭配

心理学研究表明,人的心理和行为与色彩的选择搭配有很大关系。对于追求新奇效果的主题餐厅来说,更应该恰当运用色彩的搭配,以营造出和餐厅氛围相匹配的主题。除了色彩的搭配能反映餐厅的主题外,饰物的效果更会让人身临其境。

(5)家具选择

家具选择也是构成良好气氛的关键因素,家具选择要由餐厅的气氛、装修档次、消费层次及经营特色来确定。家具选好了,餐厅的魅力会立马提升。一些较独特的主题餐厅,其家具可能没有可参照的标准,那就要根据自己的设计去找相关的厂家定做。比如,深圳的一家厕所主题餐厅,餐椅都是马桶的形状,很难在市场上找到现成的产品,只能去量身定做。

(6)温度、湿度和气味

针对不同的季节,餐厅的温度也应有所调节。经验证明,餐厅的最佳温度应保持在 21~24 ℃。档次较高的主题餐厅,还能够通过对温度、湿度乃至气味的调节来营造相应的主题,以给顾客一种身临其境的感觉。适宜的湿度,可以通过加湿器等设备达到。良好的气味,可以利用空气清新剂、通风等办法或是采用烹饪的芳香来实现。

2)无形设计

(1)服务设计

服务设计即通过服务人员的服务态度、礼节、仪容仪表以及服务技术与技能,保证为顾客提供优质高效的符合主题特征的服务。从仪容仪表上讲,要整洁、卫生、规范。从态度上讲,应保持良好的服务态度,乐于帮助顾客解决遇到的问题。从服务方式上讲,应根据顾客的个性化需求,为顾客提供情感化、个性化的灵活服务,如适时提供食品信息和符合顾客就餐习惯的服务,保证既能为顾客提供及时、准确、迅速的服务,又不干扰顾客。从团队协作上讲,服务人员要分工协作、相互配合、相互弥补漏洞和空位,如在餐台方面,餐饮服务人员不能只将眼光放在自己的服务台而对其他餐台的顾客需求无任何反应,因为在顾客眼里,所有的服务人员都是可以并且需要为他们提供帮助与服务的,团队协作可以营造出更好的服务氛围。从主客互动上讲,要强化服务人员与顾客沟通的意识以及善于与顾客沟通的能力,加强对服务人员语言能力、沟通技巧等方面的培养。

(2)宣传策略

明确主题后,餐厅需规定统一的店徽,印刷在自己的菜单、纸巾、广告和其他宣传品上,用来突出自己的形象。

此外,餐厅需根据目标市场的消费需求和市场竞争围绕主题创造出一种特定环境和营销气氛,从而引起社会公众和目标市场消费群体的集中关注,使营销主题成为顾客识别企业产品的标示和吸引顾客、扩大产品销售的刺激物。

【案例·讨论】

全球稀奇古怪的主题餐厅

民以食为天,人们经历了从吃饱到吃好的阶段后,吃正逐渐演变成一种文化消费,在品尝美味佳肴时,开始关注用餐环境的文化氛围与个性化。不知从什么时候起,主题餐厅悄然出现,其独特的餐饮新概念、别具一格的装饰布置,使前来就餐的顾客既可以品尝到美味佳肴,同时又能体会到某种文化氛围。现如今,意想不到的餐厅设计,装扮搞怪的服务员,世界各地的商家们为了招揽顾客,可谓是煞费心机、挖空心思地办起形形色色的主题餐厅。

2008 年 11 月台北的"巨型空中客机"开始营业,餐厅被装修成航行中的客机,服务员装扮成空姐提供全套高端西餐服务。

2010 年 3 月 24 日,美国纽约新开了交易所主题烧烤酒吧,这里食物和饮料的价格会像股票价格一样波动。

2015年，“归雁”在苏州开店，“归雁”承载着20世纪80—90年代的纯美记忆，让消费者回归到那些“买不到的旧时光”。“归雁”试图用波普文化诠释最纯真的年代，用最普通的餐饮姿态来抹平艺术和生活的区别，以不拘一格的思维打破通俗与高雅的界限。

结合案例所述，请分析主题餐厅的设计思路有何特点，是否符合消费者需求？

复习思考题

1.中式快餐在选址时应注意哪些方面？

2.计划在某大型综合商业中心的餐饮楼层开设面积为400平方米的火锅店，如何测算各个功能区域的面积与就餐区域座位数？

3.计划在某海滨城市距离海港1千米处开设餐厅，请指出餐厅主题设计思路与策略。

第4章
餐饮菜单计划

【学习目的】

一份看似简单的菜单其实一点也不简单,它涵盖了一个餐饮企业经营的方方面面。菜单是餐饮经营管理工作的基础,也是餐饮经营开展的出发点,它的设计与制作是餐饮经营中的一个重要环节,在餐饮企业的经营过程中起着巨大的、不可替代的作用。菜单的类别多样,形式繁多。菜单的设计与制作既要严谨又要务实,其内容的安排、定价方式、制作材料及式样的选择都讲究科学性和艺术性。通过本章的学习,应了解菜单的作用和种类,系统掌握菜单设计与制作的内容与方法,掌握如何用ME分析法来分析、变更菜单,学会菜单灵活设计的艺术。

【学习重点】

- 了解菜单的作用和种类;
- 理解菜单设计的依据;
- 掌握如何用ME分析法来分析菜单;
- 掌握菜单设计和制作方法。

4.1 菜单的作用和种类

菜单是餐饮企业向顾客提供的餐饮产品的品种和价格的一览表。从形式上看,菜单是餐厅提供商品的总目录,它实际上是餐厅将所能提供的各种菜肴、点心、饮料等经过科学的组合,排列于纸上,供就餐者从中选择的一种销售工具,也是餐厅向顾客提供有关餐饮服务的内容、特点及价格等信息的一个渠道。

作为印刷品,菜单配有文字,饰有图案,套上色彩,还穿插了相应的菜肴图例,直观地体现了餐饮企业的经营主题与经营水平。

4.1.1　菜单的作用

菜单的作用可以归纳为以下几个方面：

1）菜单是连接供求双方的桥梁和纽带

餐饮企业通过菜单向顾客推销餐饮服务，顾客则根据菜单选择所需要的菜肴和饮料。反映在菜单上的餐饮品种、价格、风格特色、质量水平等信息，可使消费者和餐饮企业迅速沟通，因此菜单起着促进买卖交易的媒介作用。

2）菜单反映了餐饮企业的经营方针和餐厅的主题特色

餐饮企业每天需接待大量的就餐人员，每天需采购相当品种和数量的食品原料与配料，会让人感觉餐饮服务的起点就是原料的采购，但事实上决定食品原料采购的恰恰是事先制订好的各类菜单。原料的选择采购、菜肴的烹调制作、餐厅服务等环节都以菜单作为基础，可见菜单不仅规定了企业采购的内容，而且还支配着餐饮服务的其他业务系统，影响着整个餐饮产品的供求系统。一份合适的菜单是菜单设计人员根据餐饮企业的经营方针，经过认真分析市场需求并加以预测制订出来的。

另外，菜单的设计与装帧是餐厅主题氛围的缩影，应与餐厅的装潢布置互相协调，菜单所列菜肴品种的数量、品质和总体价格水平，都应体现餐厅的档次与特色。

3）菜单决定了餐饮设备的选购

菜单一经确定，餐饮产品的风味、花色品种、技术要求、产品价格便随之确定，同时相应的烹制加工设备和服务用具也确定了，这样菜单上的菜品品种越多，所需的设备用具也就越特殊。因此，餐饮企业选择购置的设备、工具及用品，其种类、规格、数量及质量等都取决于菜单的菜点品种。

4）菜单决定了餐饮原料采购、库存的方式

食品原料的采购管理是每一家餐饮企业经营管理的重要工作，其依据就是菜单内容和菜单类型。不同的原料需要不同的采购、库存方式：鲜活原料保存期短，每一次的采购数量不宜过多；干货类原料相对可以保存较长时间，可以适当增加每次采购的数量。以菜单为中心的采购计划，体现了适时、适量、适质的采购原则。

5）菜单影响着厨房布局和餐厅装饰

厨房是厨师加工制作餐饮产品的场所，厨房内各业务操作中心的选址，各种设备、工具的位置摆放，均以菜单内容的加工制作要求为依据来实行。由于烹制内容不同，过程不同，所用的设备和工具不同，中西餐厨房的布局安排差异很大，即使同是中餐厨房或西餐厨房，也会因各家菜单的差异而形成自己独特的布局。可以说，世界上除了菜单内容完全雷同的连锁快餐店有相同的厨房布局外，几乎找不到两家布局完全相同的厨房。同样，餐厅的装饰与布置也必须围绕菜单的内容和特点进行构思与设计,才能使就餐环境体现菜单所要求的餐厅风格,突出餐厅的特色。

6)菜单决定了所需员工的质量和数量

菜单是餐饮企业风格特色与规格水平的标志。菜单内容的丰富程度不同,厨房设备的机械化、自动化以及操作使用的熟练程度就不同,这样,人力资源的开发和控制程度就不同。菜单的内容复杂繁多,就必然需要更多的烹饪技艺精湛的厨师和服务水平高超的服务员,反之,员工的素质要求就可低一些,需要的员工数量也会相应减少。

7)菜单是成本控制的依据

成本控制是餐饮管理的关键,它包括原材料成本、辅料成本、调料成本三部分。菜单上用料昂贵的菜点较多,原料成本就高;制作繁杂、耗时的菜点较多,就会增加劳动力成本,所以餐饮企业的成本控制应从菜单的设计开始。

8)菜单是餐饮服务方式的基础和依据

餐饮服务的开展是由菜单内容来决定的,菜单的内容体现了餐厅经营取向、风格和价格策略等方面的思想。不同的国家、地区和民族,由于生活习俗的差异,其饮食规范、程序和标准化亦有不同。不同的习俗和饮食习惯要求餐饮服务必须把握菜单的精髓,使菜单目标和服务工作完美地结合起来。

9)菜单是宣传促销的有力工具

菜单是企业与消费者沟通的直接窗口,作为印刷品,菜单图文并茂,本身就是艺术化的广告作品,它的形象能影响到消费者对企业作风和烹调质量的评价,它所包含的信息更是直接影响着消费者需求的指向、购买数量和频率。一份高雅得体、印刷精美的菜单无疑会刺激消费者的消费欲望。

4.1.2 菜单的种类

1)依据餐别划分

依据餐别划分主要是根据民族习俗划分。

(1)中餐菜单

中餐菜单是在中餐餐馆中使用的菜单,餐食的内容、所用的原料、烹饪方法及服务方式,反映的是中华民族的饮食风格和习惯。

(2)西餐菜单

西餐菜单主要是欧美国家及地区的民族使用,餐食的内容、所用的原料、烹饪方法及服务方式,反映的是西方人的饮食风格和习惯。

(3) 其他菜单

这是中西餐菜单以外的其他菜单的总称，如拉美餐菜单、越南餐菜单、印尼餐菜单、韩国餐菜单、日本餐菜单等。

2) 依据就餐时间划分

(1) 早餐菜单

为顾客早餐准备的菜单，内容较为简单，菜品及饮料种类也较少，多以清爽小菜为主。

(2) 午餐菜单

为顾客午餐准备的菜单，内容一般较丰富全面，菜品及饮料种类也较多，给顾客选择的余地较大。

(3) 晚餐菜单

有些餐厅午餐、晚餐菜单分别制作，有的餐厅午餐、晚餐菜单是一份。午餐、晚餐菜单需品种齐全，各式菜式搭配平衡，并有一些反映其特色的拿手菜。

(4) 夜宵菜单

中餐馆使用较为普遍，主要为习惯于夜生活的人而设计，使用时间通常是子夜前后。

3) 根据市场特点分类

(1) 固定菜单

固定菜单不是一成不变的菜单，而是一种菜品内容标准化、不做经常性调整的菜单。餐饮企业通常把在长期经营实践中受到好评的菜品作为品牌保留下来，把不合适的菜品淘汰掉。这种菜单相对稳定，一经合理制订，便能长期使用，与其他菜单相比，具有明显的优势：

①有利于选购设备，降低成本。由于其使用周期具有相对稳定性，从而设备的有效利用率大大提高，避免了设备盲目购置和闲置所造成的浪费。

②有利于实现菜品生产的标准化。因为菜品的稳定性，重复操作，可促使餐饮企业的原材料采供、菜品加工烹制、产品质量监控、餐饮服务及销售、成本控制等各个环节的操作形成标准，极大地提高生产技术和生产效率，同时也为企业规模扩张和连锁发展打下坚实的基础。

③有利于提高产品质量，创造名牌菜品。菜品生产的稳定化、标准化的好处是能更容易地生产出高质量且有特色的、受市场欢迎的好菜品，进而创造出名牌菜。

固定菜单特别适合于拥有稳定客源市场的餐饮企业，其优点明显，但任何事情都有两面性，固定菜单也同样有不足之处：

①因其过于强调菜品的传统、正宗，缺乏变化和新鲜感，久而久之难免会使顾客对其产生厌倦情绪。

②其菜式品种不能随季节的交替、原材料价格的波动、市场需求的变化等因素而调整，常常处于被动地位，难以适应餐饮市场的变化，更因为对原材料价格的上涨缺乏变更的弹性

而容易造成亏损。

③长期重复性的机械操作，容易使员工产生厌倦感，直接影响员工的工作热情和创新能力。

(2)循环菜单

循环菜单是按固定周期循环使用的菜单，适用于团体包餐、长住型商务客人及企事业单位员工的工作餐。

循环菜单必须按预定的周期天数制订一系列的菜单，每天使用一份。通常一种是季节性菜单，即以四季的交替为循环周期，以时令菜为主，每一个季节周期会以典型的时令、节日为重点，并能借此减少不同季节原料短缺及成本过高的现象。另一种是针对团体和长期客户的循环菜单，其周期长短根据市场特点而定，一般使用周期较短，企事业单位工作餐周期可长一些(3~4星期为一个周期即可)，而长住的商务客人的餐饮，则应注意提高菜单的循环频率，以增加对客人的吸引力。

与固定菜单相比，循环菜单有其较为明显的优点：设计丰富多彩，变化多端，与市场结合紧密，顾客不容易对菜单厌烦；厨房工作人员也不易因工作单调而产生厌倦。缺点是循环菜单的使用增加了餐饮生产及管理的难度，劳动力、设备及管理等方面的成本也大大增加。

(3)即时性菜单

即时性菜单是根据一定时期内原料的供应情况制订的临时性菜单，它不固定也不循环，仅供限定的天数内或某一餐饮活动使用。编制这种菜单的依据是菜品原料的可得性，原料的质量、价格及厨师的烹调水平。美食节餐饮促销活动菜单、宴会菜单、每日精选菜单、自助餐形式菜单等多采用即时性菜单形式。这种菜单具有灵活性，便于采购，使用新鲜廉价的原料，可大大提高餐饮管理和营销人员的积极性。

4)根据菜单价格形式分类

(1)零点菜单

零点菜单是使用最广泛的一种菜单形式，也是餐厅中最主要的菜单形式。这种菜单分门别类地标明菜式品种的名称、规格及相应的价格，顾客可根据自己的喜好和消费能力自由点菜。其核心菜式品种比较固定，组合上兼收并蓄，高中低档次并存，品种繁多，当场点菜，重点推荐，顾客的选择范围比较大，不但适合于一般社会餐馆，而且适合于各类正餐厅和风味餐厅等，能满足不同消费者的需求。

(2)套餐菜单

套餐菜单也称定食菜单、和菜菜单、公司菜单，是为满足顾客各种需求或为方便促销而推出的组合菜单。它通常由一系列不同规格和标准的菜品组成，是以包价方式出售菜品的一种形式，不标明每一道菜的价格，顾客不能任意删减或增加。这种菜单可分为以下几类：

①普通菜单：针对一个或几个顾客的就餐需求特点而设计的菜单，价格比较便宜，菜品组合较简单。

②团体菜单：针对旅行社组织的团队、各种会议团队等设计的菜单。

③宴会菜单:由一定规格质量的一整套的菜点饮品,按照约定俗成的进餐顺序和礼仪组合而成的菜单,其主食、菜肴和饮品的组合搭配等方面的要求均远高于团体套餐和普通套餐,具有主题多样化、菜单执行的规格和标准灵活、设计技术性强、易于批量加工制作等特点。

(3)混合性菜单

混合性菜单是零点菜单与套餐菜单的结合,将零点菜单和套餐菜单印刷在一起,一部分菜式以零点形式出现,一部分以套餐形式出现;或以套餐形式为主,同时欢迎顾客再随意选择点菜;或以零点形式为主,主菜同时列有供零点或套餐选择的两种不同价格,顾客就有了一定的自由选择菜品的机会,餐厅同时也会因此而增加收入。

4.2　菜单分析

4.2.1　菜单的定价方法

1)影响菜单定价的因素

(1)内部因素

从价格构成看,餐饮产品价格等于原材料成本、工资费用、租金、折旧费、水电费、管理费、其他费用的分摊、税金和利润的总和,销售价格的制订是以营利为目标的,销售价格抵消各项费用后才能获得利润。

①成本和费用。成本和费用是影响定价的最基本因素。成本和费用包括餐饮企业总的成本和费用中占较大比例的固定成本和变动成本。不同的成本结构对企业的营业收入和利润的影响很大。通常,在营业收入一定的情况下,固定成本所占的比例较大,则利润的增幅也较大;反之,如变动成本所占的比例较大,则利润的增幅就较小。

②定价目标。餐饮企业的经营目标不同,定价目标也不同,一般来说,定价目标有以下几种:

a.成本导向目标。这类菜单是以薄利多销为定价策略,以低价及家常普通菜品为中心,强调低成本,薄利多销。在市场不景气或竞争异常激烈的情况下,为了生存,许多餐饮企业在定价时只求保本。

当营业收入与固定成本、变动成本和营业税之和相等时,企业即可保本,公式表示如下:

$$\text{保本点营业收入} = \frac{\text{固定成本}}{1 - \text{变动成本率} - \text{营业税率}} \times 100\%$$

注:固定成本包括房租、水电费用、人力资源费用、餐酒茶具消耗、管理费用、财务费用等。变动成本指餐饮原料的成本,有些也包括燃料费用。餐饮企业的营业税率属于固定税率,一般为5%。

b.利润导向目标。这是一种品牌效应定价策略,餐饮企业提供高质量、高价位的菜品和服务,以追求利润为中心。根据目标收益率来确定定价目标是最常见的利润导向定价策略,这种策略可以是获取占营业额百分比的利润率,也可以是获得一定的投资收益率,还可以是获得一定数额的利润,这种定价比较适用于大型餐饮企业,要实现一定的目标利润,其营业收入可用公式表示如下:

$$营业收入=\frac{固定成本+目标利润}{1-变动成本率-营业税率}$$

c.市场份额导向目标。以进入和占领市场、增加市场份额为目标,是一种市场渗透定价策略。采用这种定价目标的餐饮企业通常强调要实现某一营业额目标,一般不明确规定本企业应实现的利润数额,通常成本较高而利润较低,适合于规模化经营的餐饮企业。

d.竞争导向目标。这是一种随行就市的定价策略,当餐饮企业面对竞争时,通常会采取竞争导向的定价目标,积极参加餐饮市场竞争。这种策略定价灵活,经常以优惠价及促销方式吸引消费者,以应对或避免竞争。

e.垄断导向目标。在机场、车站、码头、商业区等地段的餐饮企业,由于其地理位置的优越性,经营具有一定的垄断性,且人群的流动性大,因此,经常会采取一般质量的菜品高价出售的定价策略。

③餐饮企业档次。餐饮企业的档次直接决定了餐饮产品的定价。不同级别的饭店或餐饮企业收费不同,因此,同样的菜品在不同档次的饭店或餐饮企业价格相差也特别大,高级饭店或餐饮企业定价可以是普通饭店或餐饮企业定价的数倍。

④经营状况。经营状况可从管理和服务两方面来考察。

a.管理成本。从采购角度来看,连锁饭店由于实行统一招标采购,其进货成本大大低于当地同类餐饮企业的进价,因此菜品的定价也低于同档次餐厅,竞争力更强。

人力资源涉及经营费用,其数量和质量势必会影响菜品定价水平。如果雇员数量多,为保证盈利,定价水平必然较高;如果聘用的名厨和名师多,其定价水平也一定较高。

餐饮产品的制作工艺对定价水平的影响也非常大。工艺复杂的菜品,对厨师的要求高,耗费的工时长,一般来说定价较高,工艺相对简单的定价则较低。

地理位置的好坏直接影响餐饮企业管理成本的高低。好地段的租金高,经营费用大,其菜品的定价一般来说也比较高,处在黄金地段的餐饮企业的菜品价格则更高。

原料对价格的影响也是显而易见的,进价高的菜品要比进价低的菜品定价高,如海珍品售价要远高于普通家常菜的售价。

b.饭店或餐饮企业的形象。饭店或餐饮企业的形象首先体现在服务员的服务水平和形象上。服务员的服务表现应当是外部仪表美与内在心灵美的和谐统一,不但要做到服务标准到位,语言得当,而且还要注意整洁美,以完美的形象感染顾客,吸引顾客进行消费。

此外,服务接待工作还要讲究策略性。引导顾客入座要热情、迅速,即使在顾客人数较多的情况下,也不要顾此失彼,要做到有条不紊,切忌无目的地带着顾客乱转找位置。服务员每天与顾客打交道,不同年龄、性别、民族的顾客需求也不同,应让每一个顾客高兴而来,满意而归。

饭店或餐饮企业的形象还体现在餐厅和产品的视觉、听觉和嗅觉上。餐厅的外观建筑、内部装饰、名称要讲究艺术，餐饮产品应该做到原料鲜、口味新、造型美、色泽佳、富有特色、常变常新，所配器皿也要有艺术感，与菜品相得益彰的餐具给顾客以美的享受，增强进餐欲望。

（2）外部环境

企业经营离不开外部大环境，餐饮企业尤其如此。

①市场需求。市场需求是餐饮业生存的土壤，了解市场需求信息是餐饮企业的首要任务。20 世纪 80 年代至 90 年代初，集团消费造就了众多的靠餐饮业起家的富翁，洋快餐、品牌连锁经营方式的引进成就了一批勇于吃螃蟹者。市场需求有多种方式、多种层次，影响这种需求的有社会因素，也有自然因素，一个国家和地区经济发展会有增长、腾飞、稳定、下降等不同的阶段，每个阶段都会有不同的市场需求，即使不同的季节、不同的气候条件也有不同的市场需求，这些都会影响到菜品定价。

②竞争因素。餐饮业竞争的激烈程度是有目共睹的，特别是档次相近的餐饮企业间的竞争更是如此，激烈的竞争对菜品价格的制订具有很大的影响。如果本企业的价格高于竞争对手，则对消费者没有吸引力，若价格低于竞争对手，则会引发一场价格大战，两种情况对企业的长远发展都有不利的一面，因此在制订价格时必须考虑竞争因素。在竞争的市场环境下，餐饮企业一定要找准自己的市场定位，处理好价格与品牌的关系：当自己在目标市场中占有较大市场份额、品牌影响较大时，对竞争对手的降价行为，特别是弱小的竞争者的销价竞争，可以不必理睬；自己如果实力不强，则要小心应付，充分发挥自己企业的优势灵活应变；竞争对手的产品与本企业有较大差异，且目标市场不同时，对竞争对手的降价挑战就不需要太在意。另外，降价对不同档次的餐饮产品的影响也是不同的。不同的餐饮产品的价格灵敏度是不同的。一般来说，低档次的餐饮产品价格下降对消费需求的变化影响较大，应认真对待；而高档次的餐饮产品，消费者对价格的波动不会太敏感，因为他们对产品和企业的品牌形象更为关注。如果产品的可替代性强，或是消费者的挑选余地大，则价格的变化对消费者的刺激较为明显，反之，如果消费者对某一餐饮企业或产品产生品牌忠诚，即使涨价也不会使消费者放弃。

③宏观环境。制订价格策略时，必须考虑到本企业所处的外部环境，如餐饮业发展气候与趋势，国家有关该行业的价格、竞争、结构等方面的政策法规，当地人民生活水平等方方面面的因素。

2）定价原则

菜单的定价很大程度上关系到餐饮企业经营的成败，在对影响菜单定价的因素进行了分析的基础上，具体落实时还应遵循以下几个原则：

（1）符合市场定位

在制订菜单价格时，必须全面考虑餐饮企业的档次标准、所处的地理位置、品牌效应、客源市场的消费能力、当地的生活水平、餐饮消费的季节差异性等。一个地方的餐饮企业应该是高、中、低档并举。企业要根据自己的市场定位制订合理的菜单价格标准。星级及档次较高的,或地理位置好的餐饮企业定价可以高一些。餐饮企业追求利润没有错,但一厢情愿地追求高价格则不可取,要知道大众化消费永远是餐饮消费市场的主体。有些黄金地段的饭店或餐饮企业名不副实,高价低质服务的宰客现象更是不可取。企业是社会的一部分,任何一个企业除了本身赢得利润外,还需扮演社会角色,要讲究社会公德,传播良好的社会道德风尚。

(2)稳定与灵活相结合

价格变动太频繁会使菜单失去权威性,使该企业失去消费者的信任。因此,各企业在制订菜单的价格时,最重要的是考虑其稳定性,这种稳定不是绝对的一成不变,而是要在稳定中追求发展,在稳定的基础上灵活应对,根据市场需求的变化,使价格适当地上涨或下调,将稳定性与灵活性较好地结合起来。应注意每次调整价格时,必须先进行市场调查论证,每次调整的幅度不宜过大(一般应控制在10%以内),菜单价格的调整应找好恰当的时机,不能无端调价,这样会给消费者不好的印象。利用好一切有利的机会,如可与餐饮促销活动结合起来,也可利用节日及所在地区诸如服装、汽车、电影、饮食等各种展销活动调整价格。

(3)合法性

应严格执行国家物价部门对各级饭店、餐饮企业的综合毛利率制订的标准,坚持按质论价、分级论价、时菜时价,自觉接受物价部门的检查和监督,坚决杜绝价格欺诈行为,对国家政策限制的诸如野生动物等不能违法经营。

3)定价方法的选择

菜单的定价方法有很多种,主要可分为两类:一是以成本为基础的定价;二是以需求为基础的定价。具体又可细分为多种定价方法,各有其优点和缺点,应根据具体情况及不同产品类别灵活选用。下面对一些方法作简单介绍。

(1)成本定价法

①原料成本系数定价法。在以成本为中心的定价方法中,系数定价法最为简单易行,用公式表示如下:

$$\text{菜品销售价格} = \text{原料成本} \times \text{定价系数}$$

定价系数是计划菜肴成本率的倒数,即:

$$\text{定价系数} = \frac{1}{\text{菜品成本率}}$$

菜品的成本为主料成本、辅料成本、调料成本及损耗的总和。首先要算出餐厅经营的综合成本率,然后根据不同的餐饮类型和菜品种类确定具体的菜品成本率。不同的菜品按照不同的成本率计算:原材料成本额高的菜品及做工精细的菜品,成本率可以高些;原材料成本额低的及做工简单的菜品,成本率可以低些。如鱼类海鲜为70%、肉类为60%、家禽为60%、蔬菜为30%、汤类为25%、冷盘为50%、主食类为25%。

②主要成本定价法。考虑到较高的人工成本率,将原料成本和直接人工成本作为定价依据,用公式表示如下:

$$\text{菜品销售价格} = \frac{\text{菜品原材料成本} + \text{直接人工成本}}{\text{主要成本率}}$$

$$主要成本率 = 1 - (利润率 + 非原材料成本和直接成本率)$$

(2)毛利率法

①销售毛利率法(内扣率法、折扣率法)。根据餐饮产品的标准成本和销售毛利率来计算销售价格的一种定价方法,用公式表示如下:

$$销售毛利率(内扣毛利率) = \frac{销售价格 - 原材料成本}{销售价格} \times 100\%$$

$$销售价格 = \frac{配料成本 \times (1 + 成本燃料率)}{1 - 销售毛利率}$$

【例4.1】 清炒虾仁一盘,用虾仁200克,每千克30元,黄瓜50克,每千克6元,调料0.69元,成本燃料率为3%,销售毛利率为40%,求销售价格。

解:
$$\frac{[30 \times (200 \div 1\,000) + 6 \times (50 \div 1\,000) + 0.69] \times (1 + 3\%)}{1 - 40\%}$$

$$= \frac{6.99 \times 103\%}{0.6}$$

$$= 12(元)$$

答:清炒虾仁销售价格为12元。

②成本毛利率法(外加率法、加成率法)。成本毛利率法是指以产品配料成本和燃料成本为基础,按照事先确定的成本毛利率加成计算出产品销售价格的方法,其计算公式如下:

$$产品销售价格 = 产品配料成本 \times (1 + 成本燃料率) \times (1 + 成本毛利率)$$

【例4.2】 芫爆里脊一盘,主料4元,配料0.60元,调料0.64元,成本燃料率为3%,成本毛利率为66.67%,求销售价格。

解:
$$(4 + 0.60 + 0.64) \times (1 + 3\%) \times (1 + 66.67\%)$$

$$= 5.24 \times 103\% \times 166.67\%$$

$$= 9(元)$$

答:芫爆里脊销售价格为9元。

③贡献毛利率法。每位就餐顾客除了需支付所购餐饮产品的成本外,还需平均分摊其他费用以作为餐饮企业产品销售的毛利,并据此对餐饮产品进行定价,用公式表示如下:

$$贡献毛利 = \frac{预期获得的毛利总额}{餐饮产品销售总数}$$

$$销售价格 = 原材料成本 + 贡献毛利$$

(3)参照定价法

以同类型、档次、规模的餐饮企业的价格水平为依据,对餐饮产品进行定价的方法。这是一种比较方便、简单的定价方法,但需注意的是这种定价必须以成功的餐饮企业和菜系为依据,因势利导,综合分析,知己知彼地确定具体菜式品种的价格和套餐、宴会的标准。

4.2.2　ME分析法

ME分析法(Menu Engineering),也称菜单工程,是指通过对餐厅菜品的畅销程度和毛利额高低的分析,确定出哪些菜品畅销且毛利高,哪些菜品既不畅销且毛利低,哪些菜品虽然畅销但毛利很低,哪些菜品虽不畅销但毛利较高。

为做好 ME 分析,首先应了解菜品的构成。任何一家饭店或餐厅的餐饮产品,不外乎以下 4 种情况(图 4.1)。

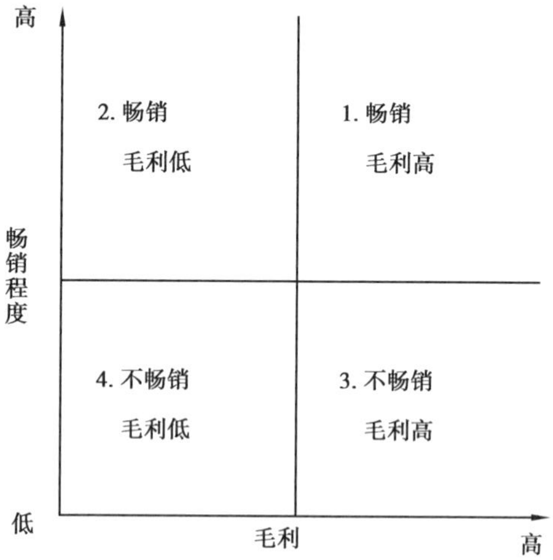

图 4.1　ME 分析中的菜品分析

很明显,第 1 类菜品是餐厅最希望出售的,因为这类菜品既受顾客欢迎,又能给餐厅带来较高的利润,所以在设计新菜单或修订原有菜单时,这类菜品应绝对保留。第 4 类菜品既不畅销,又不能带来较高的利润,在新菜单中应去掉。

值得说明的是,在进行 ME 分析时,不应将餐厅提供的所有菜品、饮料放在一起进行分析、比较,而应按类或按菜单程式分别进行。中餐的 ME 分析可分为 4 类:冷盘、热菜、汤类、面点。西餐的 ME 分析可分为 6 类:开胃品、汤类、沙拉、主菜、甜食、饮料。只有在同一类菜品中进行比较,才能看出上下高低,分析才有意义。下面以某西餐厅菜单上的汤类为例,进行 ME 分析。

【例 4.3】　某西餐厅汤类有 5 种,各种汤的销售份数、顾客欢迎指数(反映畅销程度的指数)、价格以及销售额指数如表 4.1 所示。

表 4.1　菜单 ME 分析表(一)

菜名	销售数/份	销售数占比/%	顾客欢迎指数	价格/元	销售额/元	销售额占比/%	销售额指数	评论
法式洋葱汤	60	26	1.3	5	300	16.1	0.8	畅销、低利润
新鲜蔬菜汤	30	13	0.65	4	120	6.5	0.3	不畅销、低利润
牛尾清汤	20	9	0.45	8	160	8.6	0.4	不畅销、低利润
奶油鸡汤	80	35	1.75	10	800	43	2.2	畅销、高利润
酸辣牛肉汤	40	17	0.85	12	480	25.8	1.3	不畅销、高利润
总计/平均值	230	20	1	—	1 860	20	1	—

$$顾客欢迎指数 = \frac{某类菜品销售数占比}{各菜品应售占比}$$

$$各菜品应售占比 = \frac{100\%}{被分析项目数}$$

在上例中，被分析的汤类有5种，即被分析项目数为5，那么100%除以5，所以各菜品应售占比为20%。

在上表中，法式洋葱汤的销售数占比为26%，汤类共有5种，法式洋葱汤的顾客欢迎指数的计算如下：

$$\frac{26\%}{100\% \div 5} = 1.3$$

不管分析的菜品项目有多少，任何一类菜品的平均欢迎指数为1，超过1的欢迎指数说明是顾客喜欢的菜品，超过得越多，越受欢迎。因而用顾客欢迎指数去衡量菜品的受欢迎程度比用菜品销售数占比更加明显。菜品销售数占比只能比较同类菜品的受欢迎度，但是与其他类菜品比较时或当菜品分析项目数发生变化时就难以比较，而顾客欢迎指数却不受其影响。

仅分析菜品的顾客欢迎指数还不够，还要进行菜品的赢利分析。销售额指数的计算法如同顾客欢迎指数。这样，可以把分析的菜品分为四类，并对各类菜品分别制订不同的产品策略（表4.2）。

表4.2 菜品分析（一）

销售特点	上表的例子	产品政策
畅销、高利润	奶油鸡汤	保留
畅销、低利润	法式洋葱汤	吸引中、低档次客人或取消
不畅销、高利润	酸辣牛肉汤	吸引高档客人或取消
不畅销、低利润	新鲜蔬菜汤、牛尾清汤	取消

（1）畅销、高利润菜品

畅销、高利润菜品既受顾客欢迎又有赢利，是餐厅的赢利项目，在计划菜品时应该保留。

（2）畅销、低利润菜品

畅销、低利润菜品一般可用于薄利多销的低档餐厅，如果价格不是太低而又较受欢迎，可以保留，使之起到吸引顾客到餐厅来就餐的作用。顾客进了餐厅还会点别的菜，这样即使畅销菜品赔一点也是值得的。但有时赢利很低且十分畅销的菜品，也可能转移顾客的注意力，挤掉那些赢利大的菜品。如果这些菜品明显影响赢利高的菜品的销售，就应果断地取消。

（3）不畅销、高利润菜品

不畅销、高利润菜品可用来迎合一些愿意支付高价的客人。高价菜品毛利润大，如果不是太不畅销的话可以保留。但如果销售量太小，会使菜单失去吸引力，所以连续在较长时间内销售量一直很小的菜品应该取消。

(4)不畅销、低利润菜品

不畅销、低利润菜品一般应取消。但有的菜品如果顾客欢迎度和销售额指数都不算太低,接近0.8左右,又在营养平衡、原料平衡和价格平衡上有需要的仍可保留。

前面已对ME分析法进行了初步介绍,但上面的方法(表4.1、表4.2)仍有许多不足之处:

①餐饮企业关心的主要是利润,而不是菜品单价。表中评价菜品利润高低的假设前提条件是价格越高,利润也越高,这通常是正确的,但价格高并不真正意味着毛利就高,如果用毛利来衡量就更准确、真实。

②畅销程度分界线的划分标准应重新确定。表4.2中假设的畅销与不畅销的分界线是顾客欢迎指数为1,而餐饮企业中肯定会有很多菜品的欢迎指数是0.8以上或0.9以上,接近于1,这些菜品不能说不畅销,如果其利润或销售额再低一些,也是接近高与低的分界线,使用上述方法则很容易把这些菜品打入冷宫。

因而,在进行ME分析时,可以做一些改进:a.考虑每道菜的成本和毛利;b.根据国外一些餐饮企业的做法,可以将畅销程度即顾客欢迎指数的分界线定为0.7。这样就可能出现不同的结果。

【例4.4】 仍以上例餐厅的5个汤来进行ME分析,如表4.3所示。

表4.3 菜单ME分析表(二)

菜名	销售数/份	销售数占比/%	顾客欢迎指数	价格/元	标准成本/元	毛利额/元	评论
法式洋葱汤	60	26	1.3	5	2	3	畅销、低利润
新鲜蔬菜汤	30	13	0.65	4	1.5	2.5	不畅销、低利润
牛尾清汤	20	9	0.45	8	3	5	不畅销、高利润
奶油鸡汤	80	35	1.75	10	4	6	畅销、高利润
酸辣牛肉汤	40	17	0.85	12	5	7	畅销、高利润
总计/平均值	230	20	0.7	8.1	3.2	4.9	—

注意,在计算平均价格、平均成本和平均毛利额时,切不可用简单算术平均法,因为每个菜品的销量不一样,所以应用加权平均法。

$$平均价格 = \frac{\sum 每个菜品的销售份数 \times 每个菜品的价格}{\sum 菜品销售份数}$$

$$平均成本 = \frac{\sum 每个菜品的销售份数 \times 每个菜品的标准成本}{\sum 菜品销售份数}$$

$$平均毛利额 = 平均价格 - 平均成本$$

上例中:

$$\begin{aligned}平均价格 &= \frac{60 \times 5 + 30 \times 4 + 20 \times 8 + 80 \times 10 + 40 \times 12}{230}\\ &= 8.1(元)\end{aligned}$$

$$平均成本 = \frac{60 \times 2 + 30 \times 1.5 + 20 \times 3 + 80 \times 4 + 40 \times 5}{230}$$

$$= 3.2(元)$$

$$平均毛利额 = 8.1 - 3.2 = 4.9(元)$$

当该汤的毛利额超过 4.9 元时为高毛利，低于 4.9 元时为低毛利，当该汤的顾客欢迎指数超过 0.7 时为畅销，低于 0.7 时为不畅销。这样，就得到另一个结果，如表 4.4 所示。

表 4.4　菜品分析(二)

销售特点	上表的例子	产品政策
畅销、高利润	奶油鸡汤	保留
畅销、低利润	法式洋葱汤	作吸引菜品、提价或取消
畅销、低利润	酸辣牛肉汤	保留
不畅销、高利润	牛尾清汤	促销、吸引高档客人或取消
不畅销、低利润	新鲜蔬菜汤	取消

此表同表 4.3 比较，结果就不一样，酸辣牛肉汤被保留了下来，其畅销程度虽未达到 1，但有 0.85 也属不错，且每销售一份可得 7 元的毛利额，远高于平均毛利水平，应绝对保留。牛尾清汤虽不畅销，但毛利额还可以，故可以保留，但应加大促销力度。

4.3　菜单的设计与制作

4.3.1　菜单设计的依据

菜单的设计需从市场需求和管理两个角度考虑。

1)市场需求

市场营销观念和社会营销观念已经成为现代餐饮经营的指导思想。要使餐厅的菜单具有吸引力，就必须进行市场调研，确定目标市场，根据顾客的需求来设计菜单。任何一家餐饮企业都不能满足所有档次顾客的需求，必须选择一些有相似消费需求的顾客作为目标客源市场，如对于流动性大的过往游客，应多提供制作简单、服务快捷的菜品；对于宴会菜品，则要做工精细、搭配合理；对于附近居民，则应富于变化、物美价廉。总之，菜单的设计必须时刻以市场的需求为中心，积极应对市场的需求变化。

只有在及时、详尽地调查了解和深入分析目标市场的各种特点和需求的基础上，餐饮企业才能有目的地在菜式品种、规格水平、餐饮价格、营养成分、烹饪方法等方面进行计划和调整，从而设计出使顾客满意的菜单。

此外，收入情况或任意可支配收入情况如何，还有顾客的年龄结构对菜单的设计也有很大的影响。不同年龄结构的顾客在餐饮口味、热量需要、菜式品种、餐饮价格、分量大小、营养成分、服务速度、烹调方法等多方面都有较大的差异。除了宗教对其信徒有饮食禁忌外，不同民族、不同地区甚至不同个体在饮食习俗上都有很大的差异。还要考虑竞争对手的经营内容和服务项目，这对即将开业的餐饮企业至关重要，从而采用差别化产品策略，形成自己的特点，避免正面的直接竞争。

2）菜系的风味和独特性

餐厅在菜系选择上，可以采取两种策略：一种策略是单纯经营某一种风味的菜品，例如，所有菜单项目都是地道的川菜，这样，顾客想吃川菜，马上就会想起这家餐厅；另一种策略是以某一种菜系风味为主，兼营其他菜系的菜品，这样既保持其经营特色，又可为顾客提供较大的选择余地。餐厅可以根据本地区的具体情况和经营者的理念来决定自己的菜单项目。在目前公认的中餐八大菜系中，每一个菜系都有其代表菜，如果餐厅选定某一地方菜系，就必须突出这一菜系名菜的特点。当然，从另一个角度看，餐厅在制订菜单时可以考虑本地的特色菜品。

3）食品原料的供应情况

凡是列入菜单的菜品，厨房必须无条件保证供应，这是一条非常重要但又极易被忽视的餐饮管理原则。在设计菜单时必须要考虑食品原料的供应情况，如果某些原料因市场供求关系、采购和运输条件、季节、饭店或餐饮企业的地理位置等客观条件而不能保证供应，饭店或餐饮企业最好不要把需要这些原料制作的菜品放到固定的印刷菜单上，可根据时令节气，及时调整菜单，增加时令菜品。

4）食品原料品种的平衡和多样性

在设计菜单时，尤其是在设计宴会菜单时，一定要注意不要重复味道相同或相近的菜品。一般情况下，顾客的口味需求呈多样化发展趋势，即使顾客喜欢吃酸辣的菜品，如果菜单项目都是这样的菜品的话，顾客也会感到不适应的。另外，菜品的形状、色彩、质地也应多样化，食品的形状与外观对吸引就餐者和刺激食欲有很大的作用。菜单设计者的任务是要使顾客一读菜单，脑海里就浮现出色泽娇艳、外形美观、香味四溢的各种菜式，使其食欲大振。

5）本餐饮企业设备条件和烹饪技术水平

厨房设备条件和厨师的烹饪技术水平在很大程度上影响和限制着菜单菜式的种类和规格。不考虑这些因素而盲目设计的菜单，即使再好也无异于空中楼阁，所以要根据厨房内设备制订相应菜单。由于中国菜系众多，厨师也大都是擅长某一菜系菜品的制作，而非全才，这样，厨师的技术水平就成为菜单设计不得不考虑的问题。因此，菜单上各类菜式之间的比例要合理，以免造成厨房中某些设备使用过度，而某些设备又得不到充分利用的情况发生。

6) **食品原料成本及菜式的盈利能力**

菜单设计是饭店餐饮部门或餐饮企业为获取利润所必须进行的第一步计划工作,因而,菜单计划人员必须自始至终明确饭店餐饮部门或餐饮企业的成本对象,即目标成本或目标成本率。这在食品原料进货价格经常上涨的情况下尤为重要。如果选择的菜品中高成本菜式较多,该饭店或餐饮企业即使有完善的食品成本控制措施,也难以获得预期的利润。菜单的设计者在决定某一菜品是否应列入菜单时,应综合考虑以下三点:①该菜品的原料成本、售价和毛利;②该菜品的畅销程度;③该菜品的销售对其他菜品销售所产生的影响。

7) **食物的营养成分**

随着人们生活水平的提高,人们对食物营养也有了不同的看法。过去,人们关心的是能否得到足够的营养,而现在人们考虑更多的是防止摄入过多的营养,以保持合适的体重、健美的身材和良好的健康状况。饭店或餐饮企业在设计菜单时应适应这一新的要求,考虑人体营养需求这一因素。

8) **符合国家的环保要求和有关动植物保护法规**

环境保护与可持续发展是当今社会的重要议题。菜品的制作应符合国家有关环境保护法律法规。值得说明的是,由于顾客求新、求异的消费需求,饭店或餐饮企业也极力推出一些奇特菜品,以迎合这些顾客的消费需求。但一些餐饮企业为了获取暴利,迎合某些顾客的病态饮食需求,将受国家保护的一、二类野生动物也搬上了餐桌,这就违反了国家野生动物保护法律法规,这些饮食需求都不应提倡。

4.3.2　菜单的内容及其安排

通常人们认为,菜单的内容只有两项:一是菜品名称;二是菜品价格。经营成功的餐饮企业,其菜单除了这两项内容外,还应该包括菜品的描述性说明、促销信息以及机构性信息。

1) **菜单的内容**

(1) 菜品的名称及价格

菜品的名称是菜单最重要的内容,它直接影响了顾客对菜品的选择,因为大多数人一般都要借助菜单上标明的菜名来决定是否消费。菜名的制订要满足以下要求:

首先,菜名要真实。一方面要真实地反映菜品的主要原料构成、烹制工艺;另一方面要真实地反映菜品的质量,菜品使用的原料、规格、产地、份额、新鲜度等一定要符合实际。动听的菜名固然重要,但不能太离奇,应该用词生动、通俗易懂、富于联想又不过分夸张。

其次,菜名读起来文字要优雅、简单易懂。优雅的菜名听起来充满情趣,让人一看就产生好感,而言简意赅的菜名则让人一目了然,从而增强菜品的吸引力,加深顾客的印象,如"北京烤鸭""薯烩羊肉"等菜名字数少、简单易懂,原料和烹饪方式一目了然。应当注意的是菜名如果要译成外文时，不能望文生义，翻译要准确。

菜品的价格一定要准确、真实，菜单应明码标价，且菜单上所列的价格应当是菜品价值的真正体现，绝不能随便乱收费。加收服务费的必须在菜单上说明，价格变动的应重新印刷，不要留有涂改痕迹。

(2)菜品的描述性说明

描述性说明就是以简洁的文字描述出该菜品的主要原料、制作方法和风味特色等。有些菜名或源于典故，或追求悦耳，顾客不易理解，更应清楚描述上述信息。应该注意的是，描述性说明必须恰如其分，实事求是，因为描述性说明文字关系到菜品的真实性问题。如果顾客被菜单上的描述性说明文字所吸引而点了某菜，但该菜品名不副实，并没有文字描述的那么好，顾客肯定会大失所望，这不仅影响餐厅的声誉，而且会引起顾客的投诉和法律纠纷。

(3)促销信息

除菜品名称、价格等这些菜单上必不可少的核心内容之外，菜单还应提供一些告示性信息。告示性信息要简洁明了，一般包括以下内容：餐厅的名字、地址、联系电话、商标、营业时间、加收的费用等。

(4)饭店或餐饮企业的背景介绍

有些菜单上还会介绍餐厅的历史背景、特点和质量等。许多餐饮企业需要推销自己的特色菜品，而菜单是推销的绝佳途径。例如肯德基刚刚进入中国市场时，在其各分号的餐厅中利用菜单介绍了这个国际集团的规模、历史背景、企业发展过程及主要菜品的烹调方法。

2)菜单的内容安排

菜单的内容确定之后，就是如何安排的问题了。

首先，菜品要按一定顺序排列，通常是按进餐的顺序安排，这样就可以方便顾客点菜。中餐通常是按冷菜—热炒(分类排列)—大菜—汤羹—主食(面点)—饮品的进程进餐，菜单也一般按这一次序分类排列；西餐进餐次序一般是按开胃品—汤—沙拉—主菜—甜点—饮品进行，所以西餐的午餐和晚餐菜单通常是按开胃品类、汤类、主菜类、甜点及饮品的次序排列。

其次，在内容安排上要突出主菜和特色菜，可将其放在显眼的位置，如可以把最好的菜品放在菜单的第一号位置，或单页菜单的中部、对折菜单的右上页中部、三折菜单的中部等。对于特色菜还可以运用特殊的方法推销，其形式有很多，如字体上可使用大号黑体字或特殊字体排列，也可采用方框或彩色色块及其他图形突出特色菜，或进行一些促销性的文字介绍，或配上菜品的彩色实例照片等。

4.3.3 菜单的制作

1)菜单的制作材料

菜单通常以纸张为主要制作材料，设计菜单应从选择菜单用纸开始，精美的菜单是要通过纸张来体现的。纸张一般要占菜单制作成本的1/3左右。一般来说，有一次性和耐用性两种菜单。

顾名思义,一次性菜单是指使用一次就处理掉的菜单,如当日菜单、厨师特选菜单、咖啡厅的纸垫式菜单、宴会菜单、客房送餐服务的门把手菜单等。这样的菜单一般选用轻薄、便宜的轻磅纸,这种纸有各种颜色和形状,具有坚实质感,使菜单更加美观,如胶版纸、铜版纸、新闻纸等,并且无须涂膜。

耐用性菜单是指能长时期使用的菜单,制作时必须考虑材料的耐用、防污、去渍、防折等性能。较长久使用的菜单需印在重磅的涂膜纸上,长期使用的菜单可印刷在防水纸上。耐用菜单一般选用优质铜版纸做封面,并需涂上塑料薄膜,而内页则可采用优质胶版纸。

2)规格与式样

菜单的尺寸大小没有统一的规定,应根据餐厅规模、菜点品种、方便阅读等方面而定。常见菜单的大小如下:单页菜单25厘米×35厘米;对折菜单20厘米×35厘米;三折菜单18厘米×30厘米。

菜单的式样可以是折叠的,也可以是切成各种形状的。最常见的式样是长方形的,但也可以根据情况切成圆形、正方形、梯形、菱形等各种几何图形及一些不规则的形状,两面用的纸还可以做成立方体或金字塔式的。

3)菜单的文字

文字的信息传递作用对于菜单来说是至关重要的。

首先,要设计一份有吸引力的菜单,字体的正确使用非常重要。大多数菜单都是印刷字体,当然,为了创造气氛,中餐宴会有时也会用手写方式。不论印刷还是手写,字迹一定要美观、清楚,容易阅读,应避免涂改。英文标题一般用大写字体,说明文字用小写字体,西餐菜单常用的字体为罗马体、现代体和手写体。

其次,字体的大小也要考虑,太小不易阅读,太大则会占用太多的版面。标题和菜品说明可以用不同字体字号以示区别。英文则大部分采用10~12号的字体。无论采用何种字体字号,首先应考虑是否方便顾客阅读,是否与餐厅的风格相一致。

就版面设计而言,一般来说,一页纸上的字与空白应各占50%为佳,过多的字会使人眼花缭乱,空白太多则给人菜品太少的感觉。

4)菜单的装帧与布局

插图能对食品饮料起促销作用,彩色照片能直接展示餐厅所提供的菜肴和饮品。一张令人垂涎三尺的菜品彩照胜于大段文字说明,它是真实菜肴的证据与缩影。许多菜肴、点心、饮品唯有用颜色和照片才能显示其质量,如新鲜牛排、对虾的质量用彩色照片描绘才会更加诱人。彩色照片还能使顾客加快点菜速度,从而加速餐座周转率,它是菜肴有效的促销工具。印上彩色照片的菜品应是餐厅欲销售的,希望顾客能注意并决定购买的菜品。餐厅常将高价菜品、名牌菜品和顾客最欢迎的菜品做成彩照印在菜单上。另一类常有彩照的菜品是形状美观、色彩丰富的菜品。

菜单的颜色也能起到推销菜品的作用。菜单颜色的作用是装饰,使菜单更具吸引力,令人产生兴趣,通过色彩的安排、组合,能更好地介绍重点菜肴。颜色还能显示餐厅的风格和气氛,因此菜单的颜色要与餐厅的环境,餐桌、餐巾和餐具的颜色相协调。一般说来,鲜艳的大色块、五彩标题、五彩插图较适合用于快餐厅之类的菜单;而以淡雅优美的色彩,如浅褐、米黄、淡灰、天蓝等为基调设计的菜单,点缀性地运用色彩,会使人觉得这是一个具有相当档次的餐厅。

菜单程式指菜单上各类菜式的排列次序。一顿餐食如同一首乐曲,有前奏,有高潮,也有尾声。乐曲的各个组成部分位置不可互逆,进餐次序也同样不可随意颠倒。因此,不论何种菜单,其程式必须根据进餐程序进行安排。中餐一般程序是:冷菜—热炒(分类排列)—大菜—汤羹—主食(面点)—饮品,因此,设计中餐菜单的程式必须根据这一次序将各类菜式按原料分类进行排列,比如冷菜类、鸡鸭类、猪牛肉类、海鲜类、汤类、面点类。西餐一般程式是:开胃品—汤—沙拉—主菜—甜点—饮品,因此,西餐午、晚餐菜单通常是开胃品类、汤类、沙拉类、主菜类(海鲜、猪牛羊肉、禽类)、蔬菜类、甜点、餐后饮品依次排列。

心理学家研究表明,单页菜单的中部、对折菜单的右页上中部以及三折菜单的中部,一般最受顾客的注意,他们的目光首先并经常会停留在这些地方。因此,在设计菜单时,应设法把那些高利润的菜式或重点推销的菜式安排在这些最显眼的地方,如果由于菜单程式的限制而不能做到的话,则应将这些重要菜式加以框边或纹饰,或以不同的字体印刷,以引起顾客的注意。

饭店或餐饮企业经常会有一些临时菜品或特别菜式需要推销,对于这些菜式,可以采用小卡片的形式附在菜单上。由于这种形式很醒目,也能引起顾客兴趣,附小卡片所用的小夹子需在制作菜单时就设计妥当,菜单上也应留有一定的空白,以免小卡片遮盖一部分菜单内容。

【案例·讨论】

蓝海岸餐馆是华东地区某市一家拥有 1 000 多个餐位的大中型餐馆,提供点菜服务,菜品范围涵盖川、粤、浙等菜系。餐馆于 2008 年开业,当时的规模只有目前的一半,但生意兴隆,口碑极佳,后逐步发展成为当地颇有名气的一家餐饮企业。目前,餐厅利用自己的人才和经验优势开始向外输出管理,尤其是厨房管理,截至 2014 年 9 月已接管了 6 家当地和外地餐饮企业,并深受业主的好评。该餐饮企业适应市场需求成立了餐饮管理公司,将自己的管理经验模式化和规范化,以利于进一步对外输出管理。

蓝海岸餐馆管理的长处在于厨房运作和菜单设计。每接手一家餐饮企业,蓝海岸管理公司都要对其菜单进行全面的评估并提出意见,而企业在运营中每对菜单进行一次增补或修改,管理公司也都要重新对其评估,检查菜单的结构是否符合公司的标准。

蓝海岸餐饮管理公司对菜单结构的评估标准有 6 条,并附有结构比例标准,具体解释如下:

1.口味搭配标准

口味是顾客评菜、选菜的主要考量依据,所以,一份菜单要具有多种口味的组合搭配,才能符合并满足不同消费者的口味需求。进行口味搭配首先要考虑到菜品的地域因素,以此确定整个菜单的基本口味。以江浙地区为例,该地消费者讲究菜品口味的清淡,追求原料本身的鲜味与香味。因此在设计菜单时,必须以清淡爽口、鲜而不腻的菜品为主体,以迎合大部分顾客的需求。其次在安排好主体菜品的同时,还应兼顾个别消费者的特殊口味爱好,适量加入一些其他口味的菜品。如在江浙地区可安排一些汁味浓、口味重、味型多变的菜品,但是这些菜品所占比例一般不超过一份菜单的8%~12%。当然,口味搭配的具体比例还应该考虑到餐饮特色、季节变化等其他因素。

2.造型组合标准

菜品造型也是衡量菜品质量的重要标准,优美的造型可以刺激人们的食欲,给其就餐过程带来美的艺术享受。当然,在菜品结构设计中,不仅要考虑到造型菜的这些作用,在菜单中予以适量安排,还应考虑到造型菜组合的数量比例关系和它的适用性。所以,一般提倡造型菜要少而精,这不仅有利于菜品快速制作,而且还可适当减轻厨房的压力。特别是零点菜单更应注意造型菜在菜品结构中的比例,一般应严格控制在3%~5%。这样既可满足特殊消费者的要求,又使菜品结构显得丰富多样。

3.制作方法标准

中国菜烹调方法较多,从成品的特点来看有冷菜烹调方式和热菜烹调方式两种。每种方式又具体由许多烹制方法组成,用这些制作方法做成的菜品均有不同特色。因此在菜品结构中每种烹调方法制作的菜品均应占有一定的比例。值得注意的是:其一,企业应该选择那些当地消费者所喜好或能接受的烹调方法作为菜品结构的主体,可占85%~90%;其二,还可推出一部分能反映企业经营特色、厨师拿手的或引入具有一定社会影响的其他地区的特殊烹调方法来补充完善菜品结构。这一类烹调方法应占整个菜单的10%~15%。

4.成菜速度标准

餐饮企业的营业特点是顾客用餐时间集中,企业需在较短时间内(一般为2~3小时)接待大量就餐者,这就要求生产部门必须在最短的时间内组织制作好菜品,并迅速把成品提供给消费者,因此,菜品结构设计时更应强调成菜速度,尽可能采用操作简单、成菜迅速、可提前大量预制的菜品。这一类菜品的比例可控制在50%~70%,以保证上菜速度,避免顾客投诉,还可提高餐位周转率。

5.原料合理利用标准

餐饮制作容易产生大量的边角料,而企业往往把它们作为废料而抛弃,这不利于提高菜品毛利率。如果能将这些边角料充分利用起来制作相应的菜品,在菜肴设计中予以消化,必将大大地提高原料的利用率和菜肴毛利率,同时还可以大大减少餐饮垃圾,有利于环保,并能节约餐饮原料成本。边角料的开发利用,必须根据原料性质、特点、营养成分等因素,通过合理的烹调来进行,使其达到食用的要求。如河鱼的鳞含有较多的胶原蛋白,胶原蛋白易溶于水,冷却后会凝固。根据这一原理,可以将成菜弃用的鱼鳞加工成鱼鳞冻系列菜肴,不仅能做到废物利用,而且不失为一道营养丰富、清润可口的佐酒佳肴。由此可见,在菜单中适量安排一些利用边角料制成的菜品(5%左右)有利于改善菜品结构,丰富菜式品种,提高菜品毛利率。

6.毛利率分档标准

价格制订是餐饮企业经营思路的主要体现,它直接关系到企业的经济效益。因此,一个合理的菜品结构必须有相适应的价格体系。价格制订应考虑两个方面的因素:其一,毛利率分档因素。设定一个菜单综合毛利率,在此前提之下餐饮企业可以根据市场需求、产品特点,对不同的菜品设定不同的毛利率档次,并达成高、中、低档较为合理的菜品价格组合(两头小、中间大,即20%∶60%∶20%)。其二,竞争因素。目前餐饮业竞争激烈,信息沟通快速,各餐饮企业类似产品较多,在菜品定价中,对于某些雷同产品应采取同价或低价策略,而那些本企业独有的在社会上具有一定影响的菜品则可以适当提高价格。

讨论·评析

蓝海岸餐饮管理公司对菜单结构的评估标准展现了该公司在长期的餐饮经营中对菜单结构设计所积累的宝贵经验。该标准不仅列出了影响菜单结构的主要因素,对菜单结构设计作了定性分析,而且根据其丰富的经验对菜单的各种结构包括口味、造型、制作方法、成菜速度、原料合理利用和价格体系等六方面都作出了明确的定量规定,具有很强的可操作性。

一般餐饮企业设计菜单时可能有意或无意地运用了以上部分标准,主要集中在口味搭配、造型组合和毛利率分档,但很少考虑两个重要因素:成菜速度和原料合理利用。这也是许多新开业餐馆常常接到大量上菜速度太慢的投诉的重要原因之一。这些餐馆太过于强调菜单对顾客的吸引力和企业的毛利率,而忽视了商业化餐饮对成菜速度的要求。在菜单上增加由边角料制成的菜品,大大提高了大型餐饮企业的原料利用率,使企业能从菜单本身来消化由于推出某种菜品而引起的原料浪费。把这一条列入菜单结构的评估标准,体现了一个名牌餐饮企业的经验和对管理细节的关注。

复习思考题

1.菜单的作用有哪些?

2.菜单的种类有哪些?其分类的依据是什么?

3.菜单设计应遵循哪些依据?

4.影响菜单定价的因素有哪些?定价的方法有哪些?

5.什么是ME分析法?如何用ME分析法对菜单进行分析?

6.完整的菜单应该有哪些内容?

7.菜单制作有何要求?

8.尝试用不同的方法进行餐饮产品定价。

附录:几款中餐宴会菜单

1.经济往来的社交性宴会菜单

(1)贺喜宴

茶:君山银针茶

烟:万宝路、武汉红、黄金龙等

酒:河南宝丰酒

水果:蜜宝西瓜、福建天宝香蕉、新疆金棒子甜瓜

席单:

一看盘:百花齐放

四凉菜:囊多锦绣 拌金银条 花枝会语 一帆风顺

八热菜:开市大吉 万宝献主 地利人和 腰缠万贯 恭喜发财 心花怒放 雪里埋金 大发财源

一汤:推纱望月

二面点:金银烙饼 八宝米饭

点评:这份菜单可作为商店、饭店、餐馆等单位开张时的贺喜宴用。菜单紧扣经商这一主题,语言都是吉利话:开张营业都是彩灯高悬,百花齐放,门庭若市;祝店主一年四季生意兴隆,拾金进银,总是一帆风顺;同时,希望店主和善迎人,才能赢来顾客,腰缠万贯,进进出出,万宝献主;店主总是喜笑颜开,才会大发财源;推纱望月,要求店主延长服务时间,不能天未黑店门就关,把顾客拒之门外;要吹糠见米,大小生意都做,才能挖得雪里埋金;只有从提高服务质量上下一番功夫,才能财源绵长。

(2)工作宴

茶:淮山莲心茶、安徽祁门红茶

烟:良友、友谊

酒:河北刘伶醉、四川文君酒、广东长春酒

水果:安徽太和樱桃、江浙地区的迎庆桃、河南广武石榴

席单:

一看盘:双凤结友

四凉菜:糖醋莲藕 生拌双丝 葵花绽开 荤素双拼

八热菜:礼尚往来 草船借箭 和和美美 吉祥如意 奇门遁甲 大显身手 如意冬笋 凯歌高奏

一汤:合莲双携

二面点:四喜丸子 双麻火烧

点评:这份菜单体现了协作友爱、互相支持、携手并肩的精神。单位与单位、个人与个人

都需要礼尚往来，和和美美，双方都要机变通达，意如人愿，努力工作，才能凯歌高奏，捷报频传，最后还是要双凤结友，并肩携手，共同前进，皆大欢喜。

2.中国民间宴席设计

(1)婚庆宴

茶：太湖碧螺春、浙江西施茉莉花茶、广东凤凰茶

烟：上海双喜或南洋红双喜

酒：安徽双喜葡萄酒、广西早生白葡萄酒、陕西西凤酒

糖：齐齐哈尔鸾凤牌糖、昆明鸳鸯牌夹心糖、上海双喜牌糖

水果：山东彩苹苹果、红玉苹果、广西胭脂红石榴

席单：

一看盘：龙凤同栖

四凉菜：天女散花　孔雀迎宾　月中桂子　四喜临门

八热菜：凤冠霞帔　月里嫦娥　鸾凤同巢　珠联璧合　相思鱼卷　比翼连理　山盟海誓　白头偕老

一汤：鸳鸯戏水

二面点：枣子糖糕　如意合酥

点评：这份菜单喜庆典雅，每道菜点都紧扣贺婚二字。

(2)福寿宴

茶：福建铁观音、湖南老君眉茶、陕西太白茶、东北人参茶、决明子药茶、湖北仙人掌茶

烟：吉林产人参烟

酒：江西延寿酒、山东至宝三鞭酒、广东长春酒

水果：河南仙柿、上海白芒蟠桃、四川佛灵夏橙、山西相枣

席单：

一看盘：松鹤延年

四凉菜：麻姑献寿　鹤颜松龄　玉侣仙班　寿星鲜蘑

八热菜：儿孙敬老　乐庆天伦　长生不老　洪福齐天　罗汉大烩　五世其昌　斟汤献寿　返老还童

一汤：甘泉玉液

二面点：伊府寿面　杏仁佛手

点评：这份菜单围绕一个“寿”字，体现了食客与宴席主题“贺寿”的关系。

(3)节庆宴(中秋席)

茶：安徽太平猴魁茶、当地名茶

烟：山东丰收牌、当地名烟

酒：四川五粮液酒、山东味美思酒、河南宝丰酒、浙江加饭酒、当地名酒

水果:当地产时令干鲜果

席单:

十二个菜点:中秋明月　花好月圆　风调雨顺　四海升平　连年有余　国泰民安　丰收喜庆　合家平安　吉祥如意　龙王夜宴　五仁月饼　乐庆天伦

点评:这份菜单属于时景家宴,一般没有外客参加,因此,菜单的编排打破了通常的格局,去掉了筵席中的一些礼仪排场。

(4)趣味数字宴

茶:江西九龙茶、九江桂花茶饼、广东五指山茶、九峰白毛茶

烟:万宝路、湖南五岭烟、云南三七烟、大重九

酒:四川三苏大曲酒、河南三游春、江西四特、江苏五醒浆、四川五粮液、山西六曲酒

水果:浙江三潭枇杷、青海三红苹果、广西八步红瓜

席单:

十菜:一品鸡排　二做大虾　三色菠菜　四喜丸子　五彩鱼丝　六壳蒸鸡　七星子蟹　八宝鸭子　九转大肠　十色豆腐

一汤:百燕打伞

二面点:千层油糕　万年紫鲍

点评:中国菜常以数字、人名、地名、植物、象形、烹饪法等命名,而且都能单独组成宴席,妙趣横生,给人以趣味之美的享受。

第5章
食材原料管理

【学习目的】

通过本章的学习,应该达到以下目标:

知识目标:了解食材原料不同于工厂、企业生产原料的特征及食材原料采购、验收和储存的全过程;学会利用采购组织设置、采购运作程序、采购质量控制方法、采购数量控制方法、采购价格控制方法、采购方式的确定等手段来做好餐饮产品成本控制;掌握食材原料验收管理的方法;掌握库存食材原料的基本管理方法。

能力目标:培养学生对食材原料采购、验收、储藏等工作的管理能力。

【学习重点】

- 了解食材原料不同于工厂、企业生产原料的特征;
- 熟悉食材原料采购运作程序;
- 掌握食材原料采购质量控制方法、采购数量控制方法、采购价格控制方法;
- 掌握食材原料验收管理的方法和库存食材原料的基本管理方法。

5.1 食材原料采购管理

菜单确定之后,所有满足顾客需求的食材原料均需通过采购工作来获得。食材原料的采购,是饭店或餐饮企业为顾客提供菜单上的各种菜品的重要保证,只有原料的质量合格才能保证菜品口味的佳美;若食材原料的采购数量、质量和价格不合理,会使餐饮产品成本大大提高。本节首先介绍餐饮食材原料采购的组织表现形式、库存原料的基本管理方法和采购运作程序,然后介绍采购质量、数量、价格的控制方法及采购方式的选择与控制,最后讨论采购过程中可能碰到的一些技术问题及餐饮原料验收管理。

5.1.1　餐饮食材原料的采购管理

1)餐饮食材原料采购的组织表现形式

餐饮食材原料采购,包括订货和购货两个基本环节,根据饭店或餐饮企业的管理体系及餐饮规模和人员等情况,餐饮食材原料采购主要有以下3种组织形式。

(1)饭店或餐饮企业采购部负责采购

采购部负责采购的组织形式是由餐饮部门提出采购的申请和要求,由饭店或餐饮企业采购部统一采购。该形式的优点是利于专业化管理,便于资金和采购成本的控制,不足之处是采购的及时性和灵活性较为欠缺。这种组织形式必须以严格的计划性和制度性为前提,否则就会出现互相扯皮、互相推诿,造成工序脱节等现象。

(2)饭店或餐饮企业餐饮部负责采购

餐饮部负责采购的组织形式就是餐饮部负责所有食材原料的订货和购货业务,该形式的优点是能根据餐饮的业务状况,灵活及时地采购,便于控制采购数量和质量,不足之处是缺乏制约,容易出现财务漏洞。

(3)餐饮部和采购部分工采购

分工采购是指由餐饮部负责鲜活原料的采购,采购部负责可储存原料和物品的采购。该形式的优点是比较灵活,能及时满足餐饮业务活动的需求,也有利于采购成本的控制,不足之处是多头采购,给管理与协调带来不少麻烦。

餐饮食材原料采购究竟采取何种组织形式,应根据饭店或餐饮企业自身赢利情况和企业所在地原料市场的供应情况而定。以饭店为例,我国饭店中的食材原料采购从组织形态角度而言,主要采用了饭店或餐饮企业采购部负责所有餐饮物品采购的组织形式,饭店采购部在饭店中属于二级部门,通常由饭店财务部领导。

另外,采购工作的好坏,采购人员的诚实、踏实与否,也直接影响到餐饮成本率,这同样是搞好餐饮产品成本控制的重要一环。合格的采购员是企业搞好采购工作的第二前提(第一前提是"采购组织机制的确定"),国外一些小型饭店通常由业主或经理亲自兼任采购员,可见采购员的选择对成本控制有着举足轻重的影响。有的管理学家甚至认为,一个好的、理想的采购人员可以为餐饮企业节约5%的餐饮产品成本。

2)采购程序的制订

各饭店或餐饮企业可根据自己的管理模式,制订符合本饭店或餐饮企业的采购程序,但设计的目的和原理应是相同的。餐饮食材原料的采购程序如图5.1所示。从图中可以看出,餐饮部所需要的食材应向储藏仓库申领,填写食品领料单,仓库根据该领料单发放食品,所有食材原料都必须经过这一手续获得。发放的食材原料既可以是仓库之前保管储存的,也可以是当天经验收合格的新鲜食品原料。

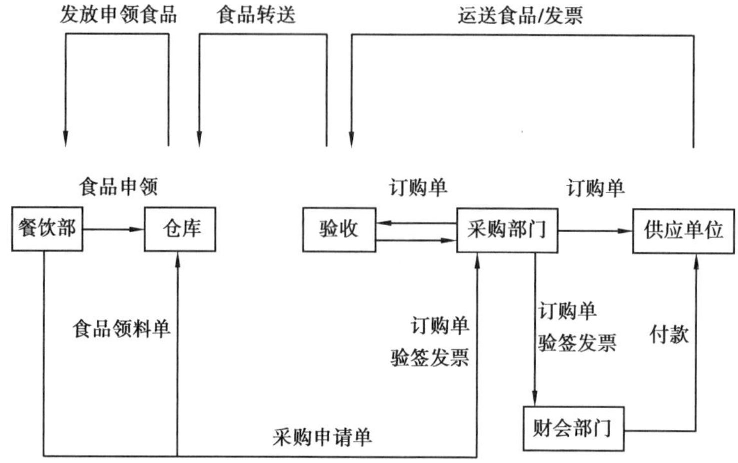

图 5.1　餐饮食材原料采购程序

餐饮部和仓库分别通过采购申请单向采购部门提出订货要求。餐饮部订购的通常为新鲜食品,而仓库订购的是各类需储存保管的食品,当库存量低于规定的数量时,就要提出申购,补足必要的库存量。

当采购部门接到订货申请后,通过正式的订购手续向供应单位订货,同时给验收部门一份订购单,以备收货时核对。

订货后,供应单位或个体经营者如送货上门,则由验收部门验收合格后转送入库;如供应单位不提供送货服务,则由采购部门承运回来,交验收部门验收入库。当验收部门收到餐饮部订购的新鲜食品时,应立即通知其通过申领手续及时领回。

对于单据的处理,应由验收部门将货物发票验签后,连同订购单交采购部,采购部再交财务部门审核,然后向供应单位支付货款。

在整个运行程序中,各部门应明了:各项工作均应以向生产部门及时提供适质、适价、适量的食材原料为唯一目标。

3)采购质量的控制

食材原料的质量是就食材原料是否适用而言的,越适于使用,质量就越高,并不是价格越高质量就越高。

餐饮管理人员在确定本企业的目标和编制有关计划时,应规定食材原料的质量标准。采购部经理或成本控制会计员应当在其他管理人员的协助下,列出本企业常用的需采购的食材原料的目录,并以采购规格书的形式规定对各种食材原料的质量要求。

(1)何为采购规格书

采购规格书是以书面形式对餐饮企业要采购的食材原料规定详尽的质量、规格等要求的企业采购书面标准。

(2)采购规格书的样本格式和作用

采购规格书的样本格式如表 5.1 所示。

表 5.1　××饭店采购规格书

制订规格书时间:

1.原料名称
2.原料用途 (明确说明原料的用途,如橄榄供调制鸡尾酒、烤煎汉堡包、小馅饼、三明治等用)
3.原料的一般描述 (提供有关所需物品的一般质量资料。如比目鱼整条,椭圆形,长约为宽的 2 倍,鱼肉硬而有弹性,呈白色,色泽明亮而清晰,鱼鳃无黏液,粉红色,鱼鳞紧贴鱼身)
4.详细说明(买方应列明其他有助于识别合格产品的因素)各种原料应列明的因素包括: 产地　品种　类型　式样　等级　规格 份额大小　商标　稠密度　包装物　比重　容器 净料率
5.原料验收程序 (验收时与生产时需进行检验。例如,收货时对应该冷藏保管的原料可用温度计测出,容量应该是 24 棵生菜的箱子可通过点数检验,已加工成形的肉块可通过称重抽查)
6.特别要求 (列出明确表明质量所需的其他信息。例如,标记和包装要求、交货和服务要求等)

所有采购规格书都应包括以下内容:产品通用名称或常用商业名称;法律、法规确定的等级、公认的商业等级或当地通用的等级;商品报价单位或容量;基本容器的名称和大小;容器中的单位数或单位大小;重量范围;最小或最大切除量;加工类型和包装;成熟程度;防止误解所需的其他信息。

一份实用的采购规格书可以成为订货的依据、购货的指南、供货的准则、验收的标准。

4)采购数量的控制

编好采购规格书后,其质量标准可使用相当长的一段时间,而采购数量标准却需要经常修改。一般来说,企业需每天修改采购数量标准。

食材原料采购数量的多少直接影响餐厅的供应情况和成本费用的高低。采购数量过多,会占用过多的资金,影响资金的周转。由于食材原料的有效保质期较短,如果储存时间较长,也会引起质量的下降,增加储备成本,同时也会增加偷盗的机会。但是,如果采购数量太少,也容易导致库存的中断,无法保证向顾客提供菜单中所有的菜品。

饭店或餐饮企业采购的食材原料,有些立即用于生产,有些则存入仓库。从采购的角度出发,食材原料可分为两大类:容易变质的食材原料,即鲜活类食材原料;不易变质的食材原料,即干货类食材原料。下面分别说明如何对这两大类原料的采购数量进行控制。

(1)鲜活类食材原料采购的数量控制

这类食材原料一般容易变质,不可久存,购入后必须在较短时间内使用完。例如,生菜和鲜鱼会很快变质;有些肉类和乳酪可保存稍长一段时间,但与罐头番茄酱相比,这些食材原料也会很快变质。

鲜活类食材原料不可久存的特点决定了餐饮企业必须遵循先行消耗完已购入的鲜活类食材原料然后才能进货的原则。因此,采购的第一步便是掌握手头拥有的鲜活类食材原料存量并根据营业量预报,决定下一期营业所需的原料数量,然后算出采购数量。采购鲜活类食材原料通常有以下两种方法:

①日常即时采购法。日常即时采购法适用于消耗量变化较大、有效保存期短暂因而必须经常采购的鲜活类食材原料,如新鲜肉类、禽类、水产海鲜类原料。这种方法较为简单,但要求食品管理员每天巡视储藏室和冷库,对各类相关原料进行盘点,记录实际库存量并根据营业量预报和具体情况,决定所需原料的采购数量。

②长期订货法。某些鲜活类食材原料,如面包、奶制品、水果、蔬菜等,其消耗量一般变化不大,因此可以采用长期订货的方法进行采购。

长期订货法可分为两种形式:一是企业与某一供货单位商定,由供货单位以固定的价格每天或每隔数天供应规定数量的某种或某几种食材原料。例如,餐饮企业可与某食品公司签订采购合同,由该食品公司每天供应 10 箱鸡蛋,企业不再每天进行采购联系。其价格预先商定,数量固定不变,直到餐饮企业或食品公司感到有必要增加或减少时再重新协商决定。二是餐饮企业与某一供货单位商定,要求供货单位每天或每隔数天把企业的某种或某几种原料补充到一定的数量。这就要求餐饮企业对所有有关原料逐一确定最高储备量,而为了防止补充超过最高储备量,企业通常使用一种采购定量卡(表 5.2)借以对每次进货的数量加以控制,这需要由专人负责进行每天盘点,记录各种原料的实际库存量,然后在供货单位前来送货时,通知其各种原料的需购量。

表 5.2　××饭店采购定量卡

原料名称	最高储备量	现存量	需购量
A	100 千克	20 千克	80 千克
B	75 千克	10 千克	65 千克
C	30 箱	6 箱	24 箱
D			
E			
F			

长期订货法主要用于采购需求相对稳定的鲜活类食材原料。在饭店或餐饮企业营业量相对稳定时,使用此方法比较方便可靠。长期订货法也可以应用于某些消耗量较大且需要每天补充的餐饮物资的采购,如餐厅所需的餐巾纸等。这类物品消耗量大,但大量储存这些物品无疑会占用大量的仓库面积,因此不如采用长期订货的方法,定期由供货单位供应。

(2)干货类食材原料采购的数量控制

尽管干货类食材原料不像鲜活类食材原料那样容易变质,可以较大批量地进货,但它可能会造成原料积压和资金占用。从财务角度来说,这种资金占用是一种机会成本,即由于把资金花在食品原料上而不得不放弃其他最佳选择的效益价值。因此对这类原料的采购数量也必须进行控制，以尽量降低实际库存量，这样做对减少库房占用、防止偷盗、节省仓库劳动力都有好处。干货类食材原料的采购一般有两种方法：定期订货法和永续盘存卡订货法。

①定期订货法。干货类食材原料采购中最常用的方法要数定期订货法。定期订货法是订货期固定不变，即订货间隔时间不变，如一周一次或两周一次或一月一次，但每次订货数量任意的一种方法。订货间隔时间通常根据餐饮企业关于原料储备占用资金的定额规定来确定。每到订货日期，仓库保管员对库房进行盘点，然后决定采购订货数量，计算方法如下：

订货数量 = 下期需要量 - 实际库存量 + 期末需存量

其中，期末需存量指每一订货期末饭店或餐饮企业必须剩下的足以维持到下一次送货日的原料储备量。决定期末需存量必须考虑该原料的日平均消耗量及订购期天数，即发出订购通知至原料入库所需的天数。另外，还应考虑天气或交通运输等原因可能造成的送货延误，以及下期内可能突然发生的原料消耗量增加等因素。为了在特殊情况下确保原料供应，企业一般还在期末需存量中加上保险储备量，通常是增加订购期内需要量的 50%，所以，期末需存量实际上是：

期末需存量 =（日平均消耗量 × 订购期天数）×（1 + 50%）

例如，某饭店芦笋罐头每月订货一次，该原料消耗量平均每天 10 罐，正常订货周期为 5 天，即送货日在订货日起的第五天。如果仓库保管员发现目前货架尚存 70 罐，而下期需用量约 300 罐（10 罐/天×30 天），期末需存量为 75 罐（10 罐/天×5 天×150%），那么，便可推算出这一次的订货数量为 305 罐（300 罐−70 罐+75 罐）。如果芦笋罐头是 24 罐装 1 箱，那么这一次的订货数量应该是 13 箱，共 312 罐。这样，虽然比应订购量多了 7 罐，但由于每次订货时都必须减去当时的实际库存量，本次多购的数量必然会从下次订货数量中减除。

②永续盘存卡订货法。永续盘存卡订货法也称订货点订货法或定量订货法。永续盘存卡订货法比定期订货法能更有效地控制采购工作，但又要求企业配备专门人员管理永续盘存卡。小型饭店或餐饮企业一般觉得这种方法不方便、不经济，但大型饭店或餐饮企业却多使用这种方法。

采用永续盘存卡订货法要求每一种原料都必须建立一份永续盘存卡，用以登录进货和发放数量；每一种原料还都需有预定的最高储备量和订货点量。所谓订货点量，就是定期订货法中的期末需存量，在此指当某种原料储备量下降到应该立即订货时的数量。因此，订货点量=（日平均消耗量×订购期天数）×150%。最高储备量的确定要考虑诸多因素，如仓库面积、饭店或餐饮企业确定的原料库存额、订货周期、每日消耗量、供货单位最低订货量规定等。

根据以上各种因素，饭店或餐饮企业不难定出比较合理的各种原料的最高储备量。最高储备量可以指某种原料在最近一次进货后可以达到但一般不应超过的储备量，也可以指某种原料在任何时候都应保持的储备量，此处系指前一种。

永续盘存卡由食品成本管理员保管，用以登记各种原料的进货和发货数量。由于每种原料都有订货点量，管理员不必每天进行实际库存盘点，只要根据永续盘存卡账面数字，当结余数量降至或接近订货点量时，便可发出订货通知。

例如，某餐饮企业采购罐装黄桃，日平均消耗量为20罐，订货期为5天，最高储备量为300罐，订货点量为150罐。10月28日，管理员发现该原料永续盘存卡（表5.3）上现存已降至订货点量，即发出订货通知。根据上述公式，订购数量应为250罐［300罐－（150罐－20罐/天×5天）］。但因该原料系12罐1箱装，管理员决定订购21箱共252罐。5天后该订货运抵，原料储存量即回升至最高储备量。

表5.3　永续盘存卡

编号：1568

品名：罐装黄桃 规格： 单价：		最高储备量：300罐 订货点量：150罐		
日期（月/日）	订单凭号	进货量/罐	发货量/罐	现存量/罐
…				（承前）
10/28	No.3128-252		20	150
10/29			18	132
10/30			19	113
10/31			23	90
11/01			22	68
11/02		252	18	302
…				

订货数量＝最高储备量－（订货点量－日平均消耗量×订货期天数）

以上是几种饭店或餐饮企业常用的控制采购数量的方法。值得注意的是，不论使用何种方法，订货量的最后确定，必须根据当时的具体情况，既要考虑当时营业量增长或下降的趋势，又要考虑市场供应情况。

5）采购价格的控制

有效的采购工作目标之一是用理想的价格获得满意的原料和服务。原料的价格受各种因素的影响，诸如市场的供求状况、餐饮产品的需求程度、采购数量、食品本身的质量、供应单位货源渠道和经营成本、供应单位支配市场的程度、其他供应者对其影响等。针对这些影响因素，饭店或餐饮企业可以采取以下方法降低价格，保证原料的质量，以实施对采购价格的控制：

(1)规定购货限价

通过详细的市场价格调查，饭店或餐饮企业对厨房所需的某些原料提出购货限价，规定在一定的范围内，按限价进行市场采购。当然，这种限价是饭店或餐饮企业依据派专人负责调查后获得的信息而作出的。限价一般针对采购周期短、随进随用的新鲜食材。

(2)规定购货渠道和供应单位

为使价格得以控制，许多饭店或餐饮企业规定采购部门只能从那些指定的单位购货，或者只许采购规定渠道的原料，因为饭店或餐饮企业预先已同这些供应商议定了购货价格。

(3)控制大宗和贵重原料的购货权

贵重和大宗食材原料的价格是影响餐饮产品成本的主体。因此，有些饭店或餐饮企业规定由餐饮部提供食品原料使用情况的报告，采购部门提供各供应商价格情况的报告，具体向谁购买由饭店或餐饮企业决策层确定。

(4)提高购货量和改变购货规格

大批量采购可以降低购货单价。另外，当某些原料的包装规格有大有小时，如有可能大批量地购买可以使用大规格包装的原料，也可降低单位价格。

(5)根据市场行情适时采购

当某些食材原料在市场上供过于求、价格十分低廉而厨房又大量需要时，只要质量符合标准并有条件储存，可利用这个机会大量购进，以减少价格回升时的开支。当原料刚上市，价格日渐上涨时，采购量则尽可能减少，只要能满足短期生产即可，等价格稳定时再进行大批量采购。

(6)尽可能减少中间环节

绕开不必要的供应单位，从批发商、生产商或种植者手中直接采购，往往可获得优惠价格。

6)采购方式的选择与控制

理想的采购目标的实现，有赖于选择和使用合适的采购方式。采购方式多种多样，原料供应市场纷繁复杂，究竟采用何种采购方式并没有固定的模式。饭店或餐饮企业究竟选择何种采购方式合适，关键在于餐饮生产规模和业务要求，饭店或餐饮企业应结合市场实际情况进行比较分析，从而选择适合于本企业的最佳采购方式。下面介绍几种采购方式，并简要分析其各自的特点，以供选择参考。

(1)公开市场采购

公开市场采购也称竞争价格采购，适用于采购频繁、往往需要每天进货的食材原料。餐饮企业绝大部分的食材原料采购业务属于此种性质。公开市场采购是指企业采购部门通过电话联系或商函，或通过直接接触（采购人员去供货单位或对方来饭店）取得所需原料的报价。一般每种原料至少应取得 3 个供货单位的报价，分别将它们登记在市场订货单上，随后选择其中原料质量最好、价格最优、服务最周到的供货单位。

(2)“一次停靠”采购

餐饮企业营业所需的原料品种名目繁多，必须向众多的供货单位采购，这就意味着企业每天必须花费大量的人力和时间处理票据和验收进货。为了减少采购、验收工作的成本费用，有的企业开始尝试新的采购方法，即凡属于同一类的原料、物资，企业都从同一个供货单位购买。例如，餐饮企业向一家奶制品公司采购所需要的奶制品原料，向一家食品公司采购所需要的罐头食品，这样，每次只需向供货单位开出一张订单，接收一次送货，处理一张发票即可。然而这种方法对大型餐饮企业来说仍不理想。于是有人提出原料采购也采用超级市场购物方式的设想，即“一次停靠”采购法。如一家饭店在 1 个月内从 97 家食品供应商手中购买食品原料，订货 697 次，先后接受交货 703 次，处理发票 704 张，那么显而易见，这家饭店花费在联系订货、验收交货、结账付款方面的时间和劳动力相当可观。由于一张订货单从填写到核准就得经过三四个人的手，而处理一张发票也要从打字员转到会计员直至部门经理，加上占用的计算机处理时间，大约要花 10 天。于是，一些人便依据超级市场购物“一次停靠”的理念，成立了一家饭店物资供应公司，以批发价格提供饭店业务所需的几乎全部原料物资。上述那家饭店经过研究，认为采取这种“一次停靠”采购的方法，不仅可行而且能节省大量开支，遂与该公司签约，把它作为主要的供货单位。结果是理想的，这不仅使该饭店原料、物资供应无缺，而且每月订货、验收次数大大减少，平均每月只进行 25 次订货，25 次验收交货，每月只开出 3 张支票，大大降低了采购费用。

(3)成本加价采购

当某种原料的价格涨跌变化较大，或很难确定其合适价格时，人们往往会使用成本加价法采购。这里的成本指批发商、零售商等供应单位的原料成本。在某些情况下，供货单位和采购单位双方都把握不住市场价格的动向，于是便采用这种方法成交，即在供货单位购入原料时所花的成本上酌加一个百分比，作为供货单位的盈利部分。对供货单位来说，这种方法减少了因价格骤然下降可能带来的亏损危险；对采购单位来说，加价的百分比一般比较小，因而也有利可图。采取成本加价方法的主要困难是不能确切掌握供货单位的真实原料成本是多少。

(4)招标采购

招标采购是一种比较正规的采购方法，一般只有大型企业才使用。采购单位把所需采购的原料物品名称及规格标准，以投标邀请的形式寄给各有关供货单位，供货单位接到邀请后即行投标，报出价格，并以密封的文件形式寄回采购单位。一般来说，凡其原料符合规格标准且出价最低者中标。这种方法有利于采购单位选择最低的价格，但另一方面由于这种方法要求双方签订采购合同,因而不利于采购单位在合同期间另行采购价格可能更低廉、质量更好的原料。

(5)无选择采购

企业有时候会遇到这样的情况:需要采购的某种原料在市场上奇缺,或者仅一家单位有货供应,或者急需得到某种原料而不论对方价格高低。在这种情况下,企业往往采用无选择采购法,即连同订货单开出空白支票,由供货单位填写。采用这种方法,往往使企业对该原料的成本失去控制,因此,只有在不得已的情况下才使用,而通常在决定订货之前总要进行一番讨价还价。

(6)合作采购

合作采购指两家以上的企业组织起来,联合采购某些原料物品,其主要优点是通过大批量采购,各企业有机会享受优惠价格。尽管各企业各有特色,但完全可以使用合作采购的方法去采购某些相同标准的食品、饮料及各地通用的用品,如台布、餐巾等。

(7)集中采购

大型饭店公司或集团往往建立地区性的采购办公室,为本公司在该地区的各饭店企业采购各种食材原料。其具体办法是各饭店将各自所需的原料及其数量定期上报公司采购办公室,办公室汇总后便进行集中采购。订货以后,可根据具体情况由供货单位分别运送到各个饭店企业,也可由采购办公室统一验收,随后再行分送。

集中采购的优点是由于大批量购买,往往可以享受优惠价格,便于与更多的供应单位联系,因此有更多的挑选余地;有利于某些原料的大量储存,因此能保证各饭店企业的原料供应;能减少各饭店企业采购者营私舞弊的机会。但是,集中采购也有其不足之处,如各饭店或多或少地被迫接受采购办公室采购的食材原料,不利于饭店按自己的特殊需要进行采购;各饭店不得不放弃当地可能出现的廉价原料;各饭店菜单趋向雷同,且自行修改菜单的能力也受到限制,不利于饭店标新立异,形成自己独特的风格。

以上是几种常用的餐饮企业采购方法,各企业应根据自己的类型、规模、隶属形式、业务特点、市场条件等因素选择合适的采购方法。

7)采购过程中的其他具体问题

在采购中,还经常会碰到一些具体问题。这些具体问题分析归纳整理如下:

(1)适宜的采购时间

当库存物品消耗到一定数量时,必须立即订货,以保证在剩余的物品用完之前,又有新的物品补充。这时的库存量称为订货点。订货点必须正确合理,既不造成物品积压,又不引起供应脱节。库存物品的周转过程如图 5.2 所示。

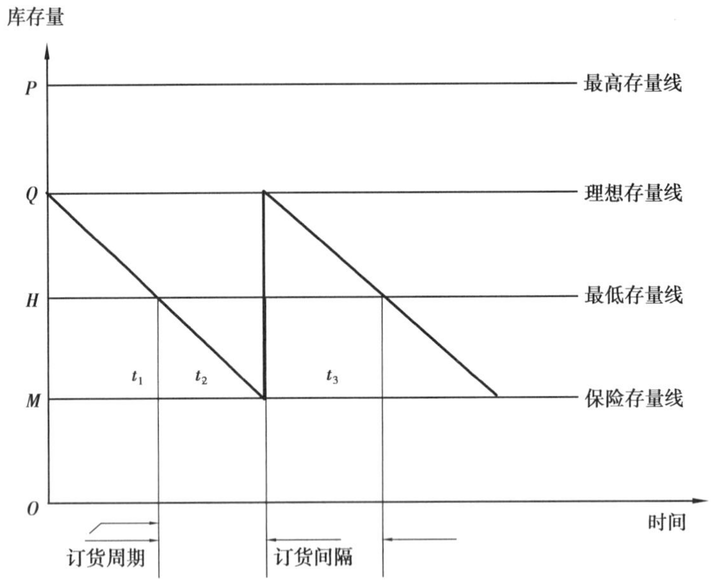

图 5.2　库存物品的周转过程

图中　P——最高存量；

Q——理想存量；

H——最低存量（即订货点）；

M——保险存量。

时间轴从原点 O 开始，库存物品数量在原点 O 时为 Q。随着企业业务的持续进行，库存物品不断消耗，数量由 Q 降至 H，这时企业必须进行采购。由于采购物品需要时间，因此物品不可能立即得到补充。在等待采购物品到来的这一段时间内（t_1-t_2），企业业务仍在照常进行，所以库存物品量又由 H 降至 M。这时新采购的物品到位，库存物品量又重新恢复到 Q，至此完成了一个循环。t_1-t_2这段时间是发出订货单到收到所订货物的时间，称为订货周期。为了避免发生意外而影响企业的正常经营，企业必须保留一部分物品储备，这部分物品的数量 M 称为保险储备量。从这次采购到下次采购所完成一次循环的时间（t_1-t_3）称为订货间隔。由图 5.2 可知，企业发出订货单时的库存量即订货点应该是 H。H 的计算公式为：

$$H = t \times d + M$$

式中　H——订货点（箱、件、千克等）；

t——订货周期（日、月等）；

d——平均需求量（箱/日、件/月、千克/日等）；

M——保险储备量（箱、件、千克等）。

在使用上式确定订货点时，需注意订货周期与平均需求量的单位要统一。

【例 5.1】　某餐厅每月销售啤酒 6 000 瓶，订货周期为 10 天，保险储备量为 1 000 瓶，求其订货点。

解：$H = t \times d + M = 10 \times \frac{6\,000}{30} + 1\,000 = 3\,000$（瓶）

即当啤酒库存量降到 3 000 瓶时，应该发出订单，重新采购。如果市场啤酒供应状况有所好转，订货周期只需 5 天，则订货点为：

$$H = 5 \times \frac{6\ 000}{30} + 1\ 000 = 2\ 000(\text{瓶})$$

由此可知，订货周期缩短将减少物品的储存量；需求量的增加将增加储存量。

保险储备量的多少可根据供应商的供货表现来决定，一般采用供应商可能误期供货的最长时间乘以这段时间的平均需求量的结果的方式获得。如上例中，啤酒供应商最长的误期记录为 5 天，每日平均需求量为 200 瓶，则保险储备量(M)为 1 000(5×200)瓶。

订货点法简单易行，但没有考虑到储存和采购费用。这个方法比较适用于需求量大、周转快、可以储存的物品。

(2) 合理的采购数量(或经济订购批量)

饭店或餐饮企业对某些餐饮物品的全年需求数为一个常数，考虑到饭店或餐饮企业的库存量及储存保管费用，一般不会一次将某项物品全部采购回来，而是分批、分次采购。那么，怎样采购才能使采购费用、储存费用等处于最低状态呢？其计算公式如下：

$$\text{全年最低总费用} = \sqrt{2 \times \text{某物品每件的年储存费} \times \text{每次采购费} \times \text{某物品预计年销量}}$$

$$\text{经济订购批量} = \sqrt{\frac{2 \times \text{每次采购费} \times \text{某物品预计年销量}}{\text{某物品每件的年储存费}}}$$

【例 5.2】　某餐厅预计每年销售啤酒 36 000 箱，并规定餐厅不允许缺货。每箱啤酒的进价为 25 元，每箱啤酒储存费每月为进价的 3%(含损耗)，每次采购费用为 20 元。求：①最佳订购批量；②计算全年最低总费用；③计算订货间隔(每年以 360 天计算)。

解：每箱的年储存费 = 25×3%×12 = 9(元)

每次采购费 = 20(元)

啤酒的预计年销量 = 36 000(箱)

①最佳订购批量 = $\sqrt{\frac{2\times20\times36\ 000}{9}}$ = 400(箱/次)

②全年最低总费用 = $\sqrt{2\times9\times20\times36\ 000}$ = 3 600(元)

③每年采购次数为 90 次(36 000÷400)

订货间隔 = 360÷90 = 4(天)

在实际工作中，还需要灵活地使用以上这些公式，以达到使全年总费用最低的目的。

(3) 有利的采购价格

除了前面已提及的对采购价格控制的要素之外，有利的采购价格还涉及以下几个方面：①采购价格与原料使用价值之间的关系；②采购价格与支付条件之间的关系；③采购价格与购买次数之间的关系。

(4) 最适宜的质量

食材原料的质量是针对食材原料是否适用而言的，越适于使用，质量就越高。从这个意义上说，最优的就是最适用的。这里有个经济成本概念，例如，熬一锅牛肉汤，需要投入一定数量的牛肉，这里的牛肉可以是里脊肉，也可以是牛腿肉，同时也可以是加工其他产品后剩余的牛肉边角料。很明显，就原料的质量而言，牛里脊肉是最好的，价格也是最高的；与之相反的是牛肉边角料，质量和价格都是最低的。但用来熬汤，两者的效果几乎没有差异，就企业方面而言，自然会用牛肉边角料，因为其最为适用。同样的道理，可以被广泛地运用到餐饮采购管理之中。

餐饮采购工作的主要对象是食品原料，这种用于餐饮产品生产的原料有一大特性，即原料的成品程度。原料的成品程度可分成五等：毛品、粗加工品、待烹制品、初制成品、制成品。它们是根据原料的被加工程度来进行分类的。以河虾为例，直接从市场购入的鲜活河虾对餐饮企业而言属毛品；经过清洗、去壳，得到的虾肉是粗加工品；将淀粉、味精、盐等作料拌入虾肉，再挂上糊，准备制作虾球，这时已成为待烹制品；入油锅、炸好，取出虾球装盘，这时叫初制成品；然后将调制好的黄油淋在虾球上，再加上拼花，这时已完成“黄油脆皮虾仁”的成品制作，可以出菜供应了，“黄油脆皮虾仁”就是制成品。作为原料，购进的是毛品。那么，市场上有没有粗加工品供应呢？有，如去壳的冰冻生虾仁肉，待烹制品如干藕粉，初制成品如泡菜，制成品如各种各样的熟食冷菜。

降低成本、增加收益，是企业经营活动的基本原则。对于餐饮企业而言，所购入的原料成品程度越高，企业对原料需要支出的生产和管理费用就越少，反之亦然。从这一点上讲，购进制成品最合算，然后依此类推。这一点对人工费用开支昂贵的发达地区的餐饮企业尤其适用。

原料的成品程度越高，购入时也就越贵；原料的成品程度越低，购入时也就越便宜。从这一点上讲，购进毛品最合算，然后依此类推。这一点对人工费用开支微不足道的欠发达地区的餐饮企业尤为适用。

根据对上述原料成品程度的分析，最优的原料质量是什么样的呢？这要视企业的具体情况加以具体分析和选择。一般说来，成品程度高的食品原料在餐饮企业中占有越来越重要的地位，这已为许多中外餐饮企业的实践所证明。因为高成品程度的原料有许多优点：原料少而精；原料的利用率极高；便于运输；占有库房的空间相对较小；易于储存保管；切削损失大大减少；加工制作简便迅速，能耗下降；制作工具和器械比较简单，便于标准加工；便于企业进行定额生产；便于增加经营项目，扩大经营范围，延长经营时间，提高服务质量等。

向高成品程度发展是餐饮企业用料的趋势、方向，然而，高成品程度原料并不可能也不会完全替代低成品程度的原料，这是因为低成品程度的原料有着高成品程度原料不具备的优势：品种丰富，分布广泛；价格低廉；新鲜；营养成分完整无损；便于就地取材；顾客的偏爱；等等。

因此，最佳的质量概念是个动态的概念，餐饮采购管理人员决不可从静止的观点去看待它。

(5) 理想的交易对象

理想的交易对象是指在众多的供应商中信誉可靠、服务良好、价格合理又在同一区域中的供应商。

(6) 理想的交易地点

采购活动的交易地点应尽可能选择与饭店或餐饮企业处在同一区域，以方便买卖、交割及其他事务处理。

5.1.2　餐饮食材原料的验收管理

对购进的所有原料进行验收是保证食品质量、控制食品成本的关键。无论有多么好的采购质量标准,多么完整的采购规程,如果做不好验收管理工作,那么所有的采购控制都将前功尽弃。由于采购的数量、质量和价格未必与订购单一致,有时送货量多于订购量,有时价格会高出市场报价,有时原料等级或高或低。所以验收工作就显得格外重要。验收就是要核实原料质量标准是否与订购单一致,送货量和价格是否与发货单一致。因此,验收工作不仅需要完善的验收体系,也需要严格的验收程序和验收方法。

1)建立合理的验收体系

进货之后,饭店或餐饮企业就不能把不合格的货物再卖出去,因此,餐饮管理人员应首先建立一套合理、完整的验收体系,保证整个验收工作在机制、体系上完善。

(1)能真正发挥验收作用的验收部门

验收部门的设立以及验收部门与其他部门之间的关系因饭店或餐饮企业规模大小而异。大型的饭店或餐饮企业有专门的验收部,而中型的饭店或餐饮企业则不必设验收部,只设一个验收员就可以了。小型的餐饮企业没有专职的验收员,验收工作由厨师或经理亲自担任。无论如何,企业应根据自身的特点,设计和建立自己的验收体系,只要能发挥验收的作用,控制好成本和原料质量,减少作弊行为,就不失为一种较好的验收体系。

从验收工作岗位的隶属关系来看,目前许多餐饮企业都不一样。严格来说,收货验收工作应由总会计师指导,独立于餐饮部门外,验收员应该是财会部门的正式职工,在验收时,仓储部经理应给予必要的协助。有很多餐饮企业的验收工作是由仓储部负责的,验收员隶属于仓储部经理指导;有些餐饮企业,包括规模较大的独立餐厅,甚至不设专职验收员,验收工作由仓储部经理和库管员来兼职,但验收员绝不应该隶属于采购部。

(2)称职的验收员

验收员的选择不可忽视,作为一名合格的验收员,必须有很强的责任心,对验收工作感兴趣;必须诚实可靠,热爱集体,对企业忠心,还应该具备较丰富的食材原料知识。考虑到同时具备以上要求,验收员可从储藏室职工、餐饮产品成本控制人员或厨房工作人员中选择。

企业还应制订培训计划,对所有验收人员进行培训,以提高他们的业务素质和品德修养。应使验收员懂得,未经上级主管同意,任何人都无权改变采购规格,遇有特殊情况应及时向上级主管汇报请示,不得擅自行事。验收员应经常和厨师、仓储人员、餐厅经理及采购人员接触,虚心学习,以丰富自己的知识和经验。另外,验收员在工作时不应受厨师长和采购人员的干扰,验收员的相对独立可以对整个采购过程进行有效的监督和控制。

(3)实用的验收设备和器材

大型饭店或餐饮企业应设验收办公室或验收处,它的位置尽可能设在离验收部和储藏室都较近的地方。有些饭店或餐饮企业的验收人员办公室正面墙壁由玻璃制成,这样,验收员就能从办公室观察到入口处至储藏室的一切活动。

验收部门应备有足够的验收工具。既要有称重物的磅秤,也要有称小件物品的天平秤。各种秤应定期校准,以保证精确度。此外,验收办公室还应有温度计、暗箱、起钉器、纸板箱切割工具、榔头、尖刀等工具，以及验收单、验收标签、购货发票、收货单、验收工作手册、采购食品原料的质量标准等单据、材料。此外，还有一种经特殊设计的验收架，一些水果如橙子等可放在上面，查看是否有腐烂或斑痕，若质量没有问题，架子上的水果可漏下来，再装入容器。

(4)科学的验收程序和良好的验收习惯

验收程序规定了验收工作的工作职责和工作方法，使验收工作规范化。同时，按照程序进行验收，养成良好的验收习惯是验收高效率的保证。

(5)经常的监督检查工作

餐饮企业管理人员应不定期检查验收工作，复查货物的重量、数量和质量并使验收员明白，管理人员非常关心和重视他们的工作。

2)确定科学的验收操作程序

根据验收的目的，验收程序主要围绕以下3个主要环节展开，即核对价格、盘点数量、检查质量。

3)有关的验收表格

(1)发货票

所有到货物品都应有发货票。发货票应一式两联，送货人员将发货票交给验收员之后，要求验收员签名，验收员签名后将第二联交还送货人，证明企业已收到供货单位发出的货物，第一联应交给财会部，由财会部付款。

(2)验收单

验收员每天应详细填写验收单(表5.4)，准确记录验收处收到哪些商品，哪些商品没有发货票，供货单位因交货数量与发货票数量不符而贷记本企业哪些应收账款。有些验收员为了“节省时间”，在验收单上只记录供应单位名称和送货金额，这种做法是错误的。

表5.4　货物验收单

________饭店　　　　　　编号________

供货单位：________　　　　　　日期________

供货单位地址：________

订购单编号：________

存货编号	项目及规格	单位	数量	单价	合计
总计					

验收员________　送货员________　储藏室管理员________

验收员在验收单上填上供货单位的名称、商品名称及规格、单位、数量、单价及合计金额与总计金额之后，应在验收单上签名，明确责任。在大型饭店或餐饮企业，验收单应一式三联，第一联送经理室，然后转总会计师；第二联留验收处；第三联送成本会计师。

(3)冷藏食品标签

在验收时，验收员还应给肉类和海产品加上存货标签，使用存货标签有以下优点：填写标签会促使验收员称重；发料时，可将标签上的数额直接填到领料单上，便于计算食品成本；标签编号有助于了解储存食品原料，防止偷盗；在标签上填明各种有关数据，可简化存货控制程序；便于存货流转工作。

使用鱼、肉存货标签时，要遵循下列工作程序：

①验收员应为每一块肉、每一条鱼、每一只家禽或每一箱肉、鱼、禽加上标签。

②标签应分为两部分，一半系在食品原料上，另一半送食品成本会计师。

③厨房领用原料后，解下标签，加锁保管。原料用完之后，将标签送交食品成本会计师，核算当天鱼、肉、禽的成本。

④食品成本会计师核对由其保管的另一半标签，根据未使用的标签，盘点存货。如存货短缺，应分析是否存在偷盗或记错金额现象。

当前，给冷藏鱼、肉、禽食品挂上标签的方法已被许多饭店推广到许多较贵重食品原料的保管中。

(4)验收日报表

填写验收日报表的主要目的不在于记录所有验收物品的名称、单位、数量和价格，而在于区分当天验收的所有食材原料有哪些是直接发入厨房，哪些进入仓库，哪些是食材原料以外的其他物品。直接发料一栏的合计就是当天直接发入厨房的食品成本，是当天食品成本的一部分。成本控制员将每天从仓库发料的食材原料成本与当日直接发料成本合计，便为当日生产成本。所以，验收日报表的主要目的是成本控制。其样式如表 5.5 所示。

(5)验收章

食材原料验收完毕后，验收员应在送货发票上签字并接受原料。有些饭店或餐饮企业为便于控制，要求在送货发票或发货票上加盖验收章，使用验收章的作用如下：

①证实收到食材原料的日期。

②由收到食材原料和发货票，检查数量、质量、价格的验收员签名，明确责任。

③由食品成本会计师核对发货票金额的正确性。

④由总经理与总经理指定的人签名，同意付款。

(6)退货通知单或贷方通知单

如果到货数量不足、质量不符合要求，或存在其他问题，验收员应填写退货通知单或贷方通知单(表 5.6、表 5.7)。

开具贷方通知单的工作程序为：

①在发票上注明哪些商品存在问题。

②填写贷方通知单，要送货员签名并把其中一联交送货员带回。

③将贷方通知单存根贴在发货票背面，在发货票正面注明正确的数额。

表 5.5　食品验收日报表

日期：2014.11.15　　编号：044627

货品名	供应商名称	发票号	数量	单价/元	金额/元	直接采购食品				库房采购食品					
						一厨房		二厨房		一号库		二号库		三号库	
						数量	金额/元	数量	金额/元	数量	金额/元	数量	金额/元	数量	金额/元
二级猪排	××副食品公司	34670	50 千克	10.00	500.00					50 千克	500.00				
二级小牛排	××副食品公司	34670	35 千克	12.00	420.00					35 千克	420.00				
一级猪里脊	××副食品公司	34670	25 千克	11.00	275.00					25 千克	275.00				
青豆罐头	××罐头食品厂	25681	5 箱	35.00	175.00							5 箱	175.00		
蘑菇罐头	××罐头食品厂	25681	6 箱	30.00	180.00							6 箱	180.00		
合计	1 550.00														
活鲫鱼	××副食品店	34671	10 千克	10.00	100.00					10 千克	100.00				
活青鱼	××副食品店	34671	6 千克	12.00	72.00					6 千克	72.00				
鲜猪肉	××副食品店	34671	10 千克	10.00	100.00	3 千克	30.00			7 千克	70.00				
四季豆	××菜市场	25682	12 千克	1.60	19.20	12 千克	19.20								
生菜	××菜市场	25682	5 千克	1.70	8.50	4 千克	6.80			1 千克	1.70				
葡萄	××果品店	25682	10 千克	2.20	22.00	6 千克	13.20			4 千克	8.80				
梨	××果品店	25682	8 千克	1.80	14.40	6 千克	10.80			2 千克	3.60				
合计	336.10														
总计	1 886.10														

④打电话通知供货单位,本企业已使用贷方通知单修正发货票金额。

⑤如果供货单位补发或重发货物,新送来的发货票应按常规处理。

⑥将有差错的发货票单独存档,直至问题解决。

表 5.6　退货通知单

(副本备存)				编号:________
发自:________		交至:________		
________		________		
________		________		
发货票号码:________		发货票日期:________		
货品	单位	数量	单价	总价
退货理由:________		总计:________		
送货员签字:		负责人签字:		

表 5.7　贷方通知单

(一式两联)				编号:________
发方:________				收方:________
________				________
发货票号码:________		发货票日期:________		
货品	单位	数量	单价	总价
原因:________		合计:________		
送货员签名:		制表人签名:		

(7)无购货发票收货单

验收员收到无发货票的货物时,应填写无购货发票收货单(表 5.8),以防差错和争议。无购货发票收货单一般是一式两联,验收员在验收单上注明无发货票之后,将第一联送财务部,第二联则作为存根留在验收处。

财务部收到发货票后,应送交验收员。验收员将无购货发票收货单第二联贴在发货票背面,在验收单上补填发货票上的数额,然后再按正常秩序交由财务部付款。

表 5.8　×××饭店无购货发票收货单

NO.________________

发货单位:________________　　　　　　　　　　日期:________________

数量	项目	单位	小计

验收员:________________

4)验收控制

饭店或餐饮企业不仅要有良好的验收体系,而且更应指定专人负责验收体系的控制工作。验收体系的控制工作应该由财会部门和总会计师负责。

验收员和食品成本会计师都是财会部门的成员,但是,为了防止他们串通,验收员不应直接向食品成本会计师汇报工作。食品成本会计师应监督验收体系的工作,如果验收员的工作没做好,食品成本会计师应向验收员指出问题所在,并向总会计师汇报。

不负责验收工作,食品成本会计师才能真正做好本职工作。许多企业的总会计师因工作繁忙,或者不熟悉验收业务,往往要食品成本会计师负责验收工作,这样做的后果是:食品成本会计师无法发挥监督作用,而且容易与验收员串通,使企业遭受损失。

在管理良好、纪律严明的企业里,验收部和验收员的工作通常由优秀的食品采购员检查。厨师长也经常检查食品原料的质量,了解食品成本,总会计师每天也会抽空到验收处检查工作。

尽管饭店总经理、餐饮经理的工作非常繁忙,但他们仍应该每天或不定期抽查验收处的工作。

在大型餐饮企业里,除上述人员应检查验收处的工作外,还经常请企业外部人员,如会计师事务所,不定期抽查验收处的工作。

在做好验收工作的同时,还应做好防盗工作。防盗工作的基本原则如下:

①指定专人负责验收工作,而不能是谁有空谁验收。

②验收工作和采购工作分别由专人负责。

③如果验收员兼管其他工作,应尽可能将交货时间安排在验收员比较空闲的时候。

④商品应运送到指定验收区域。

⑤验收完毕之后,尽快将食品原料送入储藏室,防止食品变质和员工偷盗。

⑥不允许推销员、送货员等进入储藏室或食品生产区域。验收、检查区域应靠近饭店入

口处，入口处大门应加锁，大门外应安装门铃。送货人员到达后，应先按门铃。送货人员在验收处时，验收员应该始终在现场。

5.2　食材原料库存管理

在任何餐饮企业里，食材原料的储存管理和发放控制以及对储存原料所代表的价值的核算与控制，都与食材原料的采购、验收一样，对餐饮产品的质量和企业食品成本控制有着举足轻重的影响。许多餐饮企业由于餐饮物品的储存管理混乱从而引起食品原料变质，或遭偷盗、丢失，或者被私自挪用。库存管理不严，不仅使企业的餐饮产品成本和经营费用提高，而且顾客也得不到高质量的餐食。

5.2.1　餐饮食材原料库存管理概述

餐饮食材原料库存管理的主要对象是以食品为主要代表的易烂、易腐物品。采购餐饮食材原料时，凡可以入库储存的食品一般都在验收合格之后进入食品仓库，库存管理工作由此而展开。要搞好库存管理工作，就应该首先了解其特点并明确库存工作的目的，掌握餐饮库存管理工作的基本原则。

一个企业需要保持一定量的库存物品，目的是使生产和销售活动能均衡地不间断地正常进行。餐饮企业也同样如此，餐饮物品的库存是生产和销售的准备阶段，同时又是企业开源节流的重要一环。缺少库存准备阶段，生产和销售将会面临原料供应短缺的危险，造成停工、停产，在人力、物力和财力方面给企业带来损失；库存物品筹措过多，将会使企业出现物品积压的现象，造成资金周转减慢、库存管理费用上升，引起极大的浪费。如果抓不好这个至关重要的问题，餐饮企业要实现理想的经济效益就会成为泡影。因此，加强餐饮库存管理工作是十分重要的。

要搞好餐饮库存管理工作，通常要注意以下几点：

①将餐饮物品采购的市场活动与企业的生产和销售的需要有机地结合起来，进行有效的库存管理。

②依据食材原料自身的特点，制订相应的管理方法和制度。

③降低各项费用指标，加强库存经济核算，减少实际成本开支。

④加速提高物品流转速度。

5.2.2　餐饮食材原料储存管理

餐饮物品经采购入店，经过验收程序将符合饭店或餐饮企业采购质量要求的食材原料归入仓库后，从管理程序上讲，即进入了餐饮食材原料的实物形式的保管阶段。

在这一环节中，需要有关管理人员首先弄清楚食材原料储存保管的一般要求及注意事项，然后掌握餐饮物品具体储存管理的方法。

1)对食材原料储藏区域的要求

储藏餐饮原料的仓库也称原料储藏室，每天要接受、储存和分发大量的食材原料，但不少饭店或餐饮企业对储藏室的设计工作却不太重视，如允许其他部门占用储藏室，或各个食品储藏室相隔很远，甚至分散在不同的楼面，因而影响了仓储控制工作。

储藏室设计人员和管理人员在储藏室设计工作中需考虑以下几个因素：

(1)储藏室的位置

从理论上讲，储藏室应尽可能位于验收处与厨房之间，以便于将食材原料从验收处运入储藏室及从储藏室送至厨房。但在实际工作中，由于受建筑布局的限制，往往不易做到这一点。如果一家饭店有几个厨房且位置位于不同的楼层，则应将储藏室安排在验收处附近，以便方便、及时地将已验收的食材原料送进储藏室，这样可以减少原料被“顺手牵羊”的可能性。一般而言，原料储藏室被设计在底楼或地下室为佳。

(2)储藏室的面积

确定储藏室面积时，应考虑企业的类别、规模、菜单、销量、原料市场的供应情况等因素。菜单经常变化的企业，储藏室面积就应大一些。有些企业远离原料供应市场，进货周期较长，其储藏室就要比每天都能进货的企业的储藏室大一些。有些企业的管理人员喜欢一次性大批量进货，这些企业就必须有较大面积的储藏场地。

(3)对各类储藏库(储藏室)的要求

食材原料的易坏程度是不同的，不同易坏程度的食材原料需要不同的储存条件；由于食材原料使用的时间不同，因而应分别存放在不同的地点；食材原料往往会处于不同的加工阶段，如新鲜的鱼、洗削好的鱼、半成品的鱼和加工成成品的鱼，也需要不同的储存条件和设备。因此，饭店应设置不同功能、不同类别的库房。库房的类别通常有以下几种：

①按地点分类：中心库房、各餐饮经营点的分库房；

②按物品的用途分类：食品库、酒类饮料库、非食品库；

③按储存条件分类：干藏库、冷藏库、冰鲜库、冻藏库。

(4)食材储藏库对温度、湿度和光线的要求

几乎所有的食材、饮料对温度、湿度和光线的变化都十分敏感，而不同的食材、饮料在同一种温度、湿度和光线条件下的敏感程度也不一样。因此，不同的食材、饮料应存放于不同的储藏库内并给予不同的温度、湿度及光线条件，使食材、饮料始终处于最佳待用状态。

①温度要求：

a.干藏库：干藏库的温度最好控制在 10~21 ℃。

b.冷藏库：冷藏的主要作用是防止细菌生长。细菌通常在 10~50 ℃繁殖最快，因此，所有冷藏食材都必须保存在 0~4 ℃的冷藏间里。

由于食材的类别不同，就有存放对象不同的冷藏间，其对应的冷藏温度也各异：肉类的冷藏温度应在 0~2 ℃；水果和蔬菜的冷藏温度应在 2~4 ℃(有些水果是不宜在冷藏条件下

存放的,如香蕉等);鱼的最佳冷藏温度在 0 ℃左右;乳制品的冷藏温度应在 0~2 ℃。

同时存放多种食材的冷藏库只能采用折中方案,将温度平均调节在 2~4 ℃。

c.冰鲜库:冰鲜库的温度一般控制在 0 ℃左右。

d.冻藏库:冻藏库的温度一般须保持在-24~-18 ℃。

②湿度要求:

食材原料仓库的湿度也会影响食材存储时间和质量。不同的食材原料对湿度的要求是不一样的。

a.干藏库:干藏库的相对湿度应控制在 50%~60%;如果是储藏米、面等食品的仓库,其相对湿度应该再低一些。如果干藏库的相对湿度过高,就应安装去湿干燥装置;相对湿度过低,空气太干燥,应使用湿润器或在库内泼水。

b.冷藏库:水果和蔬菜冷藏库的湿度应控制在 85%~95%;肉类、乳制品及混合冷藏库的湿度应控制在 75%~85%。相对湿度过高,食品会变得黏滑,助长细菌,加速食品变质;相对湿度过低,会引起食品干枯,可在食品上加盖湿布,或直接在食品上泼水。

c.冰鲜库:冰鲜库的相对湿度应控制在 85%上下。

d.冻藏库:冻藏库应保持高湿度,否则干冷空气会从食品中吸收水分。冷冻食品应用防潮湿或防蒸发的材料包好,防止食品失去水分及脂肪变质发臭。

③光线要求:

所有食材原料仓库均应避免阳光的直射。仓库的玻璃窗应使用毛玻璃。在选用人工照明装置时,应尽可能挑选冷光灯,以免电灯光热使仓库的室内温度升高。另外,储藏仓库应保持空气流通。干藏库最好每小时换 4 次空气。冷藏库和冻藏库的食品不要靠墙存放,也不要直接放在地板上或顶到天花板,以利空气流通。

④食品储存库对清洁卫生的要求。干藏库、冷藏库的地板和墙壁的表面应经受得起重压,易于保持清洁并能防油污、防潮湿。

食品仓库的高度至少应该是 2.4 米。如果使用空调,仓库里就应有充足的压力通风设备。仓库内应有下水道,以便清洗冰箱,擦洗墙面和地面。

冷藏食品每天都应整理,溅出的食物应立即擦净。冷藏库内墙可用温肥皂水洗刷,洗刷后应立即用清水冲洗。冷藏库应每天擦洗地面。

干藏库要做好防虫、防鼠工作。墙上、天棚上和地板上的所有洞口都应堵塞住,窗口应安装纱窗。如果暖气管和水管必须穿过储藏室的墙壁,管子周围应填塞。在杀虫、灭鼠工作中,管理人员应聘请专家指导,以便正确使用杀虫剂和灭鼠药。

食品仓库在任何时候都应保持清洁卫生。为此,企业应制订清洁卫生制度,按时打扫。

2)餐饮食材原料储存保管

餐饮物品储存管理的基本过程可分为 3 个阶段:入库验收、储存保管、离库处理。

(1)入库验收

这项工作通常由采购部门与库存部门联合进行,采购部门的验收侧重于对物品数量的点验,而库存部门的验收侧重于对物品本身质量的检验和分类工作。

①质量检查。质量检查是以数量检查为直接前提的。库房在进货时确认了物品数量之后,便开始质量检查工作。质量检查工作的重点在两个方面:入库物品的质量把关和对物品自身储存条件的分析。入库物品的质量把关主要根据采购规格书所定的标准进行,而对物品自身储存条件的分析,主要是看采购的食品原料是否适宜存放在仓库中。

②分类签收。通过检验的入库物品应立即入库保管。物品入库之前,要进一步分类、登记和签收,分类是为了更方便地管理,登记和签收是为了建立来龙去脉清晰的账目体系。

(2)储存保管

对储存保管的基本要求是:合理存放,精心养护,认真检查,使物品在保管期内质量完好,数量准确;使库存耗损开支和管理费用下降到尽可能低的水平;使物品发放工作便于开展,更好地为生产和销售服务。

①库存物品保管的5项原则:

a.库存物品的储藏量与生产、销售、消费相吻合。

b.库存物品应分类集中存放在明确的地点。

c.库存物品应建立健全保管、养护、检查制度。

d.加强对仓库保管人员的管理工作。

e.尽可能降低储存环节的费用。

②影响储存保管的因素:

a.物品的种类和性质。

b.物品的成品程度。

c.餐饮生产部门的生产能力。

d.仓库的库存能力。

e.市场的供应状况。

f.供货期限。

g.库存部门内部工作组织实施。

h.餐饮企业购销政策和计划。

③科学、合理的存放方法:

采用科学、合理的物品存放方法往往能达到事半功倍的效果。这些方法包括:

a.分区分类:根据物品的类别合理规划物品摆放的固定区域。分类划区的粗细程度,应根据企业的具体情况和条件来决定。

b.四号定位:四号是指库号、架号、层号、位号,四号定位是指对四者统一编号并与账页上的编号统一对应,也就是把各仓库内的物品进一步按种类、性质、体积、重量等不同情况,分别对应地堆放在固定的仓位上,然后用四位编号标出来。这样,只要知道物品名称、规格,翻开账簿或打开电脑,就可迅速、准确地找到原料、发料。

c.立牌立卡:是指对定位、编号的各类物品建立料牌和卡片(此处的料牌即上一节中的食品存货标签)。料牌上写明物品的名称、编号、到货日期,有可能再加上涂色标志;卡片上记录物品的进出数量和结存数量等。

d.五五摆放:五五摆放是指根据各种物品的性质和形态,以"5"为计量基数堆放物品,按照“五五成行、五五成堆、五五成串、五五成方、五五成排”的方法，使每个摆放单位的商品均为25件。这样，既能使库存物品整齐美观，又便于清点、发放。

需要注意的是，并非所有的食材原料都可以用这十六字的存放方法来处理，因为食材原料的外形、包装等在许多情况下是无规则的。

④食材原料的分类、分条件储存保管：

A.干藏库。在干藏库储存的食材原料的主要类别有：

a.米、面粉、豆类食品、粉条、果仁等。

b.调料，包括食用油、酱油、醋等液体调料和盐、糖、花椒等固体调料。

c.罐头、瓶装食品，包括罐头和瓶装的鱼、肉、禽类等。

d.部分水果和部分蔬菜。

e.糖果、饼干、糕点等。

f.干果、蜜饯、脱水蔬菜等。

干藏库的管理要点：

a.干藏库应该安装性能良好的温度计和湿度计并由管理人员定时检查，防止仓库温度、湿度指标超过许可范围。

b.每一种原料都必须有其固定的存放位置，任何原料的储存都应该至少离地面25厘米，离墙壁5厘米。

c.入库原料须在其包装上注明进货日期，以利于按照先进先出的原则进行发放，保证食品质量。

d.仓库应定期进行清扫、消毒，预防和杜绝虫害、鼠害。

e.塑料桶或罐装原料应带盖密封；箱装、袋装原料应存放在带轮的垫板上，以利挪动和搬运；玻璃器皿盛装的原料应避免阳光直接照射。

f.尽量控制有权进入仓库的人员数量。员工的私人物品一律不准放在仓库内。仓库人员不在岗时，仓库应另外加锁以防外人进入，备用钥匙应用纸袋密封，存放在经理办公室，以备急需之用。

B.冷藏库。在冷藏库储存的食材原料的主要类别有：

a.新鲜的鱼、肉、禽类食品。

b.部分新鲜的蔬菜和水果。

c.蛋类、乳制品。

d.加工后的成品、半成品，如糕点、冷菜、熟食等。

e.需使用的饮料、啤酒等。

冷藏库的管理要点：

a.冷藏前仔细检查每一种食材原料，不要把已经变质或者不洁的原料送入冷藏库或冷藏箱。

b.需冷藏的食材原料应尽快冷藏，尽量减少耽搁时间。

c.冷藏设备的底部及靠近冷却管道的地方一般温度最低，这些地方应留给乳制品、肉类、禽类、水产类食材原料。

d.冷藏设备主要用于储存容易腐败变质的食品原料。因此,一些热带水果如香蕉、菠萝等和部分蔬菜及块茎类果实,如西红柿、马铃薯、洋葱、南瓜、茄子等都无须冷藏,其储藏温度可在 16~20 ℃。

e.冷藏时应拆除鱼、肉、禽类等食品原料的外层包装,因为原包装物上往往沾有污泥及致病细菌,但经过加工的食品如奶油、奶酪等,应连同原包装一起冷藏,以免发生食品干缩、变色的现象。

f.已经加工的食品和剩余食物应密封冷藏,以免受冷干缩或沾染其他食物的气味,同时也能防止滴水或异物混入。

g.有强烈特殊气味的食物应冷藏在密封的容器中,以免串味而影响其他食物。

h.冷藏温热的熟食应使用浅底、口大的容器,避免使用深底、口小的桶状容器,不利其迅速散热。一般情况下,应在水中先行冷却,然后再行冷藏。

i.重视冷藏库、冷藏箱的卫生,应制订清扫规程,定期打扫。

C.冰鲜库。在冰鲜库储藏的主要是以新鲜的鱼类为代表的水产品。

冰鲜库的管理要点:

a.随时注意存放在库内的以新鲜的鱼类为代表的水产品的新鲜度,以防其新鲜度发生变化。

b.加速库存新鲜食品的周转速度。

c.更加严格地执行仓库的保管制度。

D.冻藏库。在冻藏库储藏的食材原料主要有两类:需长时间保存的冻肉、鱼、禽、部分蔬菜食品;已加工的成品和半成品食物。

冻藏库的管理要点:

a.把好进货验收关,坚持冷冻食材在验收时必须处在冰冻状态,避免将已经解冻的食材送入库房。

b.冷冻食材的温度应控制在-18 ℃以下,冻藏库的温度越低,温差变化越小,食材储存期及食材质量就越能得到保证。

c.冷冻储藏的食材原料,特别是肉类,应该用抗挥发性的材料包装,以免原料过多地失去水分引起变色、变质,因而冻藏库内的相对湿度要尽可能高一些。

d.冷冻食材一经解冻,尤其是鱼、肉、禽类,应尽快烹制;否则,由于温度回升,容易引起细菌快速繁殖生长。

e.冷冻食材一经解冻,不得再次冷冻储藏;否则,食材内复苏了的微生物会引起食材腐烂变质,而且再次冷冻会破坏食材内部的组织结构,影响外观、营养成分及食材味道。

f.有些冷冻食材,主要是蔬菜,可直接烹烧,无须解冻,这样有利于保持其外形和色泽。大块肉类必须先行解冻,一般应放置在冷藏室内进行,切忌在室温下解冻,以免引起细菌、微生物急速繁殖。如果时间紧急,则可将肉块用洁净塑料袋盛装,密封置于自来水池中,用自来水冲洗,以助解冻。

g.不准将原料堆放在地面上或紧靠墙壁,以免妨碍库内空气循环,影响储藏质量。

h.坚持先进先出的原则,所有原料必须注明入库日期及价格并经常挪动储藏的食材原料，防止某些原料储藏过久，造成浪费。

(3)离库处理

离库处理也称发货、发料、送料，它是库存管理中的最后一个环节。离库处理管理的基本要求是：做好准备工作，严格离库审核手续，按库存物品周转规律准确无误地发送物品，并科学、合理地做好相应的原料成本登记工作。

离库处理是物品申领方和发放方双方面的工作。对申领物品一方来说，包括申报、待批、领料、核查、提货、运送等作业环节；对发放物品一方来说，有备货、审核手续及凭证、编配、分发、核定成本、复核等作业环节。离库处理工作的重点主要针对后者。具体而言，食材原料发料管理的要求是：保证厨房和酒吧能及时得到足够的原料；控制厨房和酒吧的用料数量；正确地统计食材原料的成本。

①食材原料的发放。发料工作是从企业采购入库经验收无误的货品中或从食材原料仓储的存货中发出食材原料供给生产部门使用的过程。发料形式可分为两种：无须入库储存原料的发放和库存原料的发放。

A.无须入库储存原料的发放(也称直接采购原料的发放)。无须入库储存原料主要指立即使用的易变质性原料。食材原料经验收合格后，从验收处直接发至厨房，其价值按当日进料价格计入当天食品成本账内。食品成本控制员在计算当日食品成本时，只需从进货日报表的直接进料栏内抄录数据即可。

B.库存原料的发放。库存原料包括需干藏的食品、冷藏的食品、冰鲜的食品和冻藏的食品等。这些食材原料经验收合格后入库房储存备用，在生产部门需要时从仓库领出，在领出当日转入当日食品成本账目中。因此，对每一次仓库原料的发放都应有正确的记录，这样才能正确计算每一天的食品成本。库房每天向厨房和酒吧发出的原料都要登记在食品仓库发料日报表上(表 5.9)，月末将每日食品仓库发料日报表上的发料总额汇总，便得到本月仓库发料总额。

表 5.9　食品仓库发料日报表

日期：2020.08.05

货号	品名	数量	单价/元	金额/元	成本分摊部门	领料单号	备注
HY-308	黄油(1 号)	20 块	6.00	120	西餐厅厨房	4678	
JD-504	鸡蛋	15 千克	4.80	72	中餐厅厨房	5421	

本月发料汇总：发料项目数____________　总金额____________　制表人____________

C.库存原料发放的控制。

a.定时发料。规定发料时间很重要，因为这直接影响着生产过程。厨房根据自己所需要的食材原料填写领料单，仓库按领料单进行备料。为使仓库管理人员有充分的时间整理库房，检查各种原料的库存情况，不致因忙于发料而影响其他工作，应规定每天的领料时间。

b.凭单发料。凭单发料即凭领料单发料。领料单是仓库发出原料的原始凭证。领料单上应正确地记录仓库向各厨房发放的原料数量和金额。食品原料领料单的式样如表 5.10 所示。

表 5.10　食品原料领料单

领料部门：酒吧　　　　日期：2020.09.09

仓库类别：干藏库□　冷藏库□　冰鲜库□　冻藏库□						
品名	货号	领料数量	实发数量	单价/元	食品金额/元	饮料金额/元
罐装黄桃	AA2203	2 箱	2 箱	30	60	
1.25 升雪碧	AA4501	1 箱	1 箱	50		50
				合计	60	50

为便于分类统计成本，最好将食品金额与饮料金额分别记录并注意标明仓库的类别。领料单必须由厨师长或领料部门指定的管理者签字，仓库才能发料。仓库发料时，领料人和发料人都要签字。领料单上如还有空白处，应当着领料人的面划掉，以免被人私自填写。领料单至少一式三联，一联随发出的原料交回领料部门留作记录，一联送财务部食品成本控制员，最后一联仓库留存，以汇总每日的领料总额。

c.准确计价。原料从仓库发出后，仓库保管员有责任在领料单上列出各项原料的单价，计算出各项原料的金额并汇总领取食材原料的总金额。

肉类及其他一些食材，规格和价格相对比较稳定，在发放时只需在领料单上填写实发数量，再乘以每件货物的单价，计算出领料总额即可。

②饮料的发放。饮料购入后，其采购金额全部计入库存额，领出后才计入成本。仓库发放饮料同样也要凭领料单，领料单须有酒吧经理或餐厅经理签字才有效。

由于饮料在销售时毛利较大且一些名贵酒价值不菲，所以对饮料的发放应严格控制。一些零杯销售的酒水（通常是名贵酒），不仅要凭领料单，还要凭酒吧和餐厅退回的空瓶发放（这些酒瓶在发放时已注上企业的记号）。这种做法要求酒吧或餐厅对饮料保持固定的标准库存量。每天退回的空瓶数应是昨日的消耗量（零杯销售的酒除外），每日领取的饮料量实际上是补充昨日消耗掉的饮料量，从而使酒吧或餐厅的饮料储存量保持在标准水平。如酒吧中的人头马 VSOP 干邑酒的标准储存量应为 5 瓶，用完 2 瓶后的空瓶在领料时送回然后再领取 2 瓶，这样酒吧每天营业开始时该酒始终保持 5 瓶的标准储存量。

由于酒吧和餐厅在营业中常销售整瓶酒水，有的顾客喝了一半后会连瓶将酒水带走，整瓶酒水的空瓶就难以收回。为加强控制，整瓶酒水的销售要填写整瓶酒水销售单。在领料时以整瓶酒水销售单代替空瓶作领料的凭证。

酒吧或餐厅保持标准储存量便于保证饮料的供应和对酒吧、餐厅的饮料的控制。凭空瓶和整瓶销售单领料，酒吧、餐厅可随时按实际结存的饮料瓶数和空瓶数（或整瓶销售单上的数量）对照标准储存量检查饮料的短缺数。各种品牌的酒水无论在何时检查都应是以下数量：

满瓶饮料数 + 不满瓶数 + 空瓶数(或整瓶销售数) = 标准储存量

酒吧及餐厅的储存面积较小且较难控制,故标准储存量要根据每天的平均消耗量计算,一般不多于三天的需求量。

宴会、团体用餐等重大活动无法设立标准储存量。为宴会领取的酒水量一般大于预计的需求量,在宴会结束后要将未用完的酒水退回。退回的饮料要填写食品饮料调拨单。

③原料的内部调拨及转账处理。大型饭店或餐饮企业往往拥有多处餐厅、酒吧、厨房。餐厅之间、酒吧之间、餐厅和酒吧之间等常因业务需要发生食材原料的互相调拨、转让,而厨房之间的食材原料调拨则更为经常。为使各自的成本核算达到应有的准确性,饭店或餐饮企业内部食材原料调拨应坚持使用调拨单,以记录所有的调拨往来。在统计各餐厅和酒吧的成本时,要减去各部门调出的原料金额,加上调入的原料金额。这样可使各部门的经营情况得到正确的反映,食品饮料调拨单应一式三份或四份,调入与调出部门各留存一份,另一份及时送财务部,有的企业还要送一份给仓库记账。食品饮料调拨单的式样如表 5.11 所示。

表 5.11　食品饮料调拨单

调入部门:多功能厅 调出部门:大堂吧			时间:2020.08.09 编号:5769731			
品名	规格	单位	数量		金额/元	
			请拨数	实拨数	单价	小计
百事可乐	355 毫升	箱	6	6	30	180
雪碧	355 毫升	箱	5	5	40	200
合计						380

调出部门经手人:　　　　主管:　　　　仓库保管员:
调入部门经手人:　　　　主管:

【案例·讨论】

丽园夜总会是长沙市中心一家功能齐全的娱乐活动中心,至今已有 10 年的历史。夜总会总投资 1 080 万元,内部设施有酒吧、游戏厅、台球室、迪斯科舞厅,以及一个有 50 个餐位的法式西餐厅和一个快餐厅。

夜总会开业头两年,收入和支出持平;两年后开始赢利,销售收入和利润一直稳定上升。但是从今年上半年开始,夜总会第一次出现了利润下降的趋势。夜总会的财务主管认为,问题可能出在仓库存货的控制方面,他建议对库存原料进行一次清点和检查,从这里入手或许能找到利润下降的原因。老板采纳了这个建议。

库存原料的检查、清点结束时,发现库存账目和实际存货不符,特别是酒水出入较大。酒吧经理一开始对此并没有太介意,他知道夜总会为了促销经常要赠送客人一些酒水。然而，到了下一个月末核对账目时，酒吧经理发现酒水的库存账目与实际存货量之间出现了更大的不符，这才开始重视。他认为这绝不是偶然现象，决定就此事进行一次彻底的调查。

酒吧经理要求老板再配给他一个助手，协助调查此事。老板随即派总经理助手袁伟去协助酒吧经理协查此问题。他们首先进行了下属员工是否偷喝酒水的调查，发现因为有相对完备的监督机制及相对科学有序的售卖程序，这种情况几乎不会发生。然后他们查阅了过去6个月的库存流水账，看物品在出库的过程中发生了什么问题。以下是物品出入库程序：

①物品购进后，先置放在夜总会后门的货架上；

②运到库房排列存放好；

③酒吧、厨房和餐厅的员工根据营业需要去库房领货；

④酒吧领来的货物存放在吧台后面的小库房中；

⑤从小库房中领取出一部分货物摆在吧台的酒水架上；

⑥出售给顾客。

紧接着下一步的调查工作开始了。他们画出了仓库作业流程图来帮助他们弄清目前仓库运转的程序。总经理助理袁伟还设计了一张调查问卷，请酒吧经理尽快完成。以下是已经完成的问卷样本：

第一部分：进货程序

1.1　采购来的物品在何处卸货？

在夜总会的后门，紧靠着厨房的后部。

1.2　物品卸下后是如何进入仓库的？

有时是由仓库保管员自己搬运；如果运气好，有时是送货人帮助搬进仓库。

1.3　物品入库时由谁来点货？

没有固定的人来清点，只是看谁当时路过或有空愿意帮忙，帮着清点。

1.4　物品入库时是否填写购货明细单？

目前还没有。

第二部分：存货方式

2.1　是谁将入库的物品排列整理好？

仓库保管员或他的一个助手。

2.2　整理时他们是否对物品进行清点？

只是大概看一下，不具体清点。

2.3　仓库是否保持适当的温度，物品有无腐烂变质现象发生？

这方面常常出问题，仓库的控温系统经常坏。

2.4　仓库收货后，每项物品如何登记？

登记到仓库分类卡上。

第三部分：库存物品发放程序

3.1　库存物品是何时发放的？

没有规定时间，只要库管员收到领货通知单，任何时间都可以领货。

3.2　领货时需要履行哪些手续？

填写一张领货通知单。

3.3 酒吧员工中一般由谁来领货？

没有固定的人员，谁有时间谁就来领货。

3.4 从仓库领出物品后，存放在哪里？

先存放在吧台后面的小仓库里。

第四部分：库存物品的价格问题

4.1 出库物品的价格如何制订？

我们不负责物品的价格制订，我们只负责出库物品的数量。

4.2 这里是否有经常性的报告，说明每周出库物品的价格总额？

我们有这样的报告，但是一般约在六周后才能看到，因此它的作用不大。

第五部分：你的其他意见

这里还有一个值得注意的问题：酒吧领出的物品有时转到餐厅和厨房使用，在这个转发过程中，酒吧和厨房、餐厅的员工互相之间没有任何转发手续，而这样的情况几乎每天都发生。

问题·思考

现在假设你是夜总会总经理助理袁伟，看完问卷的答案和夜总会的地形平面图后，要求你替酒吧经理写一份报告，主要内容有：①概括说明库存原料短缺的主要原因；②对如何加强库存管理和控制提出你的建议和意见；③简述计算机库存控制系统的优势。

另外思考下列几个问题：

1.严格库存管理和控制的目的及其重要性是什么？

2.建立有效的库存控制制度的作用和功能是什么？

3.为什么要采用计算机库存控制系统？

（内容提示：丽园夜总会经营效益出现了下降，经调查，发现问题出在餐饮经营的重要环节，即原料的采购与库存方面。本案例涉及食材原料的采购与库存管理及餐饮产品成本控制。）

复习思考题

1.完整的食材原料采购程序是怎样的？

2.如何有效控制餐饮食材原料采购的质量？

3.如何做好食材原料采购数量的控制？

4.食材原料采购管理中较为实用的价格控制方法有哪些？

5.完整的食材原料验收管理体系应包括哪些方面？

6.食材原料的库存管理应做好哪些工作？

7.不同类型的食材原料仓库对温度、湿度和光线各有何要求？

8.如何做好食材原料的发放工作？

9.食材原料库存管理中的“十六字”存放方法具体指的是什么？

第 6 章
厨房生产运作管理

【学习目的】

通过本章的学习,应达到以下目标:

知识目标:了解厨房生产管理的一般特征,了解厨房生产组织机构及人员配置的一般方法,了解餐饮生产场所——厨房的安排与布局,掌握厨房生产过程及餐饮产品质量控制常用方法。

能力目标:逐渐学会对餐饮后台——厨房的管理与控制。

【学习重点】

- 了解厨房生产组织机构及人员配置的一般方法;
- 熟悉餐饮生产场所——厨房的安排与布局;
- 掌握厨房生产过程及餐饮产品质量控制的常用方法。

6.1 厨房生产运作管理概述

6.1.1 厨房生产活动的基本特征

厨房生产活动的基本特征可以归纳为以下几个方面:

1)厨房生产活动过程的完整性和内容上的复杂性

厨房生产活动,尤其是传统意义上的厨房生产活动与工业生产活动有很大不同。厨房生产过程十分完整,从餐饮原料的验收、粗加工、储存、切配、烹饪加工处理到产品送至出菜口,整个过程几乎都是在厨房的小天地中完成的。

厨房生产活动的基本特征还表现在生产内容上的复杂性。从工艺加工角度看,首先是原料选择,其质量的鉴别难度颇高,需要看、闻、摸、按,再加上仪器鉴定等;然后是粗加工、分选、宰杀、冲洗、刮削、浸泡、发制、晾晒等;再就是切配部门的切制、配制、分份;最后上炉灶烹制成菜。从非工艺加工角度看,有冷菜、点心、西菜等专项烹饪作业群体,呈现出众多的形式。

2)厨房生产活动时间上的间歇性

厨房生产活动的节奏基本上是由餐厅营业情况决定的。餐厅内如果高朋满座,厨房内则炉火熊熊;餐厅门庭冷落,厨房则冷冷清清,无事可做。这使得厨房生产活动的节奏时紧时慢,呈现出明显的间歇性。这种用餐的时间性规律,使得厨房工作在一日之中几经"峰顶"和"谷底"阶段。

厨房生产活动时间上的间歇性还表现在某种具体产品的生产上。一种类型的就餐者可能喜欢这种食品,另一种类型的就餐者则可能喜欢另一种食品,这两类就餐者的轮流交替出现,马上会引起厨房餐饮产品生产上的时间性变化,这种变化往往使厨房在制订生产计划时难以预料。

3)厨房生产活动强度上的超常性

在各行各业现代化的进程中,厨房生产或许是发展最慢的行业之一,其中的原因是多方面的,有技术方面的,有社会方面的,有观念方面的,也有因市场变化而引起的。这在传统的中餐厨房中表现得最为突出,绝大部分劳动都靠手工完成,在整个加工工艺过程中,手工劳动的比重占到 90%以上。除此之外,厨房生产的劳动环境也是整个饭店所有劳动岗位中最为艰苦的,高温、油腻、噪声等,时时刻刻困扰着生产加工者。烹制加工完毕的菜肴,没有通过类似工业品销售的物资部门中转,而是直接送到餐厅的餐桌上,产品预制的可能性很小,现点现做,现做现消费,一气呵成。生产与销售直接见面,更使厨房生产难度加大。

4)厨房生产活动效率上的低下性

如上所言,由于厨房生产活动时至今日基本上仍以手工劳动为主,这就决定了其生产活动效率上的低下性。

餐饮经营上的产销直接见面,同样也会造成生产活动效率上的低下。产品一旦生产出来,质量检查和检验的时间就很少,尤其是在营业高峰时期。产品一旦离开生产场地,便直接放在消费者面前,质量欠佳的菜肴,虽有餐厅服务相佐,可入口之后,终究不能遮掩真相。食用消费心理揭示,人们对味觉的不满意程度,远超过对视觉、嗅觉、触觉等的不满意程度。被就餐者拒绝的餐饮产品几乎没有返工的余地,这与其他种类的产品截然不同。对这一类没有返工整修余地的产品,我们称之为一次性质量产品,但是,遭到拒绝的一次性质量产品,并非都是质量欠佳的产品,在许多场合下,评判质量好坏的标准是由消费者确定的。而众口难调加大了生产者的劳动强度,降低了厨房生产餐饮产品的生产效率。

6.1.2　与其他行业、饭店或餐饮企业其他部门的对比

1)相似之处

饭店或餐饮企业厨房与制造业生产部门的相似之处在于:两者都从事实物产品的生产。

饭店或餐饮企业厨房与饭店或餐饮企业其他服务部门的相似之处如表 6.1 所示。

表 6.1　厨房生产与其他部门服务生产相似比较表

饭店或餐饮企业厨房	饭店或餐饮企业其他服务部门
1.成品一般不宜储存	1.产品不可储存
2.生产与消费间隔时间短促	2.生产与消费同步进行
3.生产受当日需求量影响	3.生产受当日需求量影响
4.劳动密集型	4.劳动密集型

2)不同之处

饭店或餐饮企业厨房与制造业生产部门的区别如表 6.2 所示。

表 6.2　厨房生产与制造生产区别比较表

饭店或餐饮企业厨房	制造业生产部门
1.成品一般不可储存	1.成品可以储存
2.生产到消费间隔时间极短促	2.生产与消费相分离
3.日生产受到当日需求量影响	3.日生产不受当日需求量影响
4.劳动密集型	4.资本密集型

饭店或餐饮企业厨房与饭店或餐饮企业其他服务部门的区别如表 6.3 所示。

表 6.3　厨房生产与其他部门服务生产区别比较表

饭店或餐饮企业厨房	饭店或餐饮企业其他服务部门
1.从事生产	1.从事服务
2.生产实物产品	2.生产无形产品
3.变动成本比重较大	3.主要为固定成本

饭店或餐饮企业厨房和饭店或餐饮企业其他服务部门虽同属于饭店或一家餐饮企业，但一个是生产部门，一个是服务部门。服务部门的工作要素主要是人，如回答询问、帮助客人点菜等，有时也包括人和物，如整理床铺等。而厨房作为一个生产部门从事生产，其生产要素类似制造业的生产三要素，即人、设备和原料。因此，厨房组织生产就要组织好这三要素，如果组织不好，就会出现下列 3 个方面的问题：

第一，三要素不平衡。如人员不足，设备充裕，原料丰富，需求量大；或人员充足，设备充裕，原料不足，需求量大；或人员充足，设备不足，原料丰富，需求量大。这样的生产都无法满足需求。

第二，三要素存在质量差异。如人员技术水平低，设备较好，原料质量较好；或人员技术水平高,原料质量也较好,但缺少合适的设备;或人员技术水平高,有合适的设备,但没有合适的原料。这些都会影响餐食的质量。

第三,生产成本经常受到原料价格的影响。厨房一般不主张储存较多的食材原料,以保证食品质量和降低储存费用,包括因储藏而造成的损耗,因而市场原料价格的波动会直接影响到厨房生产成本。为此,厨房管理必须重视生产三要素的合理组合。

6.2　厨房生产组织机构及人员配置

要使厨房生产活动正常开展,首先要建立起合理的厨房生产组织机构,并本着科学、合理、经济、高效、实用的原则,配置相应的生产工作人员。

本节首先介绍不同规模的饭店或餐饮企业具有的不同的厨房生产组织机构,然后介绍生产机构中各部门的职能、人员配置的具体方法。

6.2.1　厨房生产组织机构的设置

根据餐饮生产规模、结构和方式的不同,厨房生产组织机构可分为不同形式。它并非一成不变,随着饭店或餐饮企业经营方式、策略的变化,厨房生产组织机构也需作相应的调整和改变,以反映厨房生产各岗位和工种之间的最新关系。

1)现代大型厨房组织机构

现代大型厨房的特点是设立一个集中加工的主厨房(也称中心厨房或加工厨房),负责所有经营产品的原料加工和切割,甚至配份。这种加工有别于普通的粗加工,它是将原料加工成可以直接烹调的半成品,并按产品规格进行配份,然后进行冷藏,随时供各烹调厨房领用。各个烹调厨房根据各自厨房的供应品种,向主厨房订取半成品,再由主厨房集中向采购部申订加工所需的原料。

目前,西方一些大型饭店或餐饮企业的厨房和国内一些发达地区的饭店(如上海新锦江大酒店)或餐饮企业的厨房,采用的就是这种组织机构。这种组织机构是工业化革命进入餐饮行业的标志之一,由于所有的原料验收入店之后均用标准加工方法成形,使得产品本身的质量得到了极大的保证;由于采用了标准配份方法,使得产品的数量标准得到维持;由于采取了集中统一的加工配份方法,使得原料的利用程度达到最大值,也使得餐饮的收益处于最佳状态。现代大型厨房的组织机构如图 6.1 所示。

2)中型厨房组织机构

中型厨房通常分为中菜厨房和西菜厨房两部分。与现代大型厨房相比,规模要小些,每个厨房兼有相对独立、全面的多种生产功能。中型厨房的组织机构如图 6.2 所示。

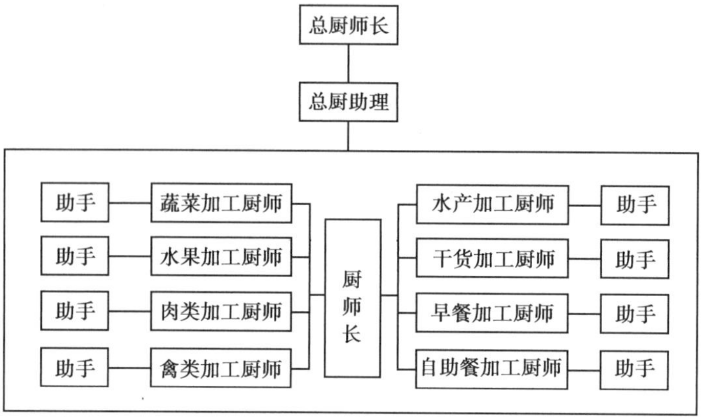

图 6.1　大型厨房组织机构

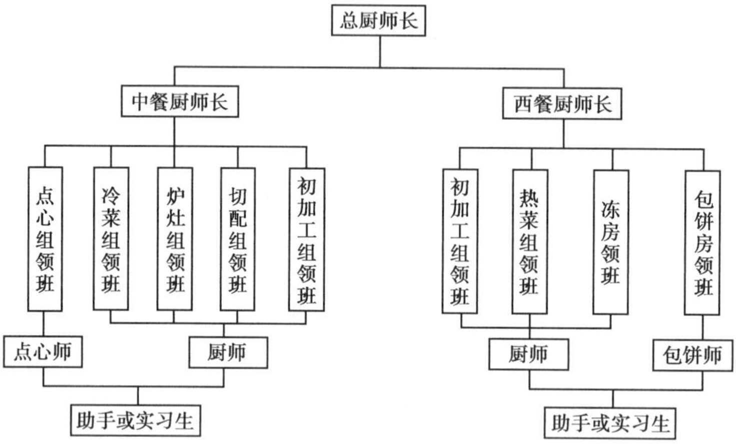

图 6.2　中型厨房组织机构

3）小型厨房组织机构

小型厨房规模较小，因此机构也比较简单，通常只设置几个主要的职能部门。更小的厨房可不设部门而直接设岗。小型厨房的组织机构如图 6.3 所示。

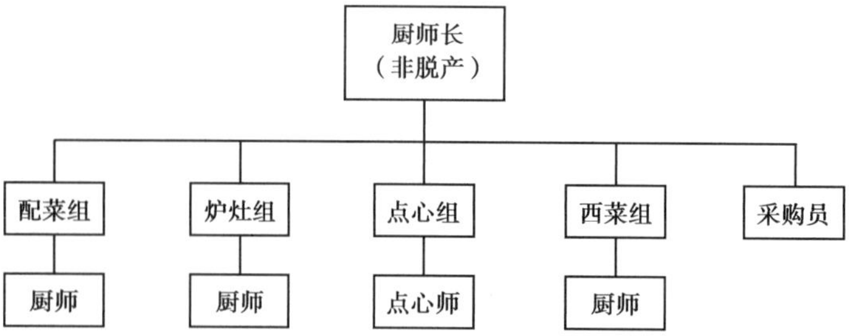

图 6.3　小型厨房组织机构

6.2.2　厨房生产组织各部门的职能

厨房生产各部门由于饭店或餐饮企业的规模、等级标准的不同，其职能和任务也有区别。大型高星级饭店的厨房规模大、联系广，各部门职能比较专一；中小型饭店或餐饮企业厨房的职能和结构联系则相对简单一些。各部门职能具体如下：

1）加工部门

主要负责原料的粗加工，向切配岗位提供净料。原料加工的范围和程度，因分工要求不同而有较大差别，有的只负责蔬菜的粗加工，有的则负责所有原料的粗加工，还有的甚至要求将原料加工成形后提供给配菜部门。

2）配菜部门

主要负责原料的成形加工和配份，是粗加工的后一道工序。它对成本控制起着决定性作用，因为菜肴的数量、规格主要由配菜部门控制。

3）炉灶部门

主要负责将配制成的半成品烹制成成品并及时提供给餐厅，可以说它是对菜品口味、质量起关键作用的部门。

4）冷菜、冻菜部门

主要负责冷菜的制作和供应。中餐广东菜厨房的烧味部和卤水部的功能类似冷菜部门，因其生产上突出了广东冷菜的特色而定名。西厨冻房不仅负责冷菜的制作，还负责色拉、水果等生冷食品的制作与出品。

5）点心部门

主要负责各类点心的制作和供应。中餐广东菜厨房的点心部门还负责茶市小吃的制作和供应；有的点心部门还兼管甜品、炒面类食品的制作。西厨点心部也称包饼房，同样负责各类面包、蛋糕、甜品等的制作与供应。

6.2.3　厨房生产人员的选配

厨房生产人员的选配包括两层含义：一是指满足厨房生产需要的厨房所有员工（含管理人员）的配备，也就是厨房人员的定额；二是指生产人员的分工定岗，即厨房各岗位选择、安置合适人选的定员。

1）确定厨房生产人员数量的要素

不同规模、不同星级档次、不同规格要求的饭店或餐饮企业的厨房，其员工配备的数量自然各不相同，即使同一地区、同一规模、同一档次饭店或餐饮企业的厨房，配备的员工数量也不尽相同。影响员工配备的因素是多方面的,只有综合考虑以下因素,再进行生产人员的定额才是全面而可行的。

(1)厨房生产规模

厨房的大小、多少,厨房的生产能力如何,对生产人员定额起着主要作用。厨房规模大,餐饮服务接待能力就大,生产任务无疑较重,配备的各生产人手就更多一些;反之,厨房规模小,餐饮生产及服务对象有限,厨房则可少配备一些人手。

(2)厨房的布局和设备

厨房结构紧凑,布局合理,生产流程顺畅,相同岗位功能合并,货物运输路程短,厨房生产人员就可以减少;厨房多而分散,各加工、生产厨房间隔或相距较远,或不在同一座建筑物、同一楼层,配备的厨房生产人员则要增加。

厨房的设备性能先进,配套合理,功能全面,不仅可以节省厨房人员,而且还可以提高生产效率,扩大生产规模;反之,则需多配备人员以满足生产需要。

(3)菜单与产品标准

菜单是餐饮生产的任务书。菜单品种丰富,规格齐全,加工制作复杂,加工产品标准要求较高,无疑要加大工作量,生产人员配备要多一些;反之,人员可减少。快餐厨房由于供应菜式固定、品种有限,因此厨房人员比零点厨房可少配许多。

(4)员工的技术水准

员工技术全面,操作熟练程度高,工作效率就高,厨房员工就可少配一些;员工大多为新手,或不熟悉厨房产品规格标准,或来自四面八方缺乏默契配合,工作效率低,不仅员工要多配一些,生产的差错率也会很高。

(5)餐厅营业时间

厨房生产对应的餐厅营业时间的长短,对厨房生产人员的配备也有很大影响。有些饭店、餐饮企业或餐馆除一日三餐外,还要经营夜宵,负责饭店住客 18 小时或 24 小时的房内用餐甚至外卖。随着营业时间的延长,厨房的班次就要增加,人员就要多配一些。若是仅开午、晚两餐,厨房人手则可少配 1/3~2/5。

2)确定厨房生产人员数量的方法

确定生产人员数量很难找到十分精确的方法,不过以下几种方法可供参考。在核定厨房生产人员数量时,既可使用一种方法测算,也可使用几种方法综合测定。

(1)按比例确定

国外饭店或餐饮企业一般 30~50 个餐位配备 1 名厨房生产人员,其差距主要在于经营品种的多少和风味的不同。国内饭店或餐饮企业一般是 15 个餐位配 1 名生产人员,规模小或规格高的特色餐饮企业或餐饮部门,甚至有每 7~8 个餐位就配 1 名生产人员的。

中餐粤菜厨房内部员工的配备比例一般为：一个炉头配备7个生产人员。如2个炉头，配2个炉灶厨师，2个打荷，1个上杂，2个砧板，1个水台、面点，1个洗碗，1个择菜、煮饭，2个跑菜，2个插班。如果炉头数在6个以上，可设专职面点、专职伙头。其他菜系的厨房，炉灶与其他岗位人员（含加工、切配、打荷等）的比例是1∶4，点心与冷菜工种人员的比例为1∶1。这些仅用作参考。

（2）按工作量确定

将规模、生产品种既定的厨房全面分解，测算每天所有加工制作菜点所需要的时间，累积起来，即可计算出完成当天餐饮所有生产任务的总时间，乘以一个员工轮休和病休等缺勤系数，再除以每个员工规定的日工作时间，便能得到厨房生产人员的数量。其公式为：

$$\text{厨房生产人员}=\frac{\text{总时间}\times(1+10\%)}{8}$$

（3）按岗位描述确定

根据厨房规模设置厨房各工种岗位，将厨房所有工作任务分岗位进行描述，进而确定各工种岗位完成其相应任务所需要的人手，汇总厨房用工数量。

3）岗位人员的选择

将厨房员工分配到合适的岗位，不仅是人事部门管理的范畴，更主要的是餐饮生产管理者要拿出主导意见。餐饮生产管理人员对厨房所属岗位需要配备什么样的人，相比人事部门更清楚，同时，员工培训也更加有针对性，管理起来也较方便，而人事部门提供员工的背景资料、综合素质以及岗前培训等情况也必不可少。

6.3　厨房的安排与布局

没有满意的员工就没有满意的顾客，没有使员工满意的工作场所，也就没有使顾客满意的环境。合理的生产场所的设计布局是生产餐饮产品、体现高超烹饪技艺的客观要求。因为厨房生产的工作流程、生产质量和劳动效率在很大程度上受厨房设计布局的影响。生产场所设计布局的科学与否，不仅直接关系到员工的劳动量和工作方式，同时还影响生产场所与餐厅间的联系，影响投资建设的合理性和成效性。本节所提及的餐饮生产场所主要是指以厨房为代表的餐饮生产场所。

6.3.1　餐饮生产场所（厨房）布局的基本要求

餐饮生产场所的布局是指厨房各部门位置的具体安排及厨房设备和设施的分布。厨房的布局，依据饭店或餐饮企业的规模、位置、星级、档次和经营策略的不同，表现出不同的风格。

科学的设计和布局可以帮助厨房减少浪费、降低成本,同时也方便管理,能提高员工的工作质量、生产效率和减少员工外流。厨房设计和布局必须注意以下几个方面:

①保证工作流程通畅、连续,避免回流现象。

②厨房各部门尽量安排在同一楼层并力求靠近餐厅。

③兼顾厨房促销功能。厨房虽然是餐饮后台,但若设计独具匠心、巧妙得体,不仅可以活跃餐厅气氛,也可以推动餐饮产品的销售。鲜活水产品通常售价不菲,若将活养箱池置于餐厅与厨房相连处,正面可供就餐顾客观赏、选点,背面方便取捞作业,不仅美化了餐饮环境,而且可以刺激客人的消费欲望。

④作业点安排紧凑。

⑤设备尽可能兼用、套用。

⑥创造良好的工作条件。一般来说,厨房的通风、照明、高温、噪声问题比较突出,严重影响了员工的工作效率,因此,设计厨房时必须重视厨房的工作条件,以提高工作效率。

⑦要符合卫生和安全要求。厨房是食品加工生产单位,国家对食品卫生有专门的法规。厨房里容易发生刀伤、烫伤、火灾等安全事故,因此要特别小心,而且厨房设计中一定要重视这方面的问题。

6.3.2 餐饮生产场所(厨房)的整体布局安排

餐饮生产场所的布局安排,即确定食品生产各部门的具体位置,将生产所需要的设备、用具最为合理地组合成操作加工的点、线并分布在生产场所内。这是一项复杂而又受多种因素影响的工作,因此,在进行布局安排时,应该由布局设计者、管理者、生产者、设备专家共同讨论、研究决定。

整体布局是指餐饮生产系统的整体设计规划,通常,中小型饭店或餐饮企业的生产场所是一个具有多种功能的综合性大厨房,而大型饭店或餐饮企业的生产场所是由若干个不同功能的分点厨房组成的。大型饭店或餐饮企业各分点厨房是有机相连的整体,在厨房的位置、面积、生产功能的分配、产品的流程上,都要体现整体作业的协调性。

1)厨房面积的确定

现代西方文明已普遍认同了宽敞、舒适的工作条件,能批量生产出优质的产品,因而西方国家的饭店或餐饮企业厨房设计在面积、温度、照明等方面同餐厅相互匹配,厨房加上后台其他设施,面积一般占到整个餐饮总面积的50%左右;而国内饭店或餐饮企业在进行餐饮布局时,往往将面积最小、楼层最次、条件最差的空间留给厨房。

确定厨房面积的方法一般有两种:一是以餐厅就餐人数为参数来确定(表6.4)。使用这种方法,通常就餐规模越大,就餐的人均所需厨房面积就越小,这主要是因为小型厨房的辅助间和过道等所占的面积不可能按比例缩得太小。

表 6.4　厨房面积规格(以餐厅就餐人数为参数)

厨房供餐人数/人	平均每位用餐者所需的厨房面积/平方米
100	0.679
250	0.679
500	0.46
750	0.37
1 000	0.348
1 500	0.309
2 000	0.279

二是以餐厅或餐饮总面积为依据来确定(表 6.5)。通常,除去辅助间以外,厨房面积应占餐厅面积的 40%~50%,占餐饮总面积的 21%左右。

表 6.5　餐饮各部门面积比例表

部门名称	面积占比/%
餐饮总面积	100
餐厅	50
客用设施	7.5
厨房	21
仓库	10
清洗间	6.5
员工设施	3
办公室	2

确定厨房面积时应留有一定的弹性幅度,这是因为各饭店或餐饮企业的餐饮定位、档次、功能以及用料、制作工艺、设备设施、场地的可用面积等情况是不同的。

2)餐饮生产场所(厨房)的区域安排

餐饮生产场所的区域安排是指根据餐饮生产的特点,合理安排生产的先后顺序和生产的空间分布。一般而言,一家综合性饭店或餐饮企业,根据其产品和工作流程大致可以划分成 3 个区域,如图 6.4 所示。

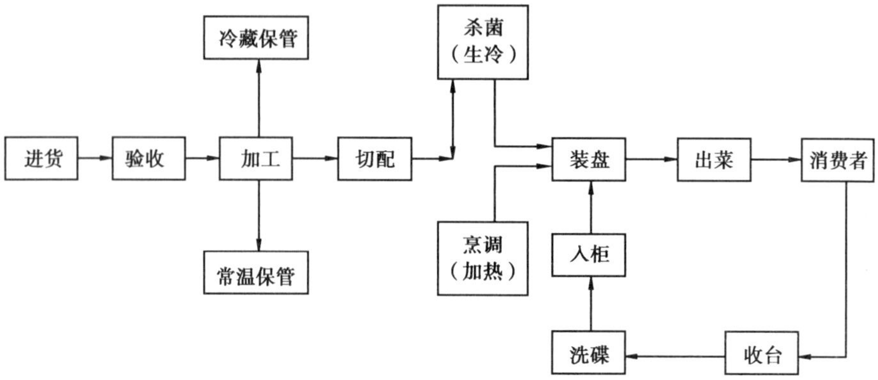

图 6.4　餐饮产品生产流程图

(1)原料接受、储藏及粗加工区域

此区域应靠近原料入口处,区域中有干藏库、冷藏库、冰鲜库、冻藏库等,此外还有相应的办公室和适当规模的粗加工间,根据加工的范围和程度,确定其面积的大小。

(2)烹调作业区域

此区域应包括冷菜间、点心间、配菜间、炉灶间,以及相应的小型冷藏室和周转库。这个区域是产品的集中生产区域,因此应设置可透视监控厨房的办公室。冷菜间、点心间、办公室应单独隔开,配菜间与炉灶间可以不作分隔。

(3)备餐清洗区域

此区域应包括备餐间、餐具清洗间和适当的餐具储藏间。小型厨房可以用工作台等作简单分隔。

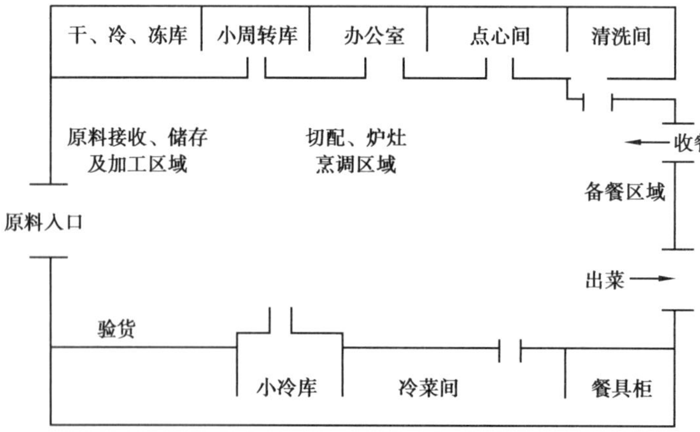

图 6.5　厨房区域布局示意图

6.4　厨房生产质量的控制

厨房生产是指由厨房承担的对菜品、点心、饮料等对象的加工、制作过程。厨房生产的产品，即厨房加工、制作的各类冷菜、热菜、点心、甜品、汤羹以及水果盘等，其质量的高低直接反映了餐饮生产、制作人员技术水平的高低。因而，对厨房生产的质量控制应成为厨房生产管理的重点。

抓好厨房生产质量管理与控制，应首先了解有关厨房生产的餐饮产品质量的基本原理、餐饮产品的质量概念及特征，影响餐饮产品质量的因素；然后抓住厨房生产餐饮产品全过程中的质量控制核心——标准食谱的制订与实施环节展开工作。

6.4.1　餐饮产品质量概念

餐饮产品的质量主要来自两个方面：菜品本身的质量和外围质量。前者指提供给顾客的食品应该无毒、无害、卫生营养、芳香可口、易于消化；食品的色、香、味、形俱佳，温度、质地适口，顾客用餐之后能获得满足。后者则主要指员工的服务热情、及时、周到而有效率，就餐环境舒适，能满足顾客猎奇、享乐的心理需求，能体现其身份和地位。接下来我们讨论的重点是餐饮产品本身的质量。

1）构成餐饮产品自身质量的要素

（1）产品的卫生

卫生是餐饮产品的首要质量标准。卫生首先是指食品原材料本身不含有毒素；其次是指食品原材料在采购、加工等环节中未遭受有毒、有害物质、物品（如化学有害品和有毒品）的污染；最后是食品原材料本身不存在由于有害细菌的大量繁殖而带来食物的变质等现象。这三方面无论是哪一方面出现了问题，均会直接影响餐饮产品本身的卫生质量。

（2）产品的营养

营养同样是食品原材料与产品本身在质量上的重要部分。社会的进步、科学技术的发展，使得人们越来越重视食品营养并将其作为自己膳食的追逐目标。鉴别餐饮产品是否具有营养价值，主要看两个方面：一是食品原料是否有人体所需的营养成分；二是这些成分本身的数量达到了怎样的水平。

（3）产品的颜色

食物的颜色是吸引消费者的第一感官指标，许多人往往通过视觉对食物进行第一步评判。“色”往往以先入为主的方式给顾客留下第一印象。

餐饮产品的颜色通常由动物、植物组织中天然产生的色素形成。水果和蔬菜的主要色素分为胡萝卜素、叶绿素、花色素苷和红花黄色素4种。餐饮产品的生产、加工过程能对菜点成品的颜色变化产生作用，烹调加工的目的之一就是通过恰当的处理，使原料颜色转变为趋于理想的颜色。

餐饮产品颜色改变的另一种途径是添加含有色素的调味品，如黄油、番茄汁、酱油等均具有这样的功能。

菜品的颜色要求是自然清新、色彩鲜明，适应季节变化，适合不同地域、不同审美标准，合乎时宜，和谐悦目，能给顾客以美感。有些原料搭配不当或烹调过度、成品色彩混沌、色泽暗淡的菜品，不仅表明营养方面的质量欠佳，而且还会影响顾客的胃口和就餐情绪。

(4)产品的香气

餐饮产品的香气是指产品飘逸出的芳香，人们是通过鼻腔上部的嗅觉上皮神经系统感知的。人们就餐时，总是先闻到菜品的香气，再品尝滋味。在人们将食物送入口中之前，气味就由空气进入鼻中。人们之所以将香气单独列出来，是因为食物的香气对增强进餐时的快感有巨大作用。当人嗅到某种久违了的香气时，往往能引起他对往事的回忆。人的嗅觉较味觉灵敏得多，但嗅觉感受比味觉感受更易疲劳。另外，人对气体的感受程度同气体产生物本身的温度高低有关。一般来说，物体本身的温度越高，其散发的气体就越容易被感受到。因此，要特别重视热菜热上，如北京烤鸭的肥香、姜葱炒蟹膏的辛香、香油鳝糊的麻油伴葱香、生煸草头的清香与酒香，未品其味，先闻其香，芳香浓郁，清新隽永，诱人食欲，催人下筷；反之，如果菜品特有的芳香不能得以呈现和挥发，则影响了顾客对菜肴的期望，对其质量的评价自然就不会高。

(5)产品的滋味

产品的滋味是指餐饮产品入口后对人的口腔、舌头上的味觉系统产生作用，给人口中留下的感觉。味是传统中餐菜品质量指标的核心，人们去餐厅用餐，并非仅仅满足于嗅闻菜肴的香味，他们更想体验食物的真正味道。人们通常所说的酸、甜、苦、辣、咸是五种基本味，五味调和百味香，基本味的不同组合，即各取不同比例、用量，调制出的菜肴滋味可谓丰富，如川菜就有百菜百味之说。

(6)产品的外形

产品的外形是指菜品的成形、造型。原料本身的形态、加工处理的技法，以及烹调装盘的拼摆都直接影响到菜肴的形。

刀工精美，整齐划一，装盘饱满，形象生动，能给顾客以美的感受。其效果的取得，要靠厨师的艺术设计，如松鼠鳜鱼栩栩如生，冬瓜盅艳丽多彩，凤尾虾如凤似玉。另外，利用围边进行盘饰点缀等，可以使热菜的造型更加多姿多彩，如碧绿带子配一对紫菜头雕的红蝴蝶，珊瑚虾腐的中间摆一个面塑的老寿星等，既使得菜品更加饱满，又使得就餐时的餐饮主题更加突出。厨师成功的艺术构思,无不使顾客食欲大增。

热菜造型以快捷、神似为主;冷菜造型比热菜造型更方便,因而有更高的要求。冷菜先烹制后装配,提供了较充裕的美化菜肴的时间。因此,对于一些主题餐饮活动,冷菜有针对性的装盘造型就更加有必要和更富有效果。

对菜品形的追求要把握分寸,过分精雕细刻,反复触摸摆弄,有可能会污染菜品,甚至给人一种华而不实、杂乱无章的感觉,也是对菜品形的极大破坏。

(7)产品的质感

质感是指菜品给人的质地方面的印象。质感包括这样一些属性:韧性、弹性、胶性、黏附性、纤维性及脆性等。菜品的质感是影响其可接受性的另一个重要因素。任何偏离菜品可接受的特有质地,都可使其变为不合格产品。所以人们一般不愿购买发软的脆饼,不喜欢多筋的蔬菜等。

菜品在口中被咀嚼并被牙龈和硬、软腭感受到,而后进一步被牙齿咬碎,使口腔表面分泌出大量的味觉与嗅觉刺激物。这些刺激物的总效应会为大脑提供该菜品的质地感觉。通常,菜品的质地感觉包括以下几个方面:①酥,指菜品入口后迎牙即散,成为碎渣,产生一种似乎有抵抗而又无阻力的微妙感觉,如香酥鸭。②脆,菜品入口立即迎牙而裂,而且顺着裂缝一直劈开,产生一种有抵抗力的感觉,如清炒鲜芦笋。③韧,指菜品入口后带有弹性的硬度,咀嚼时产生的抵抗性不那么强烈,但时间较久。韧的特点,要经牙齿较长时间的咀嚼才能感受到,如干煸牛肉丝、花菇牛筋煲等。④嫩,菜品入口后有光滑感,一嚼即碎,没有什么抵抗力,如糟溜鱼片。⑤烂,菜品宛如瘫痪,入口即化,几乎不用咀嚼,如米粉蒸肉。菜品的质地受欢迎与否在很大程度上取决于原料的性质和菜品的烹制时间及温度等。因此,制作菜品时必须将严格的生产计划与每道菜品合适的烹制时间相结合,以生产出合格的餐饮产品。

(8)产品的器皿

器皿是指餐饮产品生产出来后用来盛装的容器。对产品器皿的基本要求是:不同菜品配以不同的盛器,配合恰当则相映生辉,相得益彰;菜品的分量与盛器的大小一致;菜品的名称与盛器的叫法相吻合;菜品的身价与盛器的贵贱相匹配。盛器可使菜品锦上添花,更显高雅。虽然大部分盛器对菜品质量并不会产生太大的直接影响,但是对于用煲、砂锅、铁板、火锅、明炉等营造特定气氛和需要较长时间保温的菜品来说,盛器对其质量却有着至关重要的影响。例如,明炉豉油鳗鱼用盘子代替明炉装鱼,不仅无法继续加温,而且会很快冷却,直接影响其质量和效果。热菜用保温盛器、冷菜用常温餐具能不同程度地提高菜品出品的质量;相反,菜品本身质量较好,但盛装在五花八门的残破餐具里,产品的总体质量无疑将大为逊色。

(9)产品的温度

餐饮产品的温度,即菜点的出品温度。同一种菜品、同一道点心,出品食用的温度不同,口感质量会有明显差别。例如,蟹黄汤包,热吃汤汁鲜香,冷却则腥而腻口,甚至汤汁凝固;又如,拔丝苹果,趁热食用,可拉出万缕千丝,冷却后则糖饼一块,别想拔出丝来。因此,温度是重要的菜品质量指标之一。科学研究发现,不同温度下食品的风味和口感是不一样的。餐饮生产及服务人员要更好地把握每类菜品的特色品质,就应遵循各种菜品成品不同的温度规定。

(10)产品的声效

声效,即产品的声音、声响的效果。有些菜品,由于厨师的特别设计或特殊盛器的配合使用,已经在顾客中形成概念:菜品上桌是该响的。如虾仁锅巴等锅巴类菜品和铁板鳝花等铁板类菜品。此类菜品上桌时,会发出"吱吱"的响声,说明菜品的温度是足够的,质地(尤其是锅巴炸的酥脆程度)是达标的,为餐桌营造的气氛是热烈的;相反,该发出响声的菜品没有出声,则说明菜品温度不够,或者是菜品质地不符合要求,再则就是服务不及时等,没有达到人们约定俗成的评判标准,使顾客觉得菜品与价值不符,感到失望和扫兴。

2)顾客对餐饮产品自身质量的感官评定

顾客对所点的菜品是从不同角度对其进行鉴赏和评定的,无论是菜品的外观、风味还是结构组织,顾客都要通过身体的感觉器官,如眼、耳、鼻、口和手来把握。手虽然很少直接接触食物,但取用和拣夹菜品的筷子给手的感觉同样可以帮助其了解菜品的质地。因此,顾客对菜品自身质量的评判,是在调动以往的经历和经验,结合该质量指标应有内涵的同时,经过感官鉴定而得出的。

感官质量评定法,是餐饮实践中最基本、最实用、最简便有效的方法。感官质量评定法是应用人的感觉器官、通过对菜品的鉴赏和品尝来评定菜品各项质量指标的方法,即用眼、耳、鼻、舌(齿)、手等感官,通过看、听、嗅、尝、嚼、咬、拣夹等方法,检查菜品外观(色、形),品尝菜品风味(味、质、温)等,从而确定其质量的一种评定方法。

(1)视觉评定

视觉评定是根据经验用肉眼对菜品的外部特征如色彩、光泽、形态、造型,菜品与盛器的配合,装盘的艺术性等进行检查、鉴赏,以评定其质量优劣。充分利用天然色彩、合理搭配、烹调恰当、自然和谐、色泽诱人、刀工美观、装盘造型优美别致的菜品为合格优质产品;反之,原料合格而刀工成形差,或切配合适而调味用料过重,成品褐黑无光泽,抑或烹制较好而装盘不得体、不整洁等的菜品都为不合格产品。

(2)听觉评定

音波刺激耳膜即产生听觉。听觉也能用于评定菜品质量,尤其是锅巴及铁板类菜品。以听觉评定菜品质量,既可检查其温度是否符合要求,质地是否已处理得恰到好处,同时还可以考核服务是否全面得体。若菜品在餐桌上及时发出响声,香气四溢并配有相应的防溅措施(铁板类菜品添加菜盖),则证明该菜的质量还是可以的;反之,响声菜给人无声或声音很微弱的听觉感受，其质量是不合格的。

(3)嗅觉评定

嗅觉评定就是运用嗅觉器官来评定菜品的风味。菜品的气味大部分来自原料本身，调味及烹调处理也可为菜品增添受顾客喜爱的香气，如椒盐里脊的咸香等。保持并能恰到好处地增加其芳香的菜品，则为好的产品；破坏、损害了原有芳香或香料投放失当、烹调不得法、掩盖原料固有的香味而产生令人反感的气味的菜品则为不合格产品。

(4)味觉评定

味觉是人舌头的表面味蕾接触食物受到刺激时产生的反应，可以辨别甜、咸、酸、苦、辣等滋味。菜品口味是否符合风味要求，味觉评定具有很重要的作用。菜品纯咸或单酸等呈单一口味的几乎没有。除了甜品，以甜味为主（大多甜品也具有香味，属香甜口味），绝大部分菜品都是复合味，如咕噜肉——酸甜型，椒盐鱼条——咸香味，怪味鸡——麻辣咸鲜酸甜香综合型等。调味用料准确、比例恰当、口味纯正地道的菜品为合格产品；菜品虽经调味，可味型不突出，似是而非，甚至处于谨慎，菜品淡而寡味，其质量则较差。

(5)触觉评定

触觉评定是指通过人的舌、牙齿以及手对菜品直接或间接地咬、咀嚼、按、摸、敲等活动，检查菜品的组织结构、质地、温度等，从而评定菜品质量。如通过咀嚼可以感觉菜品的老嫩，通过舌及口腔的接触可以判断汤、菜的温度是否合适，用手掰食面包可以检查其松软状态及筋力程度，用手借助于汤匙、筷子可以检查菜品是否软嫩、酥烂等。菜品软硬适当，酥嫩适口，其质量是好的；老硬干枯，烂糊不清，则为低劣产品。

鉴赏、评定菜品的质量时，往往五种感官同时并用，才能全面把握。如评定烤鸭的质量，不仅应观鸭皮是否光亮红润，闻闻肥香、焦香是否纯正，还应该用筷子敲敲其表皮是否酥脆，进而品尝其面酱是否香甜咸适中，配食咀嚼的触感是否软、脆、爽、滑、嫩、细、绵、劲等兼具，这样基本上就能对烤鸭的质量做出较正确、全面的评定。

6.4.2　餐饮产品质量的形成过程

完整的餐饮产品质量的形成过程，实际上至少应经历 3 个阶段：产品设计阶段、产品生产制作阶段、产品服务阶段。

餐饮产品的设计是指产品生产制作前对菜品、点心、饮品的各种功能、原料状况、加工技术、成本与获利情况等进行一系列分析、安排和调整，以定出最合乎本企业生产的规范方案。这种方案在专业上被称为标准食谱计划。

餐饮产品的生产制作是指依据标准食谱计划所设计的方案，通过具体的加工步骤、生产过程来达到产品设计所规定的质量指标指数。

1)餐饮产品的设计过程

产品的目标质量在产品的设计阶段已经基本确定下来。设计是质量的“母亲”，如果设计达不到要求，那么最终生产出来的产品的质量肯定是个先天不足的“产儿”。因此，抓好餐饮产品质量的第一项工作就是把好产品设计关，打好质量的基础。

影响餐饮产品设计质量的因素有：产品质量成本、产品价格、质量成本与价格的关系。一般而言，产品的设计质量越高，产品本身所需支出的成本相应就越高，在达到一定程度之后，继续提高产品的设计质量（假设设计质量可以无限度提高），则产品的成本会增加得更快；相反，产品的设计质量越低，其本身所需支出的成本也就越低，在低到一定程度之后，若继续降低设计质量，则成本降低的幅度会变小，这种产品设计质量与成本的关系，如图 6.6 所示。

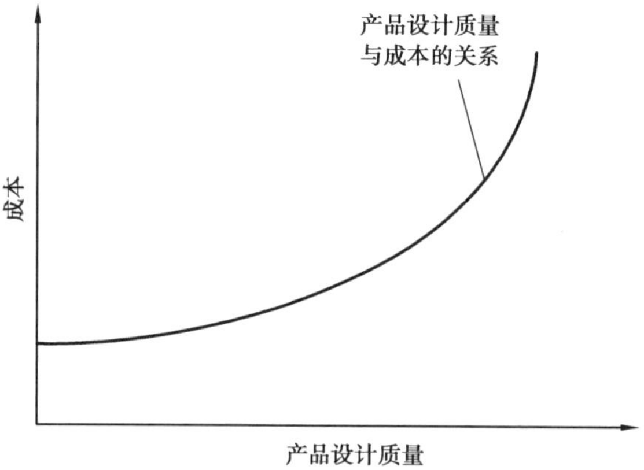

图 6.6　产品设计质量与成本的关系

再看一下产品的价格问题。通常，产品的设计质量越高，产品的售价也相应提高，但当产品售价上升到一定程度时，再提高设计质量水平，其售价也不会按比例升高；反之，设计质量越差，售价也相应越低，但是低到一定程度后，再降低设计质量水平，也不能再引起价格下降了。这种产品质量与价格之间的关系，如图 6.7 所示。

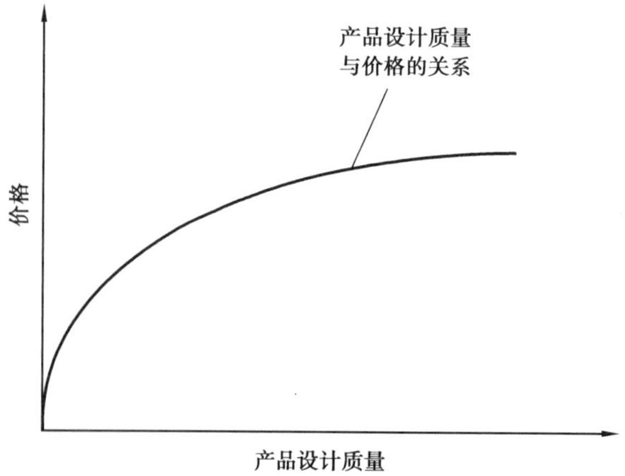

图 6.7　产品设计质量与价格的关系

不同的产品设计质量，会带来不同质量水平的产品，这些产品的成本和售价也是各不相同的。把产品的设计质量与成本、价格联系起来，我们就会发现产品设计质量、成本、价格之间有指导意义的盈利关系，如图6.8所示。

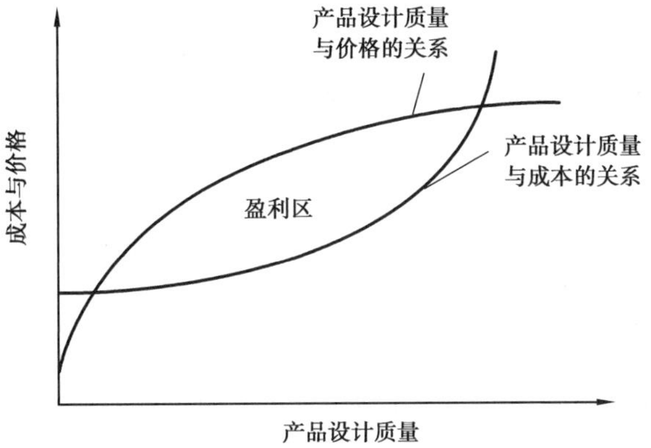

图6.8　产品设计质量、成本、价格的关系

为了使所设计的产品能够盈利，就一定要使设计质量维持在盈利区域之内。这实际上是产品设计质量水平的适度性问题。质量上粗制滥造的产品不能赚钱，过分考究、精挑细琢的质量要求同样也不能给企业带来利润。

2）餐饮产品的生产制作过程

餐饮产品设计质量主要是通过具体的加工制作形成的。另外，产品加工制作水平的高低，可以改变产品的设计质量及成本水平。加工制作水平的提高，可以帮助降低产品成本；反之，则会带来更多的成本支出。它们之间的关系如图6.9所示。

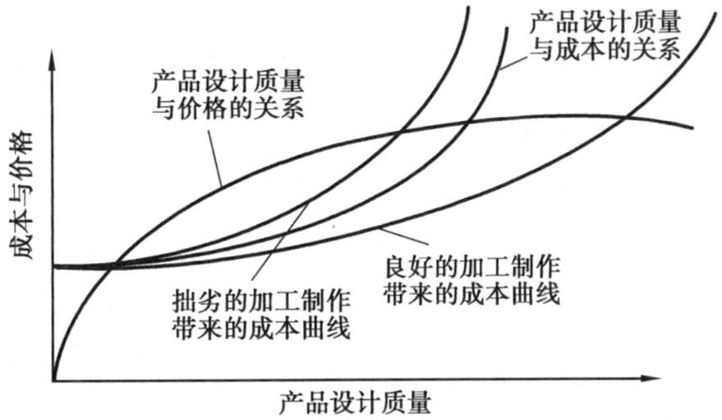

图6.9　产品设计质量、成本、价格与加工制作水平的关系

显然，良好的制作加工既降低了产品的成本支出，又增加了盈利。因而，抓好产品加工制作过程的管理显得极为重要。

6.4.3 餐饮产品的设计质量控制——制订标准食谱

1)标准食谱的概念

标准食谱是指餐饮企业为了规范餐饮产品的制作过程、产品质量和经济核算而制订的一种印有产品所用原料、辅料、调料的名称、数量、规格和产品的生产操作程序、装盘要求以及该产品的制作成本、价格核算方法等内容的书面文档。标准食谱的专业英语为 Standard Recipe,起源于西方国家的饭店管理。

2)标准食谱与普通食谱的区别

普通食谱的主要内容包括加工餐饮产品的原料、辅料以及餐饮产品的制作过程两大部分;它的作用主要是作为厨师等餐饮产品加工生产者的生产工具书。

标准食谱的主要内容除了普通食谱的部分之外,另有关于餐饮产品经济核算方面的内容;它的作用主要是作为餐饮管理人员餐饮产品成本核算、控制的手段。

3)标准食谱的形式

餐饮企业使用的标准食谱主要有 3 种表现形式:

①标准菜谱。餐饮管理人员对菜品生产、制作过程、成本核算等进行控制的工具。

②标准面点谱。餐饮管理人员控制面点生产、成本核算的工具。

③标准酒谱。餐饮管理人员对鸡尾酒、混合酒等饮品实施生产控制、经济核算的工具。

4)标准食谱在餐饮生产管理中的作用

①使用标准食谱,能使产品的分量、成本和质量始终保持一致。

②所有厨师等生产人员只需按标准食谱规定的操作方法烹饪加工产品即可,从而减少了管理人员现场监督管理的工作量。

③便于生产管理人员依据标准食谱制订、安排生产计划。

④按标准食谱生产,即使是技术水平不太高的厨师,也能烹制出符合质量要求的产品。

⑤由于统一使用标准食谱规范生产,管理人员对厨师的调配使用也显得比较容易。

当然,使用标准食谱也会引起一些问题:使用新的食谱前,必须对原来使用的食谱进行修改、测试;采用新的标准食谱,需花费一定的时间;必须对生产人员进行再次培训,使他们掌握新的食谱;有些未使用过标准食谱的厨师可能会产生反感,甚至感到使用标准食谱会扼杀自己的创造性和主动性。

5)标准食谱的结构及样本

标准食谱的结构由两部分组成:普通食谱和有关这个产品的经济核算、成本数据等内容。标准食谱的样本如表 6.6 所示。

表 6.6　标准食谱(样本)

类别：　　　　　　　　　　　　　　　　　　　　　　　　　　编号：

<table>
<tr><td colspan="2" rowspan="2">食品名称</td><td rowspan="2"></td><td>生产厨房</td><td>总分量</td><td>每份规格</td><td>日期</td></tr>
<tr><td></td><td></td><td></td><td></td></tr>
<tr><td rowspan="2">数量</td><td rowspan="2">单位</td><td rowspan="2">用料</td><td colspan="2">日期：</td><td colspan="2">日期：</td></tr>
<tr><td>单位成本</td><td>合计</td><td>单位成本</td><td>合计</td></tr>
<tr><td></td><td></td><td></td><td></td><td></td><td></td><td></td></tr>
<tr><td colspan="3">合计</td><td></td><td></td><td></td><td></td></tr>
<tr><td colspan="5">菜品的准备及加工步骤</td><td colspan="2">特点及质量标准</td></tr>
<tr><td colspan="5"></td><td colspan="2"></td></tr>
</table>

6)制订标准食谱的程序与注意事项

①确定主要配料原料及数量。这是很关键的一步,它确定了产品的基调,决定了该产品的主要成本。批量制作的产品只能平均分摊主配料的数量,如面点类原材料使用种类较单一的品种,但无论如何,都应力求精确。

②规定调味品品种,试验确定每份用量。调味品品种、牌号要明确,因为不同厂家、不同牌号的质量差别较大,价格差异也较大。调味品用量只能根据批量分摊的方式测算。

③根据主料、配料、调味品用量,计算成本、毛利及售价。随着市场行情的变化,单价、总成本会不断地变化,每项核算都必须认真、全面地进行。

④规定加工制作步骤。将必需的、主要的、易产生歧义的加工方法、加工步骤加以统一规定。

⑤选定盛器，落实盘饰用料及式样。

⑥明确产品特点及质量标准。标准食谱既是培训、生产制作的依据，又是检查、考核的标准，其质量要求更应明确具体、切实可行。

⑦填写标准食谱。字迹要端正，要使员工都能看懂。

⑧按标准食谱培训员工，统一生产出品标准。

6.4.4 餐饮产品质量控制常用方法

受多种因素影响，餐饮产品的质量变动较大，餐饮生产管理正是要确保各类菜点出品质量的可靠和稳定。因此，应采取各种措施和有效的控制方法来保证餐饮产品的质量符合要求。

1）阶段控制法

回顾餐饮生产运转流程，从原料购进到产品售出，可分为食品原料购储、食品生产（厨房生产）和食品消费三大阶段。加强对每一阶段的质量控制，便可保证餐饮生产全过程的质量。

（1）食品原料购储阶段的控制

原料购储阶段的控制主要包括原料的采购控制、验收控制和储存控制。在这一阶段，应重点控制原料的采购规格、严格验收质量和储存管理方法。

①要严格按采购规格书采购各类菜品原料，确保购进原料能最大限度地发挥应有作用，并使加工生产变得方便快捷。没有制订采购规格标准的一般原料，也应以方便生产为前提，选购规格分量相当、质量上乘的物品，不得乱购残次品。

②全面细致验收，保证进货质量。杜绝不合格原料可以减少厨房加工生产的不少麻烦。验收各类原料时，要严格依据采购规格书规定的标准，对于没有制订规格书的采购原料或对新上市的品种或质量把握不准的，要随时约请有关专业厨师进行认真检查，保证验收质量。

③加强储存原料管理，防止原料保管不当而降低质量标准。严格区分原料性质，进行分类储藏。各类储藏库要及时检查清理，防止将不合格或变质原料发给厨房加工生产部门。厨房已申领暂存在周转库的原料，同样要加强检查、整理，确保质量可靠和卫生安全。

（2）食品生产阶段的控制

食品生产阶段主要应控制申领原料的数量与质量、菜品加工与配份以及烹调的质量。

①加工是菜品生产的第一个环节，同时也是原料申领和接受、使用的重要环节。进入厨房的原料的质量要在这个环节得到认可，因此，要严格按计划领料并检查各类将要加工的原料的质量，确认可靠才可进行生产。对各类原料进行加工和切割，要根据烹调需要，事先明确规定加工、切割的规格、标准并对员工进行培训，督导执行（表6.7）。

表 6.7　原料切割规格表

成品名称	用料	切割规格
鱼条	青鱼肉	宽 0.8 厘米、长 5 厘米
笋片	罐装冬笋	长 5.5 厘米、宽 2 厘米、厚 0.2 厘米
⋮	⋮	⋮

经过加工、切割后，大部分动物、水产类原料还需要进行浆制（上浆），这道工序对菜品的色泽、嫩度和口味会产生较大影响，如果因人而异，烹调岗位则无所适从，成品难免千差万别。因此，对各类菜肴的上浆用料应作出规定，以指导员工按规定操作。上浆用料规格如表 6.8 所示。

表 6.8　上浆用料规格表

品种 用料用量	鸡片	…
精盐	60 克	
水	700 毫升	
生粉	200 克	
蛋清	6 个	
松肉粉	5 克	
⋮	⋮	⋮

②配份是决定菜品原料组成及分量的一道工序。不仅要求在开餐前将所需的干货原料涨发到位，还要求准备一定数量的配菜小料即料头。对大量使用的菜品主、配料的控制，要求配份人员严格按菜品配份价格表，称量取用各类原料，以保证菜品风味（表 6.9）。中菜切配、西菜切配以及冷菜的装盘均可规定用料品种和数量。随着菜品的翻新和菜品成本的变化，如有必要，餐饮生产管理人员还应及时测试用料比例，调整用量，修订配菜规格并督导执行。

表 6.9　菜品配份规格表

菜品名称	主料		配料		盛器规格	备注
	名称	数量	名称	数量		
玉环柱甫	元贝	14 粒	节瓜	1 300 克	8 人大盘	
⋮	⋮	⋮	⋮	⋮	⋮	⋮

经常使用的主要味型的调味汁,应批量集中兑制,以便开餐烹调时各炉头随时取用,以减少因人而异的偏差,保持出品口味质量的一致性。调味汁的调兑应由专人根据一定的规格比例制作。

(3)食品消费阶段的控制

菜品由厨房烹制完成即交服务员出菜,这里有两个环节容易出差错,需加以控制,其一是备餐服务,其二是服务员上菜服务。

①备餐即为菜品配齐相应的佐料、食用和卫生器具及用品,加热后调味的菜品(如炸、蒸、白灼等)大多需要配备佐料,如果疏忽,菜品则淡而无味;有些菜品不借助一定的器具、用品,食用起来很不雅观或不方便(如吃整只螃蟹等)。因此,备餐间有必要对有关菜品的佐料和用品的配备情况作出规定,以督促服务员上菜时注意带齐。

②服务员上菜要及时规范,主动报菜名;对于食用方法特殊的菜品,应向顾客作适当介绍或说明;同时要把握上菜次序和上菜节奏,循序渐进地从事菜点销售服务。分菜时要注意菜品的整体美和分毕后的组合效果,始终注意保持餐饮产品在顾客食用前的形象美观。对于顾客需要打包和外卖的食品,同样要注意尽可能保持其各方面质量的完好。

以上所述强调了餐饮产品在各阶段应制订一定的规格标准,以控制其生产行为和操作过程;而对生产结果和目标的控制,还有赖于各个阶段和环节的全方位检查。建立、实行严格的检查制度,是餐饮产品阶段控制的有效保证。

餐饮产品质量检查也应根据生产过程,抓好生产制作检查、成菜出品检查和服务销售检查3个方面。生产制作检查,指菜品加工生产过程中下一道工序的员工必须对上一道工序的菜品加工制作质量进行检查,如发现不合标准,应予返工,以免影响菜品成品质量。成菜出品检查指菜品送出厨房前必须经过厨师长或菜品质量检查员的检查。它是对菜品烹制质量的把关验收,因此必须严格认真,不可马虎迁就。服务销售检查指除上述两方面检查外,餐厅服务员也应参与食品质量检查。服务员直接与顾客打交道,从销售的角度检查菜点质量,往往要求更高,尤其是对菜品的色泽、装盘及外观等方面的质量检查。因此,要注意调动和发挥服务员的积极性,加强和利用检查功能,切实改进和完善出品质量。

2)岗位职责控制法

利用岗位分工,强化岗位职能并施以检查督导,对餐饮产品的质量也有较好的控制效果。

(1)所有工作项目均应有所落实

餐饮生产要达到一定的标准要求,各项工作必须全面落实,这是岗位职责控制法的前提。餐饮生产既包括主要、明显的炒菜、切配等,也少不了零散的、容易被忽视的打荷、领料、食品雕刻等。厨房所有工作应明确划分、合理安排,做到生产各环节的质量有专人负责,这样才能保证餐饮生产、运转过程顺利进行。

(2) 岗位责任应有主次

厨房的所有工作不仅要有相应的岗位分组，而且厨房各岗位承担的工作责任也不应是均衡一致的。将一些价格昂贵、原料高档或为高规格、重要顾客提供的菜品的制作以及技术难度较大的工作交给头炉、头砧等重要岗位，可以在充分发挥厨师技术潜能的同时，进一步明确责任，有效地减少和防止质量事故的发生。对于厨房菜品的口味，以及生产上难度较大的工作项目，也应规定给各工种主要岗位完成，如配兑调味汁、调制点心馅料、涨发高档干货原料等。为了便于对菜品的质量进行考核，饭店或餐饮企业应经常调查顾客对菜品生熟、口味的评价。打荷在根据订单(或宴会菜单)安排烹制出菜时，应将每道菜品的烹制厨师的工号记下，以备待查。

从事一般餐饮生产或对菜品出品质量不直接构成影响或影响不是太大的岗位并非没有责任，只不过比主要岗位承担的责任轻一些而已。

3) 重点控制法

重点控制法是针对餐饮生产与出品的某个时期、某些阶段或环节出现的质量或秩序问题或针对重点客情、重要任务以及重大餐饮活动而进行的更加详细、全面、专注的督导管理，以及时提高和保证餐饮生产与出品质量的一种方法。

(1) 重点岗位、环节控制

饭店或餐饮企业应通过对餐饮生产及产品质量的检查和考核，找出影响或妨碍生产秩序和产品质量的环节或岗位，并以此为重点，加强控制，提高工作效率和出品质量。例如，炉灶烹调出菜速度慢，菜品口味时好时坏，通过跟踪检查发现炒菜厨师手脚不利索，重复操作程序过多，每菜必尝，口味把握不住；经过分析，原来多为新招聘厨师，在菜肴的调味、用料及烹制方面缺乏经验。因此，餐饮生产管理者就必须加强对炉灶烹调岗位的指导、培训和出品质量的把关检查，以提高烹调速度，防止和杜绝不合格菜品送出厨房。

这种控制法的关键是寻找和确定餐饮生产控制的重点，对餐饮生产运转进行全面细致的检查和考核则是其前提。对餐饮生产和产品质量的检查，可采取管理者自查的方式，也可依据顾客意见征求表或通过向就餐顾客征询意见等进行。另外，还可聘请质量检查员以及有关专家进行检查，进而通过分析，找出影响质量问题的主要症结所在并加以重点控制，以改进工作、提高出品质量。

(2) 重点客情、重要任务控制

饭店或餐饮企业根据厨房业务活动的性质，区别对待一般生产任务和重点客情、重要生产任务，加强对后者的控制，给饭店或餐饮企业带来更多的社会效益和经济效益。

重点客情或重要任务，是指顾客身份特殊或者消费标准较高，因此从菜单制订开始就要强调以针对性为主，从原料的选用到菜品的出品，要注意全过程的安全、卫生和质量可靠。餐饮生产管理人员要加强每个岗位、每个环节的生产督导和质量检查控制，尽可能安排技术、心理素质较好的厨师为其制作、生产。每一道菜品,在尽可能做到设计构思新颖、独特之外,还要安排专人跟踪负责,切不可与其他菜品交叉混放,以确保制作和出品万无一失。在客人用餐之后,还应主动征询意见,积累资料,以提高以后的工作水准。

(3)重大活动控制

重大餐饮活动不仅影响范围广,而且为饭店或餐饮企业创造的盈利也多,同样,其消耗的食品原料成本也高。加强对重大活动菜品生产制作的组织和控制,不仅可以有效地节约成本开支,为饭店或餐饮企业创造应有的经济效益,而且通过成功地组织大规模的餐饮活动,还可以向社会宣传饭店或餐饮企业的实力,进而通过就餐顾客的口碑,扩大饭店或餐饮企业的影响。对此,餐饮生产管理人员应有足够的认识。

厨房对重大餐饮活动的控制,首先应从菜单制订着手,要充分考虑顾客的结构,结合饭店或餐饮企业原料库存供应情况以及季节特点,开列一份(或若干)既具有一定风味特色又能为活动团体广为接受和餐饮生产者力所能及的菜单。接着,要精心组织、合理使用各种原料,适当调整、安排厨房人手,计划使用时间,安排厨房设备,妥善、及时地提供各类菜品。餐饮生产管理人员、主要技术骨干均应亲临第一线,从事主要岗位的烹饪制作,严格把好各阶段产品的质量关。重大餐饮活动的前后台配合十分重要,走菜与停菜(因宾主讲话、致辞、祝酒、演出活动等影响)要随时沟通并及时通知炉灶等岗位,厨房应设总指挥负责统一调度,确保出品次序。重大餐饮活动期间尤其应采取切实有效的措施,控制食品及生产制作的卫生,严防食物中毒事故的发生。举办大型餐饮活动时,厨房冷菜生产量较大,卫生工作尤为重要。对冷菜的装盘、存放及出品要严加控制,避免被污染和变质情况的发生。大型餐饮活动结束后,要及时处理各类剩余原料和成品,注意搜集顾客的反映,为以后类似活动的承办积累经验。

【案例·讨论】

广东省某工业城市有一家三星级酒店,由于管理有方,经营环境良好,生意十分兴隆,餐厅总是高朋满座,人气旺盛。但近来经常接到顾客反映,鱼类菜品总有一股轻微的苦涩味,影响了菜品的质量,当然也影响了酒店的餐饮形象。餐饮部经理获知这一情况后,会同厨师长、采购部经理商量查找问题的起因。采购部经理通过询问采购人员、检查采购环节,没有发现货源渠道上的问题,况且与供应商是长期协作关系,采购的鱼也都是鲜活的,不应该出问题。厨师长从切配环节入手一直到炉灶烹饪,找不出厨师方面的问题;再从加工环境看,也没有找到有可能引起鱼味苦涩的原因。问题出在哪里呢?餐饮部经理百思不得其解。正在此时,负责粗加工洗削过程的领班来报,最近一段时间新来了两位年轻人,不会干活,粗加工的速度跟不上下一道工序的要求。会不会是他俩引起的问题呢?餐饮部经理赶紧赶到粗加工组,两位新来的年轻人正笨拙地给一批鲜活的草鱼开膛。再问粗加工领班,原来两位年轻人进店之后,由于业务繁忙,没时间培训,加之两位年轻人在自己家从不干家务活,所以造成部分草鱼苦胆破碎,现在终于找到了鱼类菜品有轻微苦涩味的原因。

讨论:该案例给酒店或餐饮企业的启示。

复习思考题

1.如何确定厨房生产人员的数量?

2.餐饮生产场所(厨房)布局的基本要求有哪些?

3.如何全面地理解餐饮产品质量的概念?

4.用所学知识谈谈,厨房面积通常是怎样确定的?中餐厨房一般应划分成哪些区域?

5.标准食谱对厨房生产控制有何重要意义?中餐食谱的标准化还需要哪些努力?

6.请根据当地实际口味和原料来源,为宫保鸡丁制作一份标准菜谱。

7.如何进行厨房生产过程控制?

8.解析餐饮产品质量控制的几种常用方法。

第 7 章
餐饮产品成本核算与控制

【学习目的】

餐饮产品成本是酒店出售餐饮产品和服务的支出,即餐饮产品销售额减去利润的所有支出。进行餐饮管理时,遵循成本形成的客观规律,运用预测、计划、控制、核算、分析和考核等手段对成本进行监督和控制,达到以较少的消耗获取最大的经济效益的目标。通过本章的学习,了解餐饮产品成本的种类和特点,并掌握餐饮产品成本核算与控制的方法。

【学习重点】

- 餐饮产品成本概念、成本结构;
- 对餐饮产品成本从原材料、营业费用、人工费用等方面的核算;
- 有效地对餐饮产品各项成本进行控制。

7.1 餐饮产品成本构成与分类

7.1.1 餐饮产品成本的构成要素

餐饮产品成本构成要素是反映餐饮产品成本的各个项目,各个国家经济水平和经营观念以及生产效率都影响着餐饮产品成本构成要素。随着我国经济的发展,品牌加盟等费用已经成为酒店不可忽视的餐饮产品成本要素。由于生活水平的提升和消费者对服务要求的提高,工资成本呈上升趋势。明确餐饮产品成本构成要素,是酒店进行成本控制的前提。按会计科目可分为两大成本,即销售成本和营业成本两大项。具体来说,餐饮产品成本主要由以下 14 项构成。

1)原材料

原材料即制作餐饮产品的主料、辅料和调料。原材料成本是餐饮生产经营活动中食品和饮料产品的成本,原材料成本在餐饮产品成本中占的比例最高,占餐饮支出的比重最大,是餐饮部门的主要支出。

2)工资

工资包括基本工资、附加工资、奖金津贴、餐费、住宿及其他福利等。人工成本是指在餐饮生产经营活动中耗费的活劳动的货币表现形式,包括工资、福利费、劳保、服装费和员工用餐费用等。

3)商品进价和流通费用

商品进价和流通费用主要是指饮料、酒水和烟等直接加价出售的产品所产生的费用。

4)能源动力

能源动力包括燃料、水费、电费、气费、取暖费(主要是指北方)等。

5)物料用品

物料用品包括台布、口布、餐巾纸、筷子等服务用品。

6)折旧和分摊

折旧和分摊包括房租、设备、餐具消耗、加盟费、融资费、开办费等费用。

7)销售费用

销售费用包括广告、促销、打折、赠送、加盟管理费等费用。

8)酒店管理费

酒店管理费用包括办公用品、电话费、交通费、会费、银行费用、培训费等费用。

9)交际费

交际费也称招待费用,各酒店情况不同,差异很大。

10)营业性税金

依照国家法律法规应当缴纳的税金。

11)清洁用品

清洁用品包括洗涤原料和在外洗涤的费用。

12)维修费用

为了保持和改善设施设备的功能,维持其原有性能所发生的费用。

13)**不可预见费用**

因不可预见的风险因素导致发生的费用。

14)**其他支出费用**

上面各费用项目支出在餐饮产品成本中所占比例也是不一致的,在任何一家酒店里,主要成本在餐饮产品成本中比例都很高,是成本控制的主要内容。若只着重于销售成本和营业成本中的人工成本,并不能达到成本控制的最终目的。

7.1.2 餐饮产品成本的分类

餐饮产品成本分类是为做好成本核算和成本管理服务的。餐饮产品成本与其他的酒店成本一样,可以按多种标准进行分类,分类的目的在于根据不同成本采取不同的控制策略。

1)**直接成本和间接成本**

按照成本与产品的形成关系划分,可分为直接成本和间接成本。直接成本是指在餐饮产品生产中直接耗用,不需分摊即可加入产品成本中的那部分成本,包括直接材料、直接人工、直接耗费三个部分;间接成本是指需要通过分摊才能加入产品成本中的各种耗费,如管理费用、销售费用、维修费用等。

直接成本和间接成本的划分从一个方面为餐饮产品的成本核算提供了理论根据。部分成本核算可以直接成本为主,如主料、配料和调味品成本等。间接成本因其不易直接分摊到各个产成品去,可以全店核算为主,形成流通费用,再分摊到各有关部门中去。这就为餐饮产品的成本核算提供了方便条件,有利于提高成本核算的准确性。

2)**固定成本、变动成本和半变动成本**

按照成本的性质划分,可分为固定成本、变动成本和半变动成本。

固定成本是指在产品量发生变动时并不随之增减和变动的成本,即当产品销售量有较大变化时,成本开支的绝对额一般相对稳定。在酒店餐饮产品成本构成中,广义成本中的固定员工的工资、设施设备折旧费、房租、还本付息费用等,均属于固定成本。这些成本相对稳定,即使在酒店没有销售量的情况下也会照样发生。

变动成本是指随着产品销售量的变动而相应变动的成本,即当产品销售量增加时,其绝对额同方向成比例地增大;反之,随着销售量的减少,成本发生额便会作同方向成比例地减少。在餐饮产品成本构成中,食品原材料成本、饮料成本、洗涤费用、燃料消耗等,均属于变动成本。

半变动成本是随着产品销售量的变动而部分相应变动的成本,与销售量不是成比例地发生变动。它由固定成本和变动成本两部分组成,如人工总成本、水电费等。以人工总成本为例,餐饮部员工可分为两类:固定员工和临时员工。临时员工人数不确定,随业务量的变化而变化,如餐厅服务员。由于第一类员工工资总额不随业务量的变动而变动,而第二类员工的工资总额随业务量的变动而变动,因此,人工总成本是半变动成本。

固定成本和变动成本的划分,可以引导餐饮部门经营者将成本管理的重点主要放在变动成本管理上,采取各种措施,控制其成本支出,而对固定成本则相对给予较少重视。在成本总额已定的条件下,其控制重点也应放在酌量性固定成本上。这样就能减少成本开支,提高餐饮产品成本管理的效益。

3)可控成本和不可控成本

从成本的可控程度划分,可分为可控成本和不可控成本。

可控成本是指在短期内可以改变其数额的成本,即通过部门员工的主观努力可以控制的各种消耗。变动成本一般是可控成本。管理人员若变换每份菜的份额,或对食品原料采购、验收、储存、生产等环节加强控制,食品成本会相应发生变化。大多数变动成本和某些固定成本也是可控成本。例如:广告和推销费用、大修理费、管理费等都是可控成本。

不可控成本是指在短期内无法改变的成本。固定成本一般是不可控成本。例如,租金、折旧和还本付息分摊等都是无法立即改变数额大小的不可控成本。

可控成本和不可控成本的划分为餐饮管理中的成本控制提供了理论依据,可以引导部门管理人员将成本控制的主要精力放在可控成本的控制上,从而尽量降低成本消耗,提高经济效益,而对于那些不易控制的成本则相对减少控制精力,从而做好成本管理工作。

4)单位成本和总成本

单位成本通常是指单位平均成本,如每份菜品的成本或每杯饮料的成本。总成本则是单位成本的总和。例如,制作色拉,批量为 20 份,这批色拉的总成本为 60 元,则每份色拉成本为 3 元。

5)标准成本和实际成本

标准成本是酒店根据过去几年生产和经营的历史数据,结合当年的食品原料成本、人工成本、经营管理成本费用等成本要素的金额的变化,制订出每份菜肴的食品成本和总成本。在餐饮管理中,标准成本通常作为目标成本或计划成本来使用。目标成本或计划成本是一定时期内为完成餐饮实体的利润指标而制订的成本控制目标。因此,标准成本是进行成本控制的依据。

实际成本是酒店成本控制期内实际发生的各种食品成本、人工成本和经营费用,它是酒店进行财务核算的依据,是评估餐饮产品成本控制工作和调整标准成本的主要参考。

6)边际成本和机会成本

按照成本和决策的关系划分,可分为边际成本和机会成本。

边际成本是增加一定产销量所追加的成本。在餐饮管理中,经营者一方面要增加餐饮产品的产销量,以增加收入;但同时其成本也会相应增加。当固定成本得到全部补偿时,成本的增加又会相对减少,从而增加利润。但产销量的增加不是没有限制的,当超过一定限度时,市场供求关系发生变化,成本份额随之变化,从而使利润减少。从经营决策的角度来看,当边际成本和边际收入相等时,利润最大。所以边际成本是确定餐饮产品产销量的重要决策依据。

机会成本是指从多种方案中选择一个最佳方案时,被放弃的次优方案的潜在利益。例如,餐饮经营中要购置某种设备,有两种设备可以选择:购买甲设备,预计增收 2 万元,成本 1.6 万元,利润 0.4 万元;购买乙设备,预计增收 2.2 万元,成本 1.7 万元,利润为 0.5 万元。两种设备比较,当然选择乙设备较好,但是选择乙设备时要考虑放弃甲设备所失去的 0.4 万元利润,这 0.4 万元就是机会成本。所以,机会成本并不是实际发生的成本,它仅仅是选择决策方案时所放弃的方案的潜在利益。如果机会成本高于决策方案的潜在利益时,决策方案就应重新选择。因此,虽然机会成本并没有实际发生,但它仍然可以为企业决策提供参考依据。

7.1.3　餐饮产品成本的特点

从以上成本构成和类型看,餐饮产品成本具有以下特点。

1)变动成本比重大

在餐饮产品成本费用中,除食品饮料的成本外,在营业费用中还有物料消耗等一部分变动成本。这些成本和费用随销售数量的增加而成正比地增加,这个特点意味着餐饮价格折扣的幅度不能像客房价格那么大。

2)可控制成本比重大

除营业费用中的折旧、大修理费、维修费等不可控制的费用外,其他部分费用成本以及食品原料成本都是餐饮管理人员能控制的费用。这些成本发生额的多少直接与管理人员对成本控制的好坏相关,并且这些成本和费用占营业收入的比例很大。这个特点说明餐饮产品成本控制工作十分重要。

3)成本泄漏点多

成本泄漏点是指餐饮经营活动过程中可能造成成本流失的环节。餐饮产品成本的大小受经营管理的影响很大。在菜单的计划、食品饮料的成本控制、餐饮的推销和销售控制以及成本核算过程中涉及的许多环节,如菜单计划—采购—验收—储存—发料—加工切配—烹调—餐饮服务—餐饮推销—销售控制—成本核算。这些环节都有成本泄漏的机会,都可能成为成本泄漏点。

①菜单计划和菜品的定价影响顾客对菜品的选择,决定菜品的成本率。

②对食品饮料的采购、验收控制不严,或采购的价格过高,数量过多会造成浪费,数量不足则影响销售额。

③采购的原材料不能如数入库,采购的原材料质量不好都会导致成本提高。

④储存和发料控制不佳,会引起原料变质或被偷盗,也会造成损失。

⑤加工和烹调控制不好会影响食品的质量,也会加大食品饮料的折损和流失量,对加工和烹调的数量计划不好也会造成浪费。

⑥餐饮服务关系到顾客的满意程度,也会影响顾客对高价菜的挑选从而影响成本率。餐饮推销工作的好坏不仅影响收入,也影响成本率,例如增加宴会上饮料的推销会降低成本率。

⑦销售控制不严,销售的食品饮料的数量与标准收入不符,也会使成本比例增大。

总之,餐饮企业若不加强成本的核算和分析就会放松对各个环节的成本控制。对上述任何一个环节控制不严都会产生成本泄漏。

7.2　餐饮产品成本核算内容与方法

餐饮产品成本是指餐饮企业在生产餐饮产品所占用和消耗的资金。在实际中,餐饮产品成本核算以原料成本为主,原料主要有主料、配料和调味品之分。

主料是制作餐饮产品的主要原材料,一般在餐饮产品成本中占较大比例,如土豆烧牛肉中的牛肉。有的虽然不占主要分量,但价值较高,是产品的主要成本构成,如鱼翅羹里的鱼翅。

配料是餐饮产品成本中的辅助原材料,花色品种繁多,在成本中占较小比例,如红烧鱼中的大蒜。菜肴的主料和配料是相对而言的,在一份产品中作为主要的原料,在另一份菜肴中可能被用作配料。

调味品是制作餐饮产品的辅助材料,用量较少,主要起到色、香、味、形的调节作用。

所以,本节就餐饮企业中的原料和酒品饮料的成本核算作一个介绍。

7.2.1　原料加工的成本核算

餐饮产品成本核算是从原料加工开始的。食品原材料种类不同,加工方式和出料要求不同,其成本核算的具体方法也不一样。主要有下述 4 种情况:

1)一料一档成本核算

一种原材料经过加工处理后只有一种净料,下脚料已无法利用。其成本核算是以毛料价值为基础,直接核算净料成本。核算公式为:

$$C = \frac{PQ}{Q_n}$$

$$r = \frac{Q_n}{Q}$$

式中　C——净料单位成本;

P——毛料价；

Q——毛料重量；

Q_n——净料重量；

r——出料率。

【例 7.1】 厨房用胡萝卜 25 千克和木耳 8 千克做原料，胡萝卜进价 0.86 元/千克，木耳进价 98.4 元/千克。经加工处理后，得到胡萝卜净料 21 千克，水发木耳 20.6 千克。请分别确定两种原料的单位成本和出料率。

案例分析：

①直接代入公式计算两种原料的单位成本 C_1 和 C_2。

$$C_1 = \frac{25 \times 0.86}{21} = 1.02(\text{元} / \text{千克})$$

$$C_2 = \frac{8 \times 98.4}{20.6} = 38.21(\text{元} / \text{千克})$$

②直接代入公式计算两种原料的出料率 r_1 和 r_2。

$$r_1 = \frac{21}{25} \times 100\% = 84\%$$

$$r_2 = \frac{20.6}{8} \times 100\% = 257.5\%$$

2）**一料多档成本核算**

一种原材料经加工处理后可以得到两种以上的净料或半成品，这时，要分别核算不同档次的原料成本。食品原材料加工处理形成不同的档次后，各档原材料的价值是不相同的。为此，要分别确定不同档次的原材料的价值比率，然后才能核算其分档原料成本。其核算公式为：

$$C_n = \frac{PQf_n}{Q_n}$$

式中 C_n——分档原料单位成本；

P——毛料价格；

Q——毛料重量；

f_n——各档原料价值比率；

Q_n——各档净料重量。

【例 7.2】 厨房领光鸡 75 千克，进价 16.24 元/千克，经加工处理后得到鸡腿 18.6 千克，鸡胸 15.4 千克，鸡翅 12.5 千克，鸡杂 8.6 千克，鸡架、鸡脖 13.6 千克，其余为下脚料无值。各档原料价值比率分别为 42.5%、30.6%、12.4%、9.5%和 5%。请核算各档原料单位成本。

案例分析：

直接代入公式计算。

$$C_1 = \frac{75 \times 16.24 \times 42.5\%}{18.6} = 27.83(\text{元} / \text{千克}) \quad (\text{鸡腿})$$

$$C_2 = \frac{75 \times 16.24 \times 30.6\%}{15.4} = 24.2(\text{元} / \text{千克}) \quad (\text{鸡胸})$$

以此类推,即可核算出其他各档原料的单位成本。

3)多料一档成本核算

多种原材料经加工处理后,得到一种净料或半成品,这种情况主要适用于批量生产的餐饮产品成本核算。厨房在生产过程中,某些批量生产的餐饮产品,尽管各种原材料的加工方式不同,但加工后的原料最终混合成一种净料。这时,只要将各种原材料的实际成本汇总,即可核算出单位成本。其计算公式为:

$$C = \frac{\sum PQ}{Q_n}$$

式中　C——混合原料单位成本;

P——毛料进价;

Q——毛料重量;

Q_n——混合原料重量。

【例 7.3】　厨房生产小笼包子一批,馅料用量如表 7.1 所示,经加工处理,得到馅料 23.8 千克,请核算馅料单位成本。

表 7.1　产品生产成本记录表

原料	用量/千克	单价/元	成本/元	备注
腿肉	15	9.2	138	
肉皮	4	3.6	14.4	
红糖	2.8	2.9	8.12	
麻油	0.5	18.4	9.2	
味精	0.03	98.8	2.96	
胡椒	0.02	64.3	1.29	
生姜	0.3	3.8	1.14	
红醋	0.3	1.4	0.42	
酱油	1.6	1.2	1.92	
其他	—	—	9.80	
合计			187.25	

案例分析：

直接计算单位成本。

$$C=\frac{187.25}{23.8}=7.87(\text{元/千克})$$

4）**多料多档成本核算**

多种原材料经过加工处理后，得到一种以上的净料或半成品。这种情况主要适用于餐饮产品的再加工或分类使用。其成本核算方法是先分档核定原料成本，再确定净料或半成品价值比，最后核定分档原料或半成品成本。其核算公式为：

$$C=\frac{\sum PQf_n}{Q_n}$$

式中　P——分档原料价格；

Q——分档毛料重量；

f_n——分档原料或半成品价值比；

Q_n——分档原料或半成品重量。

【例 7.4】　厨房烹制一锅鸡汤做烹调汤使用。预计可分 30 份，用料为老母鸡 4.8 千克，毛值 11.8 元/千克，另用一种配料 0.2 千克，进价 68.4 元/千克，其他调味品 1.85 元，烹制后鸡汤作烹调汤使用，鸡肉改作他用，重 3.6 千克，其价值比率为 22.8%，请核定鸡汤和鸡肉的单位成本。

案例分析：

运用公式直接计算：

$$C_1=\frac{(4.8\times11.8+0.2\times68.4+1.85)\times(1-22.8\%)}{30}=1.86(\text{元/份})\quad(\text{鸡汤})$$

$$C_2=\frac{(4.8\times11.8+0.2\times68.4+1.85)\times22.8\%}{3.6}=4.57(\text{元/份})\quad(\text{鸡肉})$$

7.2.2　产品成本核算

产品成本核算是在食品原材料加工成本核算的基础上进行的。

单件产品成本核算是根据餐饮产品花色品种，在指定单件产品标准成本的基础上进行的。厨房在生产过程中，要根据单件产品的种类、规格、原料配方，通过加工测试，事先确定每种产品的标准成本，以此作为产品生产管理中投料用料的依据，实行标准化管理。在实际生产过程中，单件产品的成本核算并不是每天对每件产品的成本消耗进行具体核算，而是采用抽样调查的方法核算其实际成本和标准成本的差额，纠正偏差，控制成本消耗。具体方法包括 3 个步骤：

第一步，随机选择产品抽样，测定单件产品实际成本消耗。厨房每天生产的餐饮产品花色品种很多。厨房按照单件产品标准成本的要求投料用料，烹制产品。在日常成本管理中，就可以定期或不定期地随机抽样，选择部分单件产品测定其实际成本消耗，获得有关数据，然后同标准成本比较。

第二步，根据抽样测定结果，计算成本误差。在随机抽样和测定单件产品实际成本的基础上，同标准成本比较，即可发现成本误差。这时，厨房成本核算员分别计算出绝对误差和相对误差，再和计划要求比较，即可发现产品成本消耗的合理程度，为厨房成本控制提供客观依据。

第三步，填写抽样成本核算报表，分析原因，提出改进措施。单件产品抽样，其成本核算的产品不止一种。各种抽样产品成本核算的误差值计算出来后，成本核算员要填写抽样产品成本核算报表，同厨师或厨师长分析造成成本误差的原因，提出改进措施，即可为餐饮管理人员加强成本控制提供客观依据。

【例 7.5】　飞龙饭店中餐厨房生产某种餐饮产品，成本核算员在厨房进行抽样测定。经抽查，该种产品原料用量和标准用量如表 7.2 所示，饭店要求产品的成本误差应在±1.5%以内。请核定和分析该种产品成本消耗。

案例分析：

①根据抽样测定结果，计算标准成本和实际成本消耗，如表 7.2 所示。

表 7.2　餐饮产品原料消耗与标准用量表

原料	标准用量/千克	实际用量/千克	标准净价/元	标准成本/元	实际成本/元
A	0.25	0.27	8.6	2.15	2.32
B	0.08	0.09	12.5	1	1.13
C	0.05	0.04	6.8	0.34	0.27
D	0.03	0.05	10.2	0.31	0.51
E	0.02	0.03	18.6	0.37	0.56
F	0.18	0.02	9.8	1.76	0.2
合计				5.93	4.99

②实际成本和标准成本比较，计算该种产品成本相对误差。

$$相对误差=\frac{4.99-5.93}{5.93}\times 100\%=-15.85\%$$

抽样检测结果表明，实际误差与标准误差相差 14.35%（|−15.85%|−|±1.5%|），说明成本控制问题较大。究其原因，净料成本价格没有问题，主要原因是用料不准确，随意性强。特别是净料价较高的微量原料 D 和 F 投料不准，如微量原料 F 的用量误差为(0.02−0.18)/0.18×100%=−89%。从计算结果可以看出配料 F 的成本控制很差，将直接影响产品质量，必须引起高度重视。

在单件产品成本核算中,抽样测定要选择不同产品进行多次检查,分析其成本管理的好坏。

【例 7.6】 长安酒店对 5 种餐饮产品成本消耗进行抽样检查,每种产品在 1 周内检查了 5 次,其标准成本和实际测定结果如表 7.3 所示,请计算其成本消耗(成本误差要求为±1.5%)。

案例分析:

①根据抽样测定结果,分别计算每种产品实际平均成本。

表 7.3　成本抽样记录统计表

单位:元

产品名称	标准成本	抽样检查记录					实际平均成本
		1 次	2 次	3 次	4 次	5 次	
A	6.25	6.31	6.28	6.45	6.19	6.23	6.292
B	8.76	8.72	8.68	8.84	8.82	8.78	8.768
C	9.67	9.54	9.62	9.72	9.75	9.69	9.664
D	7.48	7.43	7.51	7.59	7.42	7.38	7.466
E	12.56	12.48	12.58	12.63	12.52	12.46	12.534

②比较实际成本和标准成本,分别计算每种产品的成本误差。

$$\text{成本误差 A} = \frac{6.292 - 6.25}{6.25} \times 100\% = 0.67\%$$

$$\text{成本误差 B} = \frac{8.768 - 8.76}{8.76} \times 100\% = 0.09\%$$

$$\text{成本误差 C} = \frac{9.664 - 9.67}{9.67} \times 100\% = -0.06\%$$

$$\text{成本误差 D} = \frac{7.466 - 7.48}{7.48} \times 100\% = -0.19\%$$

$$\text{成本误差 E} = \frac{12.534 - 12.56}{12.56} \times 100\% = -0.21\%$$

③计算综合成本误差。

$$\text{综合成本误差} = \frac{0.67\% + 0.09\% - 0.06\% - 0.19\% - 0.21\%}{5} = 0.06\%$$

④填写抽样成本核算误差记录,如表 7.4 所示。

表 7.4　成本抽样报告表

单位:元

产品	标准成本	实际成本	绝对误差/%	相对误差/%
A	6.25	6.292	0.042	0.67
B	8.76	8.768	0.008	0.09

续表

产品	标准成本	实际成本	绝对误差/%	相对误差/%
C	9.67	9.664	−0.006	−0.06
D	7.48	7.466	−0.014	−0.19
E	12.56	12.534	−0.026	−0.21
合计			0.3	

【例 7.7】 冷荤厨房生产一批酱牛肉，成品重 10.2 千克，标准成本 23.18 元/千克，成本误差要求不超过±2%。当日实际耗用原料如表 7.5 所示，请核算产品成本。

表 7.5　产品生产原料记录表

原料	单价/元	用量/千克	成本/元
牛肉	12.8	15.6	199.68
生姜	8.65	0.2	1.73
大料	48.2	0.1	4.82
葱根	0.92	0.35	0.32
蒜瓣	5.28	0.42	2.22
酱油	2.68	2.5	6.7
其他	—	—	5.9
合计		221.37	

案例分析：

①按实际原料消耗核算批量产品总成本，结果如表 7.5 所示。

②计算单位产品成本 C。

$$C = \frac{221.37}{10.2} = 21.7(\text{元} / \text{千克})$$

③计算成本相对误差。

$$\text{相对误差} = \frac{21.7 - 23.18}{23.18} \times 100\% = - 6.38\%$$

④填写生产成本记录表(略)。

【例 7.8】 某饭店 4 月 8 日对厨房分类产品成本消耗进行核算，资料如表 7.6 所示，成本误差要求不超过±1.5%，请核算并分析分类产品成本消耗。

表 7.6　厨房成本记录表　　单位:千元

产品	成本核算记录				当日成本	当日收入	当日成本率/%	标准成本率/%
	领料单	转账单	调拨单	厨房调整数				
热菜	1.25	0.86	-0.08	-0.03	2.00	6.78	29.5	34.89
冷荤	0.78	0.18	0.07	0.12	1.15	3.42	33.63	35.68
面点	0.23	0.15	0.12	0.08	0.58	1.77	32.77	35.52

案例分析:

①计算分类产品标准成本 C。

$$C_1\text{ 热菜} = 6.78 \times 34.89\% = 2.37(\text{千元})$$

$$C_2\text{ 冷荤} = 3.42 \times 35.68\% = 1.22(\text{千元})$$

$$C_3\text{ 面点} = 1.77 \times 35.52\% = 0.63(\text{千元})$$

②计算分类产品成本误差。

$$r_1\text{ 热菜} = \frac{2.00 - 2.37}{2.37} \times 100\% = -15.61\%$$

$$r_2\text{ 冷荤} = \frac{1.15 - 1.22}{1.22} \times 100\% = -5.74\%$$

$$r_3\text{ 面点} = \frac{0.58 - 0.63}{0.63} \times 100\% = -7.94\%$$

③填写分类成本记录,如表 7.7 所示。

表 7.7　分类产品成本误差报告表　　单位:千元

产品	标准成本	实际成本	成本误差/%	当日收入	当日成本率/%	标准成本率/%	成本率差额/%
热菜	2.37	2.00	-15.61	6.78	29.5	34.89	-5.39
冷荤	1.22	1.15	-5.74	3.42	33.63	35.68	-2.05
面点	0.63	0.58	-7.94	1.77	32.77	35.52	-2.75
合计	4.22	3.73	-29.29	11.97	31.16	35.21	-4.05

7.2.3　调味品成本核算

调味品在使用上的特点是品类多,用量少,使用的间隔时间短,速度快。它是生产菜点不可缺少的组成要素之一。在某些特殊菜点里，调味品用量相当多，在产品成本中接近甚至超过主、配料。菜点的加工和生产，基本上可分为两种类型，即单件生产和成批生产。单件生产的以各类热菜为主，成批生产的以冷菜制作和各种主食、点心为主。生产类型不同，调味品的计算方法也不同。

1)调味品单件成本计算

单件成本指单件制作某产品的调味品成本，也称个别成本。各种单件生产的热菜的调味品成本都属于这一类。计算这一类产品的调味品成本，首先要把各种常用调味品的用量估算出来，然后根据进价，分别算出其价格，最后逐一相加即可。

单件产品调味品成本计算公式：

$$单件产品调味品成本 = 单位产品耗用的调味品①成本 + 调味品②成本 + \cdots + 调味品(N)成本$$

【例7.9】 清官酒楼的一份罐焖鹿肉，耗用的各种调味品数量及其成本分别是：

生油20克	0.21元	老抽15克	0.18元
白糖5克	0.15元	桂皮2克	0.10元
八角2克	0.15元	料酒10克	0.08元

计算每份罐焖鹿肉的调味品成本。

只要把上列各种调味品成本逐一相加就可计算出该份罐焖鹿肉的调味品成本，即：

$$0.21 + 0.18 + 0.15 + 0.10 + 0.15 + 0.08 = 0.87(元)$$

2)调味品平均成本计算

平均成本也称综合成本，指批量生产(成批制作)的菜品的单位调味品成本。点心类制品、冷菜卤制品，以及部分热菜等都属于这一类。计算这类产品的调味品成本，应分两步进行。

①第1步：用容器估量和体积估量估算出整个产品中各种调味品的总用量及其成本。当然，如用整听、整袋装调味品，可根据单位数量计数，如听装炼乳、袋装盐等。由于在这种成批制作的情况下，调味品的使用量一般较多，应尽可能过秤，以确保调味品成本计算的精确，同时也能保证产品质量的稳定。

②第2步：用产品的总重量来除调味品的总成本，即可计算出每一单位产品的调味品成本。批量产品调味品平均成本的计算公式是：

$$批量产品调味品平均成本 = \frac{批量生产耗用调味品总值}{产品总量}$$

【例7.10】 某厨房用鸡爪5千克制成紫金凤爪4千克，经称量和瓶装调料统计用去各种调味品的数量和价款为：

紫金辣酱 2 瓶	8.80 元	生抽 50 克	0.75 元
白糖 100 克	0.60 元	料酒 250 克	0.80 元
葱 150 克	0.30 元	姜 50 克	0.35 元
蒜头 100 克	0.65 元		

计算每一盘(每盘 100 克)紫金凤爪的调味品成本。

制作这批凤爪的调味品总成本是:

$$8.80 + 0.75 + 0.60 + 0.80 + 0.30 + 0.35 + 0.65 = 12.25(\text{元})$$

每一盘紫金凤爪调味品成本为:

$$12.25 \div (4\ 000 \div 100) = 0.31(\text{元})$$

7.2.4 酒水饮料成本核算

1)饮料的日成本核算与日成本报表

每日饮料成本的核算是根据每日发料额来计算的。为了便于控制和检查,许多餐饮企业要求餐厅和酒吧对每一种酒水和饮料的储存有规定的数量,即建立标准储存量制度。标准储存量制度能有效地防止饮料的短缺。每日向各餐厅发放饮料的数量要使每日营业开始时其储存量就达到标准量。

许多酒水饮料价格较高,为了更有效地随时发现其短缺,有些企业实行保留空瓶制度。对零杯销售和混合销售的饮料要求保留空瓶,使这些酒水瓶子总保持在标准数量。整瓶销售的饮料往往由服务员将整瓶送到桌上,有时难以保证完全回收空瓶,因此就要求服务员填写整瓶销售单。在领料时,各餐厅和酒吧不仅需填写领料单而且还要附上空瓶和整瓶销售单。那么,每日饮料销售额就是各餐厅和酒吧各种饮料的空瓶数或整瓶销售数乘以每种饮料单价的总和。一些企业不推行凭空瓶领料制度,而是通过由各餐厅和酒吧清点库存量来算出领料量。

$$\text{领料量} = \text{各种饮料标准储存量} - \text{实际库存量}$$

如果采取标准储存量制度,则每日的领料额实际就是上日的饮料消耗额。

$$\text{上日饮料消耗额} = \sum \text{本日各种饮料发料瓶数} \times \text{每瓶成本单价}$$

若不采取标准储存量制度,则当日的发料额即为当日饮料的消耗总额。不管是否采取标准储存量制度,在饮料消耗总额上还要加减成本调整额和各项扣除额才是日饮料成本净额。计算公式为:

$$\begin{aligned}\text{日饮料成本净额} = {} & \text{本日饮料发料额} + \text{转饮料的食品成本} - \text{转食品的饮料成本} - \\ & \text{赠客饮料成本} - \text{招待用饮料成本} - \text{其他扣除成本额}\end{aligned}$$

由于每日的饮料成本核算没有将酒吧或餐厅库存的没售完的半瓶酒考虑进去,因而不十分精确。在日饮料成本表中,列出逐日累积的成本额,精确度就较大(表 7.8)。

表 7.8　日饮料成本表

日期：　　　　星期：　　　　天气：

项目	当日	当月累计
	成本/元	成本/元
饮料发料总额	3 460.18	122 564.38
+转饮料的食品成本	480.30	4 200.26
-转食品的饮料成本	203.75	2 885.17
-赠客饮料成本	0	0
-招待用饮料成本	160.12	1 553.20
-其他扣除成本额	360.36	29 624.45
净额成本合计	3 216.25	92 701.82

2）月饮料成本的核算与月报表

对月饮料成本的核算，需要进行库存盘点。一般来说，需要对库房的饮料以及餐厅和酒吧结存的饮料进行盘点。而有的管理人员却认为，如果在餐厅和酒吧实行标准储存量制度，则餐厅和酒吧的储存量在月末和月初不会有很大差别，可不必考虑在内。在库房盘点时，要清点各种酒水和饮料的瓶罐数量，再乘以各种饮料的单价，就能汇总得出库房的饮料库存额。在餐厅和酒吧清点时，除了要清点整瓶的数量，还要对各类酒水的不满整瓶的量作估计，或称量算出估计量，再核算出金额。月成本额是通过对期初库存额、本月采购额和期末库存额的汇总，算出本月的消耗总额，再加减调整额和各项扣除额，得出饮料净成本额。

月初库房库存额	23 000 元（取自上月末库存数据）
+月初餐厅/酒吧库存额	12 000 元（取自上月末库存额数据）
+本月采购额	18 000 元（汇总验收单数据）
-月末库房库存额	5 000 元（本月末库房实际盘存额）
-月末餐厅/酒吧库存额	16 000 元（本月末餐厅/酒吧盘存额）
本月饮料消耗总额	32 000 元

本月饮料消耗总额	32 000 元
+转饮料的食品成本	6 000 元
-转食品的饮料成本	7 500 元
-其他扣除额	2 500 元
本月饮料成本净额	28 000 元

饮料成本月报表要反映每个月饮料的消耗情况和饮料的营业收入，由此算出饮料的月成本率。月成本率与标准成本率进行比较，便能清楚地反映一个月饮料成本控制的效果。饮料成本月报表应尽量简洁，很多企业将其与食品成本月报表列在一起，方便管理人员使用。

7.3 餐饮产品成本分析与控制

7.3.1 餐饮产品成本分析

1）餐饮产品成本分析的含义与意义

当前，餐饮业市场竞争日趋激烈。在此背景下，酒店餐饮业要在竞争中立于不败之地，就必须根据自身的经营特点有针对性地进行成本控制，有效地强化成本管理。

酒店餐饮产品成本分析是指利用酒店餐饮产品成本核算资料及其他有关资料，全面分析酒店餐饮产品成本水平及其构成的变动情况，研究影响酒店餐饮产品成本升降的各个因素及其变动的原因，寻找降低成本的规律和潜力。

酒店餐饮产品成本的分析是成本控制的前提条件。通过成本分析可以正确认识和掌握成本变动的规律，不断挖掘酒店餐饮内部潜力；降低餐饮产品成本，提高酒店的经济效益。通过酒店餐饮产品成本分析，可以对成本计划的执行情况进行有效控制，对执行结果进行评价。肯定成绩，指出问题，以便采取措施，为提高经营管理水平服务，编制下期成本计划和作出新的经营决策提供依据，给未来餐饮产品成本管理指出努力的方向。

2）酒店餐饮产品成本分析的重点

餐饮收入一般占酒店总收入的30%~40%，成为酒店收入的主要来源之一，其相应发生的成本也就成为成本控制的主要内容。酒店餐饮产品成本控制要以成本分析为基础，才能落到实处，下面主要从3个方面作酒店餐饮产品成本分析。

（1）菜单标准成本与实际成本的分析

在餐饮部，菜单占据着重要的位置。菜单不仅决定餐饮经营如何组织和管理，而且决定餐饮目标的实现程度。对于顾客来说，菜单绝不仅仅是一张提供食品的清单，菜单代表了经营者的形象；对于食品制作人员来说，菜单决定了哪些食品必须准备；对于销售人员来说，菜单是主要的内部营销和销售工具；对于成本控制人员来说，菜单是成本分析的基础和成本控制的主要手段。设计菜单时，厨师不仅要考虑顾客的利益，也要考虑餐饮经营的财务目标。每一种菜单菜肴都必须配备标准食谱，需要具体的配料、每种配料所需的数量、制作工序、每份的分量和相应的设备、配菜以及食品制作所需要的其他数据。标准食谱和标准出菜份额确定后,每份的标准成本或整套菜的标准成本就可以计算出来,菜单的标准成本是餐饮产品成本分析的基础。举例说明如下:

①宴会成本分析。宴会最多见的形式是婚宴。一般每家酒店都配备有多套的婚宴菜单供客户选择。每套婚宴菜单都有标准的食谱,根据标准食谱可以计算菜单的标准成本。根据宴会的菜单确定负责的厨房。婚宴通常由中餐厨房负责,成本控制部可以根据每单宴会的实际转货成本与菜单的标准成本进行比较,确定转货的合理性和操作的标准性,如果每单成本差异率大于 3%,该单的转货基本上存在问题。为防止把宴会厅作为垃圾桶,需要对转货进行一定的控制,控制的主要手段就是宴会成本分析,可以根据用量差异和价格差异进行分析,找出存在的问题。每单宴会成本差异率计算公式如下:

$$\text{每单宴会成本差异} = \text{该单宴会实际成本} - \text{实际桌数} \times \text{标准成本}$$

$$\text{每单宴会成本差异率} = \frac{\text{每单宴会成本差异}}{\text{每单宴会实际收入}}$$

②中餐成本分析。中餐成本分析类似于宴会成本分析,为简便工作可以按旬或按月分析。根据每道菜实际的销售份数与标准菜谱成本之积的总和确定标准总成本,标准总成本率与实际成本率的差异如果超过一定的比率,成本控制就可能存在一定的问题,存在操作未按标准执行,或存在一定的浪费现象。该比率应根据餐厅的实际经营情况,按照成本控制的重要性原则确定。如果客人的点菜都有标准的菜单,确定为 1% 也是合理的,有的餐厅可能确定为 2% 、3%,甚至 5%。其计算公式如下:

$$\text{标准总成本} = \sum \text{每道菜实际销售份数} \times \text{该道菜标准成本}$$

$$\text{标准总成本率} = \frac{\text{标准总成本}}{\text{有标准菜谱的菜单总收入}}$$

$$\text{成本差异率} = \text{实际成本率} - \text{标准成本率}$$

(2)销售比率的分析

餐饮产品成本的构成较复杂,操作的弹性也较大,不同菜品的销售比例将导致成本率的不同,进而影响毛利率的高低。以顾客为导向的餐饮业追求的不仅仅是顾客的满意率,还需要较高的餐饮毛利率。如何搭配菜品的比例,如何定价,如何推销菜品都是一门很深的学问,在这里主要探讨菜品销售比例对毛利率和成本率的影响以及可能存在的问题。

①食品销售比率分析。餐厅通常经营三大类的菜品,即高档菜品,如鱼翅、燕窝和鲍鱼等;中档菜品和低档菜品,如蔬菜、家常菜和普通点心等。根据酒店餐饮经营的目标和兼顾顾客的利益,假如餐厅经营相对稳定,月均收入为 D,$D=R_1+R_2+R_3$,设定高档菜品的平均成本率为 50% 、收入为 R_1,中档菜品的平均成本率为 35%(预算成本率)、收入为 R_2,低档菜品的平均成本率为 25% 、收入为 R_3,如表 7.9 所示。

表 7.9 销售比率分析表

食品	成本率/%	收入	成本	毛利	毛利率
高档	50	R_1	$50\%R_1$	$50\%R_1$	50%
中档	35	R_2	$35\%R_2$	$65\%R_2$	65%
低档	25	R_3	$25\%R_3$	$75\%R_3$	75%
合计		$D=R_1+R_2+R_3$			$50\%\times\frac{R_1}{D}+65\%\times\frac{R_2}{D}+75\%\times\frac{R_3}{D}$

根据上表可得出平均毛利率的公式如下：

$$\text{菜品的平均毛利率}=50\%\times\frac{R_1}{D}+65\%\times\frac{R_2}{D}+75\%\times\frac{R_3}{D}$$

$$=75\%-10\%\times\frac{2.5R_1+R_3}{D}$$

根据上式可以得出下列结论：

a.高档菜品的销售比率越高，毛利率越低，中档菜品次之。

b.若菜品预算的平均毛利率需达到 65%时，则

$$\frac{2.5R_1+R_3}{D}=1, R_2=1.5R_1$$

c.若 $2.5R_1+R_3=D$，令 $R_3=0$

$$\frac{R_1}{D}=40\%$$

以上分析表明：为满足经营目标，即成本率为 35%，合理的销售比率应该是，中档菜品的销售收入为高档菜品的 1.5 倍，若大于 1.5 倍，成本率下降，反之成本率上升。经营高档菜品的比例最好不要超过 40%，否则菜品成本率无法达到经营目标，这是分析的理论依据，也是经营的准则。实际分析时，可以把成本率高于 45%列入高档菜品，分析其占总收入的比例以及对菜品成本率的影响程度，并将分析结果及时反馈给酒店餐饮部门。

②酒水销售比率分析。酒水销售比率分析类似于食品销售比率分析，按照一般的经营原则，杯酒和饮料的成本率较低，瓶酒的成本率较高，故瓶酒的销售比率和销售成本是分析的重点。

(3)存货周转率的分析

存货周转率(次数)是指一定时期内企业销售成本与存货平均资金占用额的比率，是衡量和评价企业购入存货、投入生产、销售收回等各环节管理效率的综合性指标。其计算公式如下：

$$\text{存货周转次数}=\frac{\text{销货成本}}{\text{存货平均余额}}$$

$$存货平均余额 = \frac{期初存货 + 期末存货}{2}$$

根据酒店的经营特点，酒店的存货并非纯粹为产销而储备，有一部分是服务于顾客的附加项目，例如免费茶点、饮料、酒水等，列入经营费用项目，因此为准确衡量存货的管理效率，计算存货的周转次数，需对公式进行改进，如下所示：

$$存货周转次数 = \frac{发货总数}{存货平均余额}$$

$$存货平均余额 = \frac{期初存货 + 期末存货}{2}$$

衡量存货管理效率需要确定一定的标准，该标准需要根据酒店的实际经营情况得到，根据经验可以按存货的月平均使用量确定合理的库存量，假如储存 3 种货物，即存货 1、存货 2 和存货 3，根据实际的领用情况可确定月平均使用量分别为 M_1、M_2 和 M_3，为满足经营需要，库存量需保持在最高不能超过 2.5 个月的用量，最少不能低于 0.5 个月的用量，计算存货周转率如表 7.10 所示。

表 7.10　存货周转率表

指标	存货 1	存货 2	存货 3	合计
平均月用量	M_1	M_2	M_3	$M_1+M_2+M_3$
最低库存量	$0.5M_1$	$0.5M_2$	$0.5M_3$	$0.5(M_1+M_2+M_3)$
最高库存量	$2.5M_1$	$2.5M_2$	$2.5M_3$	$2.5(M_1+M_2+M_3)$
平均库存量	$1.5M_1$	$1.5M_2$	$1.5M_3$	$1.5(M_1+M_2+M_3)$
标准存货月周转率	$\frac{M_1}{1.5M_1}$	$\frac{M_2}{1.5M_2}$	$\frac{M_3}{1.5M_3}$	$\frac{M_1+M_2+M_3}{1.5(M_1+M_2+M_3)}$
标准存货月周转率/%	66.67	66.67	66.67	66.67
最高月周转率/%	200.00	200.00	200.00	200.00
最低月周转率/%	40.00	40.00	40.00	40.00
存货年平均周转率/%	8.0	8.0	8.0	8.0

如果实际存货月周转率偏离标准周转率较远，存货管理肯定存在问题，主要问题总结如下：

①存货周转率较高，说明存货储备量不足，可能存在缺货损失，也容易被酒店餐饮部门投诉，特别是酒店餐饮业，销售的黄金时间通常在晚上，鉴于国内还不是很发达的物流配送系统，往往无法做到零库存。

②存货周转率较低，说明存货储备量较高，很有可能存在滞销品。众所周知，食品都有一定的保质期，一旦过期就不能再食用，所以潜在损失的风险也很大。为防止存货因保质期

方面的损失，在管理上应定期检查存货保质期，依靠先进的存货管理软件设定预警通知。总之，为提高酒店餐饮经营的管理水平，必须充分而有效地利用成本分析工具。其中，上述所探讨的3个方面内容，包括菜单标准成本与实际成本的差异及经营问题分析、销售比率与成本率、毛利率关系及其分析、合理存货周转率的确定和利用存货周转率诊断存货管理可能存在的问题等是应当特别关注的关键点和重点。同时还应当指出的是，标准成本和实际成本差异分析方法不仅适用于酒店餐饮产品成本控制，也适用于酒店客房费用的控制。

7.3.2 餐饮产品成本控制

1)餐饮产品成本控制的概念与意义

(1)餐饮产品成本控制的概念

餐饮产品成本控制，是指按照餐饮企业规定的成本标准，对餐饮产品的各成本因素进行严格的监督和调节，及时揭示偏差并采取措施加以纠正，以将餐饮实际成本控制在计划范围之内，保证实现餐饮企业成本目标，以提高餐饮企业在餐饮市场上的竞争力。餐饮产品成本控制是餐饮经营管理的重要组成部分，餐饮产品成本控制的好坏对餐饮经营的成败具有至关重要的作用。

(2)餐饮产品成本控制的意义

①加强餐饮产品成本控制，是提高餐饮盈利水平的基本手段。众所周知，餐饮企业盈利水平取决于餐饮营业收入和餐饮产品成本这两大要素，在餐饮价格和其他条件不变的情况下，其盈利水平取决于餐饮产品成本的高低。成本降低，盈利就增加，反之亦然。所以，增加收入是提高餐饮经济收益的基本途径；而加强成本控制，降低餐饮产品成本，则是提高餐饮盈利水平的基本手段。

②加强餐饮产品成本控制是增强餐饮企业竞争力的主要手段。低成本是餐饮企业竞争的重要优势。在所谓的餐饮不景气时期，随处可见在逆境中生存并发展壮大的餐饮企业，其成功的主要原因之一是建立科学的成本控制体系，使自己的餐饮经营成本低于社会和行业的平均成本，从而使自己的餐饮价格在竞争中奠定良好的基础。

③餐饮产品成本控制，是培养餐饮管理人员的核心内容。餐饮产品成本是一项综合的经济指标，餐饮产品成本控制水平在一定程度上反映了餐饮管理水平的高低。因此，要做好餐饮产品成本的控制，一方面要求餐饮企业有关部门履行职责，认真贯彻增收节支的原则，处处精打细算，不断提高生产经营管理效率；另一方面则需通过定期的核算分析，寻找餐饮产品成本升降的原因，找出餐饮经营管理中存在的问题，推动餐饮管理水平不断提高。可以说餐饮产品成本控制不仅是餐饮经营管理的核心内容，也是一门高超的管理技术。管理人员不仅要掌握经营管理的传统知识技术，还必须不断打破常规，进行逆向思维和创造性思维，才能探讨出超越平常的管理措施和方法，达到控制成本的目的。成本控制活动不仅能降低成本，还能通过这些活动开发管理人员的才干，培养餐饮业管理人才。

2)餐饮产品成本控制的具体内容

(1)食品原料的成本控制

食品原料的成本是菜肴的主要成本,它包括主料成本、辅料成本和调味品成本。食品原料成本通常由食品原料的采购量和消耗量两个因素决定。因此,食品原料成本控制的主要环节包括两个方面:食品原料的采购和食品原料的使用。

(2)饮料原料的成本控制

饮料原料的成本控制在很多方面与食品原料成本控制相同,也是从制订饮料采购计划、采购、验收、仓储、生产与销售的标准和程序入手。但由于大多数饮料可长期保存,饮料的加工程序比较简单,同时饮料属易携带物品,故饮料与食品原料的成本控制方法又有不同之处。

(3)人工成本控制

人工成本控制主要包括用工数量和员工工资率的控制。所谓用工数量主要指用于餐饮生产和经营的员工总数;而员工工资率是餐饮生产经营全部员工的工资总额除以员工生产和经营的总工时。人工成本控制就是对餐饮生产和经营总工时及工作人员的工资总额进行控制。现代化的餐饮经营和管理应从实际生产和经营技术出发,合理地进行定员编制,控制非生产和经营用工,防止人浮于事,以先进合理的定员、定额为依据,控制餐饮用工人数,使工资总额稳定在合理的水平上。

(4)燃料和能源成本控制

燃料和能源成本是餐饮经营中不可忽视的成本,尽管它在一盘菜的成本中可能占很小的比例,但是在一个餐厅的经营中,仍然占有一定的数额。控制燃料和能源成本主要是教育和培训全体员工,使他们重视节约能源,懂得节约燃料和能源的方法。此外,管理人员还应当经常对员工的节能工作和效果进行检查、分析和评估,并提出改进措施。此外,控制燃料和能源成本与制订厨房节能措施是分不开的。

(5)经营费用控制

除了食品原料成本、饮料原料成本、人工成本、燃料和能源成本,餐饮生产和经营成本还有许多项目,如固定资产的折旧费,设备的保养和维修费,餐具、用具与低值易耗品费,排污费,绿化费及因销售发生的各项费用。这些费用中有的属于不可控成本,有的属于可控成本。经营费用的控制方法只有通过加强餐厅的日常经营管理才能实现。

3)餐饮产品成本控制的基础工作

餐饮产品成本控制是以标准成本为基础,根据成本控制的基本规律进行的成本控制,是一个复杂的过程,基本程序如图 7.1 所示。

根据餐饮产品成本控制的基本流程,其工作步骤主要包括以下 4 个阶段。

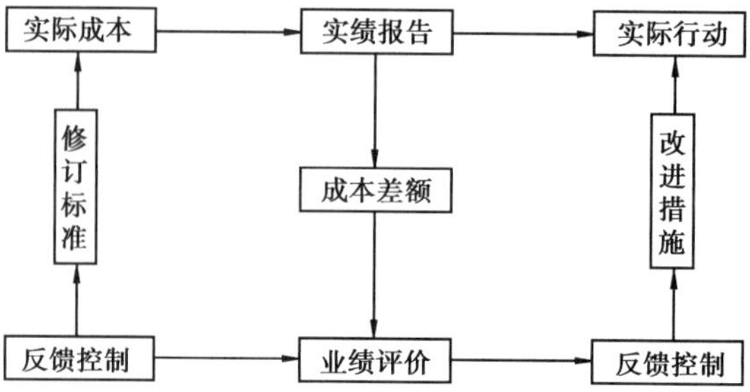

图 7.1　餐饮产品成本控制基本流程

(1)制订标准成本,提供控制依据

成本控制是以制订标准成本为起点的。标准成本是成本控制的依据。其制订方法是要根据餐饮业务过程中的成本发生环节分析成本对象。其内容又包括采购标准成本、食品库房标准成本、厨房生产标准成本、餐厅销售标准成本等。此外,还应包括水电气能源消耗标准成本、餐茶用品损耗标准成本、直接人工消耗标准成本等。只有事先制订出上述各种标准成本,才能为餐饮管理的成本控制提供客观依据。

(2)控制业务过程,掌握成本消耗

标准成本制订后,各项成本每天都在餐饮业务管理过程中的各个环节发生。例如,采购环节中的原料进价成本,库房管理中的原料进出库及盘点成本,厨房生产加工中的各种菜点成本,餐厅每日全部原料成本,水电气燃料消耗等。因此,只有控制业务过程,掌握这一过程中的各个环节或一定时期内的实际成本,才能发现问题、肯定成绩、纠正偏差,做好成本控制。

(3)分析成本差额,评价控制绩效

在餐饮业务管理过程中,各项实际成本每天都在发生变化。事实上,各环节的各项实际成本要和标准成本完全一致是不可能的,必然存在差额。因此,评价控制业务过程中,在账实相符的基础上,要将各环节的各项实际成本发生额同标准成本比较,分析成本差额,以便发现成本管理的好坏,纠正存在的问题和偏差。分析成本差要以重要原料、消耗量较大的原料和重要成本项目为主。其成本差额又包括价格差、数量差、成本差 3 种,计算公式为:

$$P_0 = P_1 \times Q_1 - P_2 \times Q_1$$

$$Q_C = P_2 \times Q_1 - P_2 \times Q_2$$

$$V_C = P_1 \times Q_1 - P_2 \times Q_2$$

式中　P_0——价格差;

P_1——实际价格;

Q_1——实际用量;

P_2——标准价格;

Q_2——标准用量;

Q_C——数量差;

V_C——成本差。

在分析成本差额的基础上，管理人员即可发现餐饮管理的各环节成本管理的好坏，对成本控制进行业绩评价，进而分析存在问题的原因，为成本控制措施的制订提供客观依据。

(4)提出改进措施，纠正管理偏差

在分析成本差额和评价控制绩效的基础上，管理人员一方面要肯定成绩、总结经验，另一方面要对造成成本差额的原因进行具体分析。例如，价格差是市场物价变动造成的，还是采购进价控制不当造成的；数量差是标准成本制订不尽合理造成的，还是管理漏洞、报损或加工损耗不合理造成的。在分析具体原因的基础上，可有针对性地提出改进措施，纠正管理偏差，做好成本控制，不断提高餐饮产品成本管理水平和经济效益。

4)餐饮产品成本控制的基本方法

餐饮产品成本控制是以成本差额分析为中心展开的。在餐饮业务管理过程中，由于原料成本在各环节的表现形式不同，因此，在制订标准成本的基础上，其成本控制也要根据各个环节的成本发生状况和表现形式来进行。其主要控制方法包括以下几个环节：

(1)采购环节的成本控制

采购是餐饮原料成本形成和成本控制的起点。采购成本的高低是影响餐饮原料成本总额及其合理程度的首要因素。因此，做好采购成本控制是降低餐饮产品成本消耗、提高经济效益的前提和基础。食品原料采购是零星分散的，而成本控制又要以标准成本为基础，因此餐饮采购成本控制的方法是：第一，以每次采购定价或货源报价规定的原料价格为基础，以每次领导审批或每天鲜活原料请购的数量为依据，制订采购标准成本，以此作为采购成本控制的客观依据；第二，定期或不定期地抽查实际采购成本，分析进价成本差额，采购成本控制以价格控制为主，每周至少抽查 3~4 次，每次以批量购进或一次购进的原料进货发票和验收单据为依据，抽查实际进价成本；第三，填写成本差额分析报表，针对存在的问题提出改进措施，并直接报告上级领导，指导开采购人员降低进价成本。餐饮采购成本控制如表 7.11 所示。

表 7.11　餐饮采购成本控制表　　单位：元

<table>
<tr><td colspan="8">抽查时间________　报告部门________　抽查采购员________</td></tr>
<tr><td rowspan="2">原料名称</td><td colspan="2">审批计划</td><td colspan="2">实际采购</td><td rowspan="2">价格差</td><td rowspan="2">数量差</td><td rowspan="2">成本差</td></tr>
<tr><td>数量</td><td>标准</td><td>数量</td><td>标准</td></tr>
<tr><td>A</td><td></td><td></td><td></td><td></td><td></td><td></td><td></td></tr>
<tr><td>B</td><td></td><td></td><td></td><td></td><td></td><td></td><td></td></tr>
<tr><td>C</td><td></td><td></td><td></td><td></td><td></td><td></td><td></td></tr>
<tr><td colspan="8">成本核算员________________</td></tr>
<tr><td>存在的问题</td><td colspan="3"></td><td>改进措施</td><td colspan="3"></td></tr>
</table>

(2)库房管理的成本控制

库房管理的成本控制是在每日盘点的基础上进行的。其目的是控制库存资金占用量，加快资金周转，节省费用开支。餐饮库房的原料成本控制方法是：第一，制订库房标准成本，以月度为基础，主要包括每月原料平均库存额、原料资金周转率、需要库存的原料最高存量；第二，检查实际库存状况，即每月盘点后，以库房为基础，分别统计每个库房的期初库存、当月进货、月末盘点等数据，然后计算实际库存与标准库存之间的差额；第三，分析库存成本差额及其原因，提出整改措施。餐饮库房成本控制如表 7.12 所示。

表 7.12　餐饮库房成本控制表

<table>
<tr><th rowspan="2">项目成本
库房</th><th colspan="2">标准成本</th><th colspan="2">实际成本</th><th colspan="2">相对误差率</th></tr>
<tr><th>平均库存
/万元</th><th>库存损耗率
/%</th><th>平均库存
/万元</th><th>库存损耗率
/%</th><th>平均库存
/万元</th><th>库存损耗率
/%</th></tr>
<tr><td>恒温库</td><td></td><td></td><td></td><td></td><td></td><td></td></tr>
<tr><td>化解库</td><td></td><td></td><td></td><td></td><td></td><td></td></tr>
<tr><td>冷库</td><td></td><td></td><td></td><td></td><td></td><td></td></tr>
<tr><td>酒水库</td><td></td><td></td><td></td><td></td><td></td><td></td></tr>
<tr><td>合计</td><td></td><td></td><td></td><td></td><td></td><td></td></tr>
<tr><td>库存周转次数</td><td></td><td></td><td></td><td></td><td></td><td></td></tr>
<tr><td>库存周转天数</td><td></td><td></td><td></td><td></td><td></td><td></td></tr>
<tr><td>存在的问题</td><td colspan="2"></td><td>改进措施</td><td colspan="3"></td></tr>
</table>

(3)厨房生产成本控制

厨房生产成本控制以餐饮产品的标准成本或可容成本为基础。标准成本是经过加工测试而制订的近阶段每种产品的盘菜成本或份额成本，它是产品生产成本控制的前提和依据。可容成本是根据团队、会议和宴会每餐每人的收费标准和标准毛利率确定的一个团队、一次会议或一次宴会每餐的标准成本，它是团队、会议或宴会成本控制的前提和依据。由于厨房每天生产的餐饮产品花色品种很多，每个团队、每个会议或宴会每餐的花色品种多为 6~10 种。因此，厨房生产成本控制就必须以厨师的实际操作为主，重点是按标准成本或可容成本的要求，控制食品原料加工的损耗率、净料出成率和相应的主料、配料和调味品使用数量。然后采用抽查的方式检查实际成本消耗，分析成本差额，找出存在问题，进而达到成本控制的目的。厨房生产成本控制如表 7.13 所示。

表 7.13　厨房生产成本控制表　　单位:元

<table>
<tr><td colspan="11">厨房________　抽查时间________　记录人________</td></tr>
<tr><td rowspan="2">抽查产品</td><td colspan="2">标准成本</td><td colspan="2">实际成本</td><td rowspan="2">菜单售价</td><td rowspan="2">标准成本</td><td rowspan="2">实际成本</td><td rowspan="2">相对误差/%</td><td rowspan="2">成本差额</td></tr>
<tr><td></td><td></td><td></td><td></td></tr>
<tr><td>A</td><td></td><td></td><td></td><td></td><td></td><td></td><td></td><td></td><td></td></tr>
<tr><td>B</td><td></td><td></td><td></td><td></td><td></td><td></td><td></td><td></td><td></td></tr>
<tr><td>C</td><td></td><td></td><td></td><td></td><td></td><td></td><td></td><td></td><td></td></tr>
<tr><td>D</td><td></td><td></td><td></td><td></td><td></td><td></td><td></td><td></td><td></td></tr>
<tr><td>合计</td><td></td><td></td><td></td><td></td><td></td><td></td><td></td><td></td><td></td></tr>
<tr><td>存在的问题</td><td colspan="4"></td><td>整改意见</td><td colspan="4"></td></tr>
</table>

(4)酒水成本控制

酒水成本是酒店宾馆餐饮产品成本的重要组成部分。酒水成本控制以控制酒吧间的鸡尾酒为主。各个餐厅的酒水成本应以瓶酒销售为主,其成本抑制重点在于酒水进价成本。而每天的销售成本只要不发生工作人员违规品尝现象,其实际成本和标准成本的差额就比较一致。酒吧间的酒水成本控制方法如下:

①制订鸡尾酒的标准成本。根据鸡尾酒的标准配方和标准用量制订的,以杯酒标准成本为主。

②检查实际成本消耗。具体方法也是以抽查为主。一般每周应抽样抽查 2~3 次,看杯酒实际成本和酒吧实际成本消耗的合理程度。

③分析与总结。分析成本差额,填写成本误差报表,提出改进措施。

(5)餐厅原料成本控制

餐厅原料成本控制包括食品原料成本和饮料成本。其成本控制是以餐饮为基础,根据标准成本率和实际销售收入统计资料及实际成本核算统计资料进行,是餐饮食品和饮料成本控制的汇总。在实际上作中,只要确定了每个餐厅的标准成本率,即可根据食品和饮料的销售收入核定标准成本,然后可将实际成本与标准成本比较,分析成本差额及存在的问题,进而找出存在问题的原因,提出改进措施。餐厅成本控制每周应汇总一次,其成本控制报告内容如表 7.14 所示。

表 7.14　餐厅成本控制表　　单位:万元

项目		中餐厅	西餐厅	咖啡厅	宴会厅	酒吧间	合计
标准成本率/%	食品						
	饮料						
	合计						
销售收入	食品						
	饮料						
	合计						
标准成本	食品						
	饮料						
	合计						
实际成本	食品						
	饮料						
	合计						
相对误差/%	食品						
	饮料						
	合计						
成本率差额	食品						
	饮料						
	合计						

在餐饮管理的上述各种原料成本控制方法中,每种控制方法都必须实现规定标准成本的数额或变动程度——价格差、数量差、成本控制的控制幅度,库房成本控制中的平均库存、资金周转的相对误差变动幅度,厨房和餐厅成本控制中的份额成本、期间成本的相对变动幅度等,并以此作为判断实际成本消耗合理程度的依据,才能做好日常成本控制工作。

(6)餐饮可控费用消耗控制方法

餐饮可控费用消耗主要包括餐茶用品、水电气燃料、人事成本费用 3 个方面。由于消耗方式不同,其控制成本也不完全一样。

①餐茶用品费用消耗控制。餐茶用品包括餐具、茶具、酒具、台布、口布、清洁用品和服务用品等。这些用品有的属于一次性消耗,大多数属于可重复利用的用品,其费用控制是逐月进行的。控制方法是根据餐饮费用、计划安排,确定标准费用预算,然后根据月度损耗确定实际费用消耗,与标准费用预算比较,分析费用差额,由此发现餐茶用品费用消耗中存在

的问题,查明原因,提出改进措施。餐厅餐茶用品费用消耗报告如表 7.15 所示。

表 7.15　餐厅餐茶用品费用消耗报告表

餐茶用品	当月预算	当月费用					费用差额
		当月耗用	单价	报损	费用	费用合计	
合计							

②水电气燃料费用消耗。水电气燃料费用是餐饮流通费用中的重要组成部分,其费用消耗的合理程度直接影响餐饮经营利润水平。在餐饮产品成本管理中,水电气燃料费用消耗要事先做费用预算,由此形成标准费用。随着餐饮业务管理的进行,水电气燃料费用不断产生,形成实际费用消耗额。其控制方法是以月度为基础,分析预算标准费用和实际费用差额,进而降低费用消耗,提高餐饮利润水平。餐饮水电气燃料费用控制如表 7.16 所示。

表 7.16　餐饮水电燃料费用控制报告表

报告部门＿＿＿＿＿＿ 月度＿＿＿＿＿＿ 记录人＿＿＿＿＿＿					
费用项目	当月预算	当月费用			费用差额
		耗用	单位价	费用发生额	
水费					
电费					
气费					
燃油					
酒精					
木炭					
其他					
合计					

③人事费用消耗控制。人事费用消耗控制以餐饮经营奖金消耗和临时工工资消耗为主。固定职工的工资总额属于固定费用,在短期内不受业务量的影响。在我国宾馆饭店、餐馆这两个部分人员费用开支都是按月支付的。其费用控制方法是根据企业的淡旺季不同,分别制订奖金和临时工月度计划,形成标准奖金额和临时工费用额。然后根据实际用人和当月经济效益,确定人均奖金额和临时工工资,形成实际人事费用开支,并分析费用差额。其目的是发现预算费用和实际费用开支的合理程度,控制人事成本中可控费用消耗,降低人事成本,提高盈利水平;人事费用消耗控制需要将奖金和临时工工资消耗分别计算,分析费用差额。餐饮人事费用消耗控制如表 7.17 所示。

表 7.17　餐饮人事费用消耗控制表　　单位:元

报告部门________	月度________		记录人________				
项目费用 / 部门	月度计划		当月实际		标准工资	实发工资	工资差额
	计划用人	工资标准	实际用人	人均工资			

7.4　人工成本控制

餐饮业是一种以手工操作为主的劳动密集型产业,人工成本一般占餐厅营业收入的30%~40%(包括支付给职工的薪金及非薪金形式的人工成本,如职工用餐、服装和培训成本等)。随着社会的发展,工资水平不断上升,人工成本在餐饮产品成本中所占的比重将呈上升趋势,人工成本对餐饮经营收益的影响会越来越大。

7.4.1　建立高效的人工成本控制系统

人工成本控制是在保证服务质量的基础上,对劳动力进行计划、协调和控制,使之得到最大限度的利用,从而避免劳力的过剩或不足,有效地控制人工成本支出。人工成本控制系统的内容包括制订操作标准,制订各项劳力安排指南,预测营业量,并据以安排劳动力。

1)影响员工配备和岗位设置的因素

人员的合理配备包括两层含义:一是指满足餐饮经营活动所需要的所有餐厅工作人员,包括管理人员的配备,也就是人员的定额;二是指员工的分工定岗,即餐厅各岗位的选择、人员的安排。餐饮企业人员的定员定岗是否恰当,不仅直接影响到劳动力成本的开支、职工队伍的士气高低,而且对餐饮生产效率、服务质量以及餐饮经营管理的成败都有着不可忽视的影响。

不同规模、不同档次、不同规格的餐厅,其员工配备的数量自然各不相同。即使同一地区、同一规模、同一档次的餐饮企业,配备的员工数量也不尽相同。影响员工配备的因素是多方面的,餐饮经营者只有综合考虑以下因素,再进行职工的定额,才是全面且可行的。

(1)餐厅的布局

餐厅、厨房的结构是否紧凑,布局是否合理,这是影响餐厅工作人员效率的一大因素。如果布局不科学,餐饮服务区与厨房生产区的距离过长,使服务员行走路程过长,体力消耗过大,就会增加人员需求。在厨房内,冷藏柜、保温柜和其他主要设备安装位置是否合理,用具是否放置在厨师容易够到的地方,直接影响其工作的效率,所以,减少厨师行走距离,保持体力，节省时间，保证生产流程顺畅，对提高工作效率、节约用工有着显著的效果。

(2)食品原料的成品、半成品化

厨房原料加工准备和食品烹调制作所需的时间或工作量多少是影响人工成本的另一大因素。如果餐厅供应的食品菜肴的所有原料都由厨房进行粗加工，如宰杀、切割、洗涤等，那就必然会导致较高的人工成本。如果厨房使用的方便食品或成品、半成品食物越多，就越能降低人工成本费用。例如已经拣洗的蔬菜，已经加工切割的肉类，已经分装好的调料等，都可以减少从事粗加工的职工人数从而降低人工成本。随着科学技术的发展，社会服务体系的完善，各类配送中心的建立，厨房中将会使用越来越多的半成品或成品原料。

(3)菜单的品种

菜单品种丰富，规格齐全，菜品加工制作复杂，加工产品标准要求较高，这必然会加大工作量，需要配备较多的生产人员。因此，餐饮经营者应适当减少或控制菜品品种数量，把那些劳力成本较高的菜品从菜单中删除。所以，控制菜单的品种是减少职工人数的另一大要素。

(4)员工的技术水准

员工的技术全面，操作熟悉程度高，工作效率就高，就可少配工作人员。如员工多为新手，或不熟悉餐厅的服务标准，或员工之间缺乏默契配合，工作效率低，不仅员工的需要量大，生产服务的差错率也会增加。员工的工作态度和工作技能影响员工的工作质量，而这又会影响客人的满意程度，同时也影响工作表现标准的制订。

(5)客流量和生产规模

由于餐饮企业产品的生产和销售几乎是同时进行的，产品的生产数量与当时客流量的大小直接相关。又由于餐饮产品和人工储存的生命期短，因而餐饮企业的人员配备要与不同时段的销售数量相匹配。餐饮企业在配备职工人数和安排班次时必须预计不同时段的客流量。在人员配备一定的情况下，企业的客流量越大，职工的劳动生产率也越高，直到餐厅的设备和职工的劳动力达到最大接待能力。例如，汉堡包快餐店在营业高峰时间每个职工每小时能准备和销售 100 份汉堡包，而在清淡时间只能生产和销售 10 份汉堡包。因而餐饮企业要找出企业客流规律，分出清淡和高峰时段，根据清淡和高峰时段不同的客流数量合理地安排职工人数，这样能减少人工的需要量和提高劳动生产率。

大型餐厅往往能够利用规模经济的优越性。生产规模大需要对职工进行专业化分工，将每个人分配于最有能力完成任务的岗位上，这样能够提高工作效率。在小企业中厨师也许要兼任洗碗和擦洗厨房的工作，或兼任其他并不擅长的工作，不仅能提高劳动效率，而且可减少人工费用。

2)制订各项人工安排指南

人工成本控制的基础是保证服务质量，餐饮经营者必须制订出体现服务质量要求的操作标准，并依此制订出各项劳力的安排指南。

首先，餐饮经营者应懂得固定劳力和可变劳力这两个不同的概念。固定劳力是指不管业务量大小企业经营所必需的最低劳务数量。而在此水平上附加的劳力则为可变劳力，可变劳力随业务量的大小而浮动，即当餐厅生产更多的菜品、接待更多的顾客时，将需要更多的服务工作人员和生产人员。下面就涉及固定劳力和可变劳力费用的人员设置来讨论劳力安排指南的制订。

(1)涉及固定费用的职工设置

涉及固定费用的职工的需要量与营业量的关系很少。在营业量增加和减少时，这类职工的需要量大体保持不变。在餐饮企业中，这类职工有餐厅经理、会计、主厨师长、收银员、维修工等，这类员工的工资占餐厅人工成本支出的相当一部分。餐饮企业应有固定的劳力标准，并尽可能地控制在关键的岗位上。固定员工的人数与劳力控制计划和人工开支的大小密切相关，所以对固定劳力的要求决定最低人力安排水平。

(2)涉及变动成本的职工设置

涉及变动成本的职工数量的配备与销售量有密切的联系。餐厅服务人员和厨房生产人员均属于这种类型的职工。当销售量达到一定程度时，就必须增雇人员，这类的人工费用会随之增加。反之，当销售量下降时，这类劳力的需求量就下降。变动劳力的配备，必须对每日和每时段的营业量进行具体分析。餐饮业在每周的不同日子中往往需求量不同，但这种需求量的变化仍然有一定的规律，做好顾客人数和菜品服务数的统计就能较准确地预测每日的营业量，这样餐饮经营者便能根据对各日营业量的预测来配备职工。

劳力安排指南是餐饮经营者进行劳力安排的工具，按照劳力安排指南的要求进行人员安排，可以有针对性地配备职工及设置岗位。餐饮经营者还应定期对自己的劳力安排指南作出重新评估。因为质量要求的变化、操作程序的变动等因素均会影响所需固定劳力的数量。而当预计到更多顾客就餐时，可计算一下各个岗位的允许工作小时数，在这个基础上确定可变劳力的水平。餐厅中至少有50%的工种可以根据需要来灵活调配人员，只要餐饮经营者能科学地进行劳力安排，就能降低劳力成本。

3)餐饮业的劳动生产率

衡量餐饮业劳动生产率的指标主要有两个：一是劳动生产力，二是劳动分配率。劳动生产力是衡量企业中平均每位职工所创造的毛利额，可用下式来表示：

$$劳动生产力 = \frac{销售额 - 食品饮料原料成本}{职工人数}$$

如果某餐厅有职工45名，年销售额为80万元，食品饮料原料成本额为28万元。则该餐厅的劳动生产力为：

$$\frac{800\ 000 - 280\ 000}{45} = 11\ 555.56(元)$$

劳动分配率表示人工费占毛利额的比例。假如上述餐厅平均每月的人工费为9 878元，那么其劳动分配率为：

$$劳动分配率 = \frac{人工费}{毛利额} \times 100\% = \frac{9\ 878 \times 12}{800\ 000 - 280\ 000} \times 100\% = 22.80\%$$

如果企业能精简人员或者雇用低薪职工，劳动分配率就会降低。劳动分配率越低，说明劳动生产效率越高。

劳动生产力与劳动分配率相乘即可得出平均每位职工的人工费：

$$职工平均人工费 = 劳动生产力 \times 劳动分配率$$

在上述例子中，每位职工的平均人工费为：

$$\frac{11\ 555.56}{12} \times 22.79\% = 219.46(元)$$

由以上公式可知，如果企业收入增加，节约开支，提高了毛利额，而职工人数不变，那么企业的劳动生产力就提高了。如果企业要保持原有的劳动力分配率，则企业可以提高每位员工的平均人工费，换句话说职工可以加薪了。而企业的净利润仍有提高。

在上述餐厅中，如果年毛利额增至 700 000 元，企业要保持原有的 22.79%的劳动分配率，员工的工资可以提高至：

$$\frac{700\ 000}{45 \times 12} \times 22.79\% = 295.43(元)$$

提高劳动生产率的首要因素是要培训员工树立正确的经营观念，积极开拓市场，节约开支，提高企业的毛利。其次是要合理地安排员工的班次和工作量，尽可能减少职工的雇用数量，减少员工无事可干的时间，减少人工费开支。

4）合理配备人员

确定了餐厅所需要的员工定额后，餐饮经营者还应考虑如何把这些职工安排在最合适的工作岗位上，使其发挥出最大的工作效能。

在员工的岗位设置上，要注意以下 5 点：

(1)量才使用，因岗设人

在对岗位人员进行选配时，首先要考虑各岗位人员的素质要求，即岗位任职条件。选择上岗的员工要能胜任、履行其岗位职责，同时要在认真细致地了解员工的特长、爱好的基础上，尽可能照顾员工的意愿，让其有发挥聪明才智、施展才华的机会。要避免因人设岗，否则，将为餐饮经营留下隐患。

(2)不断优化岗位组合

餐厅员工分岗到位后，并非一成不变。在经营过程中，可能会发现一些学非所用、用非所长的员工，或者会暴露出一些班组群体搭配欠佳，团体协作精神缺乏的现象。这样不仅影响员工工作情绪和效率，久而久之，还可能产生不良风气，妨碍管理。因此，优化餐厅岗位组合是必须的。餐饮管理人员要同时发挥激励和竞争机制，创造一个良好的工作环境和竞争环境，使各岗位的员工组合最优化。

(3)利用分班制

根据餐饮企业每日营业的高峰和清淡时段的客源变化，供餐时间不连贯及季节性显著的特点，安排员工在上午工作几小时，下午工作几小时，在餐厅不营业或经营清淡的时间，可以不安排或少安排职工上班，这样就可以节省富余劳动力。

(4)雇用临时工

为了节约开支，便于管理，餐厅需要有一支兼职人员的队伍。事实证明，只要有一些固定员工起核心作用，并对兼职人员稍加训练，餐厅经营活动就能正常运行，并不会影响服务质量。雇用临时工应注意要尽量定时，在保证人力需要的同时，还应注意进行技术培训，以保证质量。

(5)制订人员安排表

人力在很大程度上就如原料、机器设备一样，可以进行预算。人员安排表就是一种人员的预算。它说明职工人数应随着顾客数量的增加而相应增加，随着顾客人数的减少而相应减少。为此，餐饮企业必须根据自己的经营情况和所能提供的服务及设备条件，制订适合本企业的人员安排表，以适应餐厅经营活动的需要。

合理安排人员，就是从实际需要出发，科学地组织和调配人员，使人员的投入与产品的产出形成一个良好的比例。人员的合理安排，可以大大降低餐厅的人工成本。

7.4.2　提高工作效率

1)简化作业程序

简化作业程序就是通过仔细观察、详细记录各个岗位职工工作的整个程序，认真研究整个工作过程的每个步骤，改变操作规程，使职工的某些无效工作变为有效。

工作简化的目的在于采用最为经济的工作方法，取消那些既不能增加产品价值也不利于生产的不必要工作步骤，提高工作效率，以最少的人力获得最高的工作成效。工作简化的过程包括时间研究、动作流程研究、人机配合研究、左手右手动作研究等许多复杂技术。对于餐饮企业来说，工作简化的内容包括节省多余动作、改进方法以及设备的合理安排和巧妙设计。运用工作简化的方法，使职工掌握适合他们的简单并且适于变化的操作程序，餐饮企业就能较好地避免人力浪费现象。

工作简化并不是单纯强调职工更加努力或更快地工作，而是要求科学、有效地节约职工的动作步骤，减少每一项工作的劳力投入。管理人员要教育职工工作得巧一点，尽量做到既提高工作效率，又减少劳动力的支出。

2)提高自动化操作水平

在现代的餐饮企业中，不管其经营规模大小，均要不同程度地使用机器设备。厨房设备的机械化、自动化已经成为餐饮企业发展的必然趋势。厨房设备的发展改善了食品卫生条件，减轻了体力劳动，提高了工作效率。餐饮企业只有提高设备的自动化水平，才能在激烈的市场竞争中占有一席之地。

(1)尽量使用自动化水平高的厨房用具

以绞肉机、削皮机等机械代替劳动量大的食品原料粗加工工作；以自动化的洗碗机代替洗碗工的工作；以揉面机制作面团；使用烤箱、微波炉、油炸设备等新式的、效率高的设备，都可大量减少人工，使生产效率大大提高。无锡水秀饭店的名宴——西施宴，在使用了一些小型机械后，切配制作时间缩短了一半，工作人员减少了，宴席的质量也得到了提高。随着新技术的开发，定会研制出越来越多的、更为适合中式烹饪的、实用的烹饪机械，从而使大幅度降低人工成本成为可能。

(2)计算机在餐厅中的应用

①在餐饮经营过程中，计算机最多的是应用于收银业务上。使用计算机收账不仅快捷、准确，而且可以减少人员的配备。同时，运用计算机传递信息，作为成本收支和市场分析的工具，可减少管理人员的工作量，提高工作效果。若没有现代化的电脑信息管理，必然需要大量繁复的文书处理工作，势必要配备大量的文书工作人员，使人工成本增大，且工作效率也不能保证。

②使用计算机替代人工进行点菜。餐厅服务员首先使用掌上电脑记录客人点的菜，然后通过按键器传送。同时，收银台和厨房立即收到点菜单、酒水数量、桌号或包间号等信息，并通过打印机打印出来。这样，既提高了上菜的速度，又缩短了顾客的等候时间，减少了工作人员的需求量，从根本上改变了传统餐厅的工作程序。

餐厅的设备成本与人工成本是相互影响的两个方面。从长期经营的角度来看，设备的投入与人工成本相比是经济的。企业购置现代化、自动化设备所花费的资金可通过设备的折旧逐年回收，是长期性的，而企业付给员工的工资及各项福利支出则是一次性的，企业通过使用先进的设备所减少的人工成本部分，可望在设备的折旧年限内作为追加设备的投入成本，那么在以后的经营期内，设备对于企业来说像是无偿使用的，它所创造的利润将是巨大的。

7.4.3 控制非薪金形式的人工成本支出

餐饮业的人工成本可分为薪金和非薪金两种形式，即企业支付给职工的固定工资和奖金总额及员工的福利待遇。餐饮经营者对显性的薪金支出一般较为重视，控制起来也比较容易，而员工的福利待遇支出却是隐性的，常为经营者所忽视，其控制的难度也相对较大，而在许多情况下，福利待遇占人工控制成本的比例又很高，所以，加强这部分成本的管理对整个人工控制的成败具有重要的意义。下面就餐厅工作服的管理、餐厅员工用餐的控制、人员流动的控制进行分析。

1)餐厅工作服的管理

随着餐饮业的发展和顾客就餐要求的提高，明亮、统一而富有特色的员工工作服已成为餐厅形象的一种标志。餐厅的工作服是强调各岗位人员的职业服，是职能、级别、身份的形象标志。但餐厅工作服的管理存在不少难点。

(1)餐厅员工流动频繁，易造成工作服短缺

有些职工不办理离职手续便不辞而别，造成工作服的流失，使型号匹配不全。餐饮经营

者应掌握员工流动的情况，以便做好有关工作服供应、回收工作。

(2)服装面料、加工费上涨

服装面料、加工费上涨将造成制装工本费加大，资金支出超计划，增加资金压力。所以，西服面料应多用毛涤面料，服务人员工作服多用化纤面料，便于平整和洗涤，也利于控制成本。

(3)部分员工不爱惜工作服，穿工作服外出或回家

这方面的原因加大了损坏和洗涤压力，缩短了工作服的使用寿命，增加了成本流失。餐饮经营者应加强对员工仪表、仪容的检查，发现穿着工作服不规范的行为要及时纠正。杜绝外出、下班穿用工作服的现象。制订严格的奖惩制度和赔偿制度。

2）餐厅员工用餐的控制

许多餐饮企业设立单独的餐厅供职工用餐。在这种供餐形式下，需要安排专门的厨师制作工作餐，这就加大了厨房固定员工的数量。如果能合理地安排厨房员工的工作时间，使一部分厨师能兼职制作工作餐，无疑能减少相关人员配备。

另外，作为餐饮企业，职工用餐可以按定额发卡片，并错开顾客的用餐高峰时间。这种做法既可以解决同时为顾客和职工准备餐饮所产生的问题，又能减少厨房工作人员的工作量。

3）人员流动的控制

餐饮业的人员流动非常频繁，这是由餐饮业的特点所决定的，也是正常的现象。但如果餐厅的职工流失率过高，不仅会降低总体服务质量，还会增加人员招聘费用和新职工培训费用，从而影响工作效率，导致人工费用上升。餐饮经营者尤其应注意厨师队伍的稳定性。在聘用主厨时，大多数主厨会带来几名助手，这是可接受的。但这部分人员应注意控制，数量不能过多，否则会导致厨师长拥厨自重，不服从安排。若不得已解雇主厨，势必会流失大批厨房员工，影响餐厅的正常营业活动，损害餐饮企业的效益和形象，并且又要花费大笔的资金去重新招聘新的主厨。

总之，有效地控制人工成本不单只是节省人工开支，更是要求通过提高员工素质和服务质量使餐饮企业经营效益达到最佳。其重点应放在如何提高员工劳动生产率上，只有在单位时间内提高劳动产值和效益，人工成本才得到了有效控制和管理。

【案例·讨论】

中方厨师长的业绩

京城某五星级合资饭店历年来始终聘用外籍总厨师长。历任总厨师长也不负众望，既保证了食品质量，又能把食品成本率控制在28%~32%。1992年该饭店聘请了德国总厨师长彼得，彼得干练而有效率，食品质量也能达到顾客的期望。但问题是，他接任数月后，成本率却居高不下，并且已经到了令董事会不能接受的程度。出于无奈，董事会决定提前终止彼

得的合同。

在这种情况下，如果匆忙招聘并任用另一名外籍总厨师长。显然不太可能，而且也不能保证用工的质量。因此，中方总经理当即决定由中方副主厨王先生来代理总厨师长工作，代理期定为3个月。面对这个可行的建议，外方总经理却无论如何也不接受，理由是毕业于国际有名望的饭店管理学院的外籍总厨师长都不能控制好成本，一名中方副主厨怎能完成如此重任呢？面对巨大的压力，王先生没有退却，而是主动与外方总经理签订了3个月的责任书，这实际是纸军令状。

签订责任书的第二天，王先生和计财部黄女士制订了具体的成本控制方案。从采购、货物验收、仓库储存直至厨房每日填写各类食品明细录等，都制订出了详细的标准，仅半个月，食品成本率就比原来下降了3%~4%。

与此同时，王先生在相关部门的帮助下，还进行了详细的市场调查。由于当时汇率很高，致使人民币贬值，饭店房间是按美元收费，而餐费是按人民币（外汇）计算的。许多顾客都很清楚，饭店的宴会报价确实很低，已远远低于国际标准，但食品质量是上乘的。因此，将餐饮价格调整至合理的数额也是一件必须要做的事。王先生在黄女士的帮助下重新核算了宴会菜单成本，并依据饭店餐饮毛利率调整了宴会价格。此项措施，又使成本率下降了两个百分点。

另外，厨房部员工还在饭店培训部的配合下，开展"人员产出管理"的培训，引导和培训厨师们充分利用食品原材料，杜绝浪费。加工时，使用食品标准配比，既保证顾客所需的产品量，又不造成太多的浪费。强化厨师的节约意识，促使成本率趋向于正常。

3个月后，王先生不仅如期完成了责任书上的各项职责，大大超出了中外方总经理的期望，而且增强了整个厨房部的凝聚力，厨师们也都更加强烈地意识到了自己的责任。

案例分析：

作为一名厨师长应该怎样有效地控制成本？

复习思考题

1.什么是餐饮产品成本？从不同角度分类各有哪几种类型？

2.餐饮产品成本核算的方法有几种？分别详细说明。

3.简述餐饮产品成本核算的步骤。

4.什么是餐饮产品成本控制？其目的是什么？

5.餐饮产品成本控制包括哪些工作步骤？给出成本控制流程图。

6.怎样进行餐饮人工成本控制？

7.某厨房领黄瓜20千克，进价2.5元/千克，加工后得瓜条18.2千克，求黄瓜单位成本和净料率。

8.某饭店餐饮产品成本核算是1周内对3种餐饮产品成本消耗进行4次抽样调查，如表7.18所示，饭店要求成本误差控制在±2%以内，请分析成本消耗合理程度。

表 7.18　某饭店餐饮产品成本消耗调查表　　单位:元

产品	标准成本	抽样测定记录				平均成本
		1 次	2 次	3 次	4 次	
a	10.20	10.66	10.71	9.80	10.35	
b	12.58	12.10	11.88	12.45	12.71	
c	6.73	6.55	6.87	6.90	6.21	

9.某饭店近一段时期以来采购成本居高不下,需调查原因。餐饮部核算人员根据实际库存、采购等记录资料对 6 种原料进行了分析,其结果如表 7.19 所示。

表 7.19　某饭店计划采购、实际采购统计表

原料	采购计划		实际计划		价格差/元	数量差/元	成本差/元
	数量/千克	价格/元	数量/千克	价格/元			
1	130	2.85	145	3.00			
2	55	20.2	48	21.6			
3	180	5.3	230	5.0			
4	260	2.63	246	2.45			
5	230	3.24	220	3.21			
6	360	1.10	400	1.10			
年　月　日			合计				

①计算出价格差、数量差、成本差。

②找出哪些原料影响成本控制？应如何改进？

第8章
餐厅服务与管理

【学习目的】

了解中餐厅的经营特色及自助餐服务的程序；熟悉中餐零点服务的程序及西餐各式服务的方法和特点；掌握中餐宴会和西餐扒房服务的程序。

【学习重点】

- 中餐宴会服务程序，西餐扒房服务程序。

8.1 中餐厅服务与管理

8.1.1 中餐服务概述

中餐厅是以经营中式菜品为主，是向国内外顾客宣传中国饮食文化和展示饭店水准的主要场所。其建筑装潢应突出中国民族风格；以提供中式菜点为主，传统菜与创新菜结合；在服务中体现中华民族传统文化特色和热情好客的美德。

1) 中餐厅的经营特点

①营业时间长，就餐时间不统一，客流量大且不稳定，经营管理要求比较高。鉴于我国大众的消费习惯，中餐厅除少数客人提前预订外，大部分客人都是来餐厅直接点菜用餐消费的，由于受到多方面因素的影响，用餐人数不稳定，波动性较大，难以正确估计，给厨房的生产和餐厅的服务带来了一定的困难。尽管如此，厨房还是要根据顾客所点菜肴按时、保质保量制作好，餐厅服务员在整个营业时间内始终以饱满的热情，耐心周到地为顾客提供服务，使顾客既享受美味佳肴，又得到精神上的愉悦。

②菜单设计体现着餐厅经营的水平和风格。由于中餐菜品种类繁多，每个餐厅都有各自的经营风格，所以在菜单设计上既要突出本餐厅的特点又要迎合广大餐饮消费者的点菜习惯。依据不同档次的消费者制订菜价；菜单做好分类方便顾客选择；菜单设计要突出餐厅

的特色，简洁精致。

③服务员需要具备较强的业务素质与能力。服务员作为餐饮服务的第一线人员直接与顾客接触，在短短的几分钟内就要准确地把握顾客的消费需求，通过察言观色捕捉到顾客的相关信息，依据顾客的特征有针对性地提供规范、周到、细致、高效的服务。在遇到突发事件时，服务员要在第一时间内妥善处理，积极争取顾客的谅解，不仅要满足顾客的需求还要保证餐厅的经济效益。

2）中餐厅环境氛围

①中餐厅的装饰与布置。优美的用餐环境不仅能增进顾客的食欲，促进餐饮销售，而且能表现餐饮文化，突出餐厅特色。中餐厅的装饰布置要根据中国传统的进餐心理，突出宴饮时的愉悦心情，如富有民族风情的灯饰和中式家具，盆景、盆栽等陈设，结合室外中式的庭院景色，让顾客感受到浓郁的中国风情。中餐厅还可以依据传统手法，在餐厅门上悬挂匾额，书以厅名，厅内主墙面悬挂大型国画，但是其主题内容、艺术风格必须与餐厅的格调相互协调。

②服务人员的着装及服务要求。中餐厅服务人员的服装要根据中餐厅的特点选用中国传统民族服饰，如女服务员穿着中式大襟上衣或丝绒旗袍，充满着古色古香的风韵。同时，中餐厅服务人员应根据中国地域差异采取富有地方特色的服务方式。

③音乐佐餐。随着社会的进步和人民生活水平的提高，音乐佐餐成为提高饭店知名度、显示饭店文化品位的强有力的竞争手段。音乐佐餐的形式主要有3种：

a.背景音乐。中餐厅应播放适合于中餐厅氛围的中国民乐，以满足顾客在特殊就餐环境下的心理需求。

b.民族器乐演奏。中餐厅以演奏中国民族器乐为主，多采用现场演奏佐餐的方式，以增添餐厅内的欢乐与祥和气氛，陶冶人们的情操。

c.歌舞伴餐。在餐厅的舞台上演唱中国民歌，表演民族舞蹈、杂技、魔术等，也可与美食相得益彰。

3）中式菜肴类别

①菜系分类法。菜系是中国菜肴不同风味流派的代称。菜系具有明显的地方特色和民族特色，前者称为地方菜系，后者则称为民族菜系。各菜系特点主要表现在以下几个方面：有独特的烹调方法；有特殊调味品和调味手段；有众多的烹调原料；有从低到高、从小吃到宴席等一系列风味菜式。

②菜式分类法。菜式是指菜品分类方式，多指菜品的品种花色，包括烧烤菜式和火锅菜式等，也可指菜品的原料系列，如海鲜菜式、蔬菜菜式、花卉菜式和山珍菜式等。

③菜种分类法。菜种是指菜品风格结构的种类，包括都市菜、乡土菜、民间菜、民族菜、古代和近代宫廷菜、古代和近代官府菜、地方菜等。

④按菜品风味分类为地方风味、民族风味和其他风味三大系列。地方风味包括城市风味（如广州风味、扬州风味）和以省为界线划分的传统风味（如广东风味、江苏风味）。民族

风味主要是指以民族饮食文化及其习俗为特色的菜品风味。其他风味包括古代宫廷风味和民族家庭风味等。

8.1.2　零点餐早餐服务

1)餐前准备

①开餐前要做好餐厅的环境卫生工作,以符合卫生要求。

②按早餐摆台标准摆台,桌椅横竖对齐。

③准备好早餐所需各种用品、餐具,摆放整齐以便取用。

④检查台面上的调味品,确保各种调味品瓶口无污迹,调味品分量符合规定要求,盐、胡椒粉不结团。

⑤检查员工的仪表仪容,做到仪表整洁,按要求佩戴工号牌,随时准备为顾客服务。

2)问位开茶

(1)引客入座

①当顾客进入餐厅时,迎宾员应微笑礼貌问候,并问清就餐人数。

②根据顾客情况,将顾客带到合适的餐台安排就座。

(2)开茶递巾

①值台员主动上前为顾客拉椅让座,送上香巾后开茶。

②开茶时值台员要尊重顾客的饮茶习惯,先向顾客问茶,然后按需开茶。

③开茶到台后,值台员应站在顾客的右侧斟倒第一杯礼貌茶,以七分满为宜。

(3)入席服务

①根据顾客人数填写点心卡,记上台号、茶位,并签上值台员姓名。

②把点心卡送上台,为顾客脱去并收回筷套。

3)开餐服务及结账服务

(1)早茶

早茶最早流行于广东等沿海地区,后向内地发展。早茶的消费对象一般为具有一定消费能力又有闲暇时间的顾客。

①值台员为顾客提供茶水服务后,点心推销员应将点心车推至顾客餐桌旁。

②点心推销员向顾客介绍当天供应的各式点心品种,待顾客选定后,值台员应协助点心推销员为顾客将点心送上餐桌。

③值台员根据顾客所点的点心卡上做好记录,及时填好日期、时间、桌号、人数等内容。

④值台员要勤巡台、勤续茶水、勤换烟灰缸、勤清理台面,主动征询顾客意见,尽量满足顾客要求。

⑤顾客示意结账时,值台员应迅速将点心卡送至收银台,收银员将点心卡汇总成账单后

送交服务员。

⑥值台员将账单收入账单夹内，应站在顾客的右侧打开账单夹。

⑦顾客付款后，值台员要将所收金额及时送交收银台。

⑧值台员将余额连同回单交还给顾客，并礼貌地向顾客道谢。

(2)自助餐

自助餐是一种顾客自行挑选、拿取或自烹自饪的就餐形式。

①开餐前做好食品、饮料的陈列保温工作。

②顾客进入餐厅坐下后，服务员要主动向顾客推荐饮料，并热情地为顾客介绍菜点。

③根据顾客的需要，迅速为顾客取送煎煮食品或其他菜点。

④服务员要经常整理菜点，使之保持丰盛、整洁、美观，必要时帮助顾客取菜。

⑤如果某些菜点消费速度较快，服务员应及时补充充裕。

⑥服务员要做好热菜的保温工作，并及时回答客人提出的有关菜点的问题。

⑦勤巡台，及时撤换烟灰缸、空盘，保持餐厅卫生，并随时准备为顾客提供服务。

⑧顾客示意结账时，值台员可直接去收银台取账单。

⑨值台员将账单收入账单夹内，应站在顾客的右侧打开账单夹。

⑩顾客付款后，值台员要将所收金额及时送交收银台。

⑪值台员将余额连同回单交还给顾客，并礼貌地向顾客道谢。

(3)套餐

套餐是按固定用餐标准为顾客提供规定品种菜肴的服务方式。

①值台员为顾客提供茶水服务之后，要向顾客介绍套餐的种类、价格等，询问客人的需要后再开单下厨。

②为顾客准备好必要的调料，当传菜员将顾客点的套餐从厨房托送至餐厅时，值台员应立即将套餐送上餐桌。

③结账服务与自助餐结账方式相同。

4)送客服务及整理台面

①当顾客起身离座时，值台员应及时帮助顾客拉座椅，并向顾客道谢，注意提醒顾客带上自己的物品。

②当顾客走到餐厅门口时，迎宾员应将顾客送出餐厅门口，感谢顾客的光临，同时欢迎顾客再次光临。

③顾客离开餐厅后，应立即清理台面。清理台面的顺序是先整理餐椅，然后收茶壶、香巾、茶杯，最后收其他餐具。

④台面清理完毕后，应迅速换上干净的台布重新摆台，为迎接下批顾客或为午餐服务做好准备工作。

8.1.3　零点午、晚餐服务

1)餐前准备

①按餐厅卫生标准做好卫生工作,如餐厅墙壁、服务台、地面的清洁。

②备齐各种用餐物品,如餐具、香巾、茶叶、调味品等。

③按中餐零点标准摆台。

④备好各种服务用具,如托盘、点菜单、服务巾等。

⑤召开班前会,使餐厅员工了解当天供应品种及其原材料的情况或 VIP 接待工作。

⑥检查员工仪表仪容,保持良好的精神状态,准备迎接顾客的到来。

2)迎宾领位

①恭迎宾客。开餐前 5 分钟,迎宾员和值台员各自站在指定位置上恭候顾客的到来。

②主动迎宾。顾客到来时,迎宾员主动迎上前打招呼,注意使用礼貌用语问好。

③问清是否预订。如果有预订,即按事先预订要求进行安排;如果无预订,需询问顾客人数,然后引领至合适的餐位。

④衣帽服务。协助顾客接拿衣帽,并予以妥善管理。

⑤引领入席。迎宾员左手拿菜单或把菜单夹于左手内侧,右手为顾客示意并说:"请这边来";与顾客保持 1 米左右的距离,步速与顾客保持一致,在楼梯口或拐弯处应稍作停留并提醒顾客注意;将顾客领至餐桌前,然后轻声征询顾客的意见,如果顾客不太满意,则应重新安排顾客喜欢的餐桌。

⑥拉椅让座。帮助顾客拉椅让座,在顾客入座前将座椅轻轻移到顾客舒适的位置。

⑦递送菜单。待所有顾客入座后,迎宾员打开菜单第一页,站在顾客右侧双手递呈并说:"女士/先生,这是我们的菜单",向顾客介绍值台员并祝顾客用餐愉快。

3)入席服务

(1)开茶递巾

①迎宾员为顾客递呈菜单后,值台员应及时为顾客递送第一道香巾,递送香巾时要站在顾客的右边,并使用敬语"请用香巾"。

②值台员在征询顾客需喝什么茶时,应介绍本餐厅的茶叶品种。

③在问茶的同时,值台员要为顾客松餐巾、撤筷套。这时要注意主宾优先并使用敬语,值台员松餐巾、撤筷套时都应站在顾客的右侧。

(2)斟茗茶、倒调料

①上茶后,值台员站在顾客的右侧为顾客斟茶,并使用敬语"请用茶"。

②在问茶的同时,值台员应站在顾客的右侧为顾客铺餐巾、撤筷套,这时要注意主宾优先并使用敬语。

(3)调整餐位,准备点菜

①值台员应视顾客人数的多少进行餐位的增减,在增减餐位时均要使用托盘,应尽量减少操作次数,避免过多打扰顾客;如西方顾客不习惯用筷子就餐时,值台员应主动为顾客提供刀叉。

②值台员要做好点菜准备,事先填好点菜单、台号、人数、餐别、工号等项目,并留心观察顾客的举动。

(4)点菜服务

①点菜服务的准备工作。了解菜单上菜肴的制作方法、烹调时间、口味特点和装盘要求;了解菜单上菜肴的单位,即一份菜的规格、分量等,通常以盘、斤、两、只、打、碗等来表示;掌握不同人数的顾客所需菜肴的组成和分量;了解顾客口味及饮食需求,通过观察顾客的言谈举止、年龄和口音等方面获得信息,同时掌握主要客源国的饮食习惯和饮食禁忌,便于做好建议性销售;熟悉餐厅点菜方式,有的餐厅通过菜单点菜,这是最传统的点菜方式,有的餐厅是通过手推车来现场销售,有的餐厅则设置食品展示区,把销售品种的样本用保鲜纸包装好,摆设展览式样,让顾客眼见为实;在接受点菜时服务员要能用流利的中、英文介绍菜肴口味、特点、烹饪方法,懂得上菜顺序、上菜时机和佐料搭配,做好顾客的参谋。

②接受点菜,提供建议。顾客看完菜单或示意点菜时,值台员应立即上前询问:"女士/先生,请问可以点菜了吗?"介绍菜肴和酒水时,应根据顾客的喜好及餐厅特色有针对性地介绍菜肴,并注意语言技巧和顾客的饮食禁忌。

③记录内容并复述确认。认真、清楚地记下顾客所点的菜品名,注意冷热菜分开填写。顾客对菜点的特殊要求,如分量、制作方法、老嫩程度、口味要求等,必须在点菜单上注明。顾客点完菜之后,值台员应向顾客复述一遍所点菜肴以得到顾客的确认。

④礼貌致谢。

(5)上菜服务

根据顾客的要求和进餐的速度灵活掌握上菜时机,同时注意节奏。

①冷菜应尽快送上,冷菜吃到一半时上热菜。

②大桌菜肴要求在30分钟内上完,小桌菜肴要求在20分钟内上完。

③烹制时间较长的菜肴应告知顾客,顾客特殊要求应尽量满足。

④值台员上菜前,先整理台面,撤走空盘,留出摆菜位置。

⑤菜肴上桌前,应注意核对台号和菜肴名称,避免上错菜肴;同时每盘菜跟配公用勺,以方便顾客取菜,保证卫生。

⑥值台员上菜时,应选择顾客间隙较大的位置上菜,同时避开儿童、老人及女士。

⑦值台员用双手将菜肴捧上餐桌,主动报出菜名,对特色菜肴要介绍其主要原料、烹制过程及典故等。

⑧值台员上最后一道菜肴时,要主动告诉顾客菜已上齐。

(6)席间服务

注意顾客进餐情况,勤巡视每桌顾客台面,并做好以下工作:及时添加酒水,推销饮料;烟灰缸内有两个以上烟头或有其他杂物时马上撤换烟灰缸;为顾客换骨碟,清理台面,保持台面清洁美观;撤去顾客不用的除玻璃杯之外的所有餐具,如空盘、空饮料瓶等。在席间服务时,会出现一些突发事件或特殊情况,这时需要值台员有足够的应变能力,正确妥善地加以处理。

(7)结账收款

①现金结账。当顾客示意结账时,值台员应迅速到收银台取来顾客账单,账单反面向上放在收银盘内递送给顾客;递送账单时,值台员应身体略微向前倾斜,并注意用语礼貌:"女士/先生,这是您的账单,请过目。"如果顾客要求报出消费总额时,值台员才能轻声报出账单总额;如果顾客对账单有疑问时,值台员要耐心并做出解释;顾客付现金后,值台员要将其及时送至收银台,由收银员收钱找零,并加盖"付讫章";值台员将找零和顾客的发票回呈给顾客,提醒顾客当面点清并礼貌致谢。

②信用卡结账。当顾客示意结账时,值台员应迅速将账单放入账单夹中递送给顾客;确认顾客的信用卡是否是本饭店受理的信用卡,查验信用卡的有效期、持卡人姓名和性别、身份证,并向顾客道谢;由值台员将信用卡、身份证和账单交送收银台,再次核对信用卡的有效期、持卡人姓名和性别、身份证,一切无问题后填上信用卡签单金额,经刷卡后交值台员再拿回请顾客进行账单签名,经值台员核对顾客签字与卡上的签字无误后,才可把信用卡和签单的顾客联交还给顾客;如发现签名有疑问,可与授权中心取得联系,进一步验查身份证相片与持卡人相貌是否相符,之后将卡交还持卡人;再次向顾客道谢。

③签单结账。在顾客示意结账时,值台员应迅速到收银台取账单,放在收银盘内将其递给顾客;住店顾客签单应出示房卡,值台员应查看房卡上的房号与顾客的签单是否一致,是否在有效期内,经确认后才可以签单;签单时餐厅一般不开发票,顾客离店由前厅统一结账时才给顾客开发票;顾客签完单后,值台员应向顾客致谢,然后迅速将签过字的账单递交收银台;如果是与本酒店长期有业务来往的公司,只要将签账单交给顾客,请其填上公司的名称、地址、电话、金额,签上姓名及预定付款日期即可。

④支票结账。顾客示意结账时,值台员迅速将账单递送给顾客;核对支票的有效期限,请顾客出示有效证件;值台员将支票、账单及持票人有效证件交收银台,收银员办理有关事宜;值台员将支票的副联、发票及顾客的有效证件归还给顾客;再次礼貌地向顾客致谢。

(8)送客收尾

当顾客离开时,值台员应主动上前拉椅送客;值台员应礼貌地提醒顾客不要忘记所带物品;若顾客要求打包时,值台员应及时提供打包服务;顾客离开餐厅时,迎宾员要将顾客送出餐厅并向顾客道谢,并同时欢迎顾客再次光临。顾客离开后,值台员应立即再次检查顾客有无遗留物品,如有要及时送还给顾客或交经理处理;按规定的要求收拾餐台,重新摆台,准备迎接下一批顾客的到来;待所有顾客全部离去后,方能打扫餐厅及环境卫生,收拾各种餐具。

8.1.4 团体餐服务

1）团体餐服务的特点

①用餐标准统一，消费水平通常低于宴会和零点。

②菜式品种统一，但要注意每天不重复。

③用餐时间统一，人数集中，准备工作充分。

④服务方式统一，出现特殊情况，进行特殊照顾。

2）餐前准备

①开餐前，值台员要准确掌握每个团体餐的用餐人数、抵离日期、就餐标准、接待规格、就餐时间，了解顾客的特殊需求和饮食禁忌，熟悉当日菜单品种，以便对有特殊需要的顾客提供有针对性的服务。

②按用餐标准布置餐桌，准备好各种调味品和服务用品。

③不同团队餐台相对分隔，团体餐台相对固定，给顾客以稳定感。

④准备好酒水、茶、香巾等，放好冷菜，备好主食。

3）开餐服务

①顾客到达餐厅时，迎宾员要问清团队或会议名称，主动迎宾领座。

②顾客入座后，值台员要端茶递巾。

③值台员要及时通知厨房出菜。

④给顾客斟倒酒水或饮料。

⑤上热菜时报菜名，适当分派菜肴，同时上主食。

⑥勤巡台，勤斟茶水，添加主食，同时注意台面清洁，撤走空盘，菜上齐后告知顾客菜已上齐。

⑦顾客用餐结束后，值台员可征询意见并礼貌送客。

4）结账服务

①旅游团队。结账前值台员要与旅游团队领导或导游一起清点人数，结账时一般会按人数结算。旅游团队用餐完毕后，值台员应从收银台取出结账单，交给旅游团的领队或导游签单。由收银员将结账单金额转入旅游团在饭店的总账中，最后由饭店向旅行社统一结账。

②会议团队。会议团队用餐结束后，餐厅收银员应根据会议团队的预订标准和顾客的实际人数开具结账单，请会务负责人在账单上签字。由收银员交前厅收款处计入会议团队总账，最后由饭店向会议主办单位或个人统一结账。

8.1.5　宴会服务

1)准备工作

①掌握情况。接到宴会通知单后,餐厅管理人员和服务员应该做到"八知""三了解"。"八知"是知台数、知人数、知宴会标准、知开餐时间、知菜式品种及出菜顺序、知主办单位或房号、知收费方法、知邀请对象。"三了解"是了解宾客风俗习惯、了解宾客生活忌讳、了解宾客特殊需要。对于规格较高的宴会,还应掌握下列事项:宴会的目的和性质、有无席次表、席位卡、有无音乐或文艺表演、有无司机费用等。

②明确分工。规模较大的宴会,要确定总指挥人员。总指挥在准备阶段要向服务员交任务、讲意义、提要求、宣传人员分工和服务注意事项。在人员分工方面,根据宴会要求,对迎宾、值台、传菜、供酒及衣帽间、贵宾室等岗位,都要有明确的分工,有具体任务,将任务落实到人。做好人力物力的充分准备,要求所有服务人员思想重视,措施落实,保证宴会善始善终。

③宴会布置。具体包括环境布置、灯光音响布置、致辞台布置、室温控制等。

④台型布置。既要突出主台,又要排列整齐、间隔适当;既要方便宾客就餐,又要便于服务员席间操作;通常宴会每桌占地面积为 10~12 平方米,桌与桌之间的距离为 2 米以上;重大宴会的主要通道要适当加宽,同时铺上红地毯,突出主通道。

⑤熟悉菜单。服务员应熟悉宴会菜单和主要菜点的风味特色,以做好上菜、派菜和回答宾客对菜点提出询问的思想准备。同时,应了解每道菜点的服务程序,保证准确无误地进行上菜服务。对于菜单,应做到能准确说出每道菜的名称,能准确描述每道菜的风味特色,能准确讲出每道菜的配菜和配食佐料,能准确知道每道菜肴的制作方法,能准确服务每道菜肴。

⑥物品准备。席上菜单每桌 1~2 份置于台面,重要宴会则人手一份。要求封面精美,字体规范,可留作纪念。根据菜单的服务要求,准备好各种银器、瓷器、玻璃器皿等餐酒具。要求每一道菜准备一套餐碟或小汤碗;根据菜肴的特色,准备好菜式跟配的佐料;根据宴会通知单要求,备好鲜花、酒水、水果等物品。

⑦铺好餐台。宴会开始前 1 小时,根据宴会餐别,按规格铺好餐具和台上用品。在副主位的左边,面向宴会厅的入口摆上席次卡,在每个餐位的水杯前立席卡,菜单放在正副主位餐碟的右上侧。同时,备好茶、饮料、香巾,上好调味器,将各类开餐用品摆放在规定的位置,保持厅内的雅洁整齐。

⑧摆设冷盘。大型宴会开始前 15 分钟摆上冷盘,然后根据情况可预斟葡萄酒。冷菜摆放要注意色调和荤素搭配,保持冷盘间距等。如果是各式冷菜则按规范摆放,冷菜的摆放应能给宾客赏心悦目的艺术享受,应为宴会增添隆重而又欢快的气氛。

2)迎宾服务

①热情迎宾。宴会主管人员和引领员提前在宴会厅门口迎接宾客,值台员站在各自负责的餐桌旁准备为宾客服务。宾客达到时,热情迎接,微笑问好。待宾客脱去衣帽后,将宾

客引入休息间就座稍息。

②接挂衣帽。如宴会规模较小,只在宴会厅房门前放好衣帽架,安排服务员照顾宾客宽衣并接挂衣帽;如宴会规模较大,则需设衣帽间存放衣帽。接挂衣服时,应握衣领,切勿倒提。贵重的衣服要用衣架,贵重的物品请宾客自己保管。

③端茶递巾。宾客进入休息厅后,服务员应招呼入座并根据接待要求,按先宾后主,先女后男的次序递上香巾、热茶或酒水饮料。

3)就餐服务

①入席服务。当宾客来到席前,值台员要面带微笑,按先宾后主、先女后男的次序引请入座。带宾客坐定后,即把台号、席位卡、花瓶或花插拿走。菜单放在主人面前,然后为宾客取餐巾,脱去筷套,斟倒酒水。

②斟酒服务。为宾客斟倒酒水时,要先征求宾客意见,根据宾客的要求斟倒。应从主宾开始,先斟烈性酒,后斟饮料。如果宾客示意不需要,则应将宾客位前的空杯撤走。酒水要勤斟倒,宾客杯中酒水只剩 1/3 时应及时添酒,宾客干杯或互相敬酒时,应迅速拿酒瓶到台前准备添酒。主人和主宾讲话前,要注意观察每位宾客杯中的酒水是否已准备好。在宾、主离席讲话时,值台员应备好酒杯斟好酒水供宾客祝酒。当主人或主宾到各台敬酒时,值台员要准备酒瓶跟着准备添酒,宾客要求斟满酒杯时,应予以满足。

③上菜、分菜服务。根据宴会的标准规格,按照宴会上菜、分菜的规范进行上菜、分菜。

④撤换餐具。重要宴会要求每道菜换一次餐碟,一般宴会的换碟次数不得少于 3 次。撤换餐碟时,要待宾客将碟中食物吃完后方可进行,如宾客放下筷子而菜未吃完的,应在征得宾客同意后才能撤换。撤换时要边撤边换,撤与换交替进行。

⑤及时巡台。宴会进行中,要勤巡视、勤斟酒、勤换烟灰缸,并细心观察宾客的表情及需求,主动提供服务。服务时,态度要和蔼,语言要亲切,动作要敏捷。宾客吃完水果后,撤去水果盘,送上小毛巾,然后撤去用点心和水果的餐具,摆上鲜花,以示宴会结束。

4)结账服务

上菜完毕后即可做结账准备,清点所有酒水、佐料、加菜等宴会菜单以外的费用并累计总数,送收款处准备账单。宾客示意结账后,按规定办理结账手续,注意向宾客致谢。现金现收;签单、信用卡或转账结算,应将账单交宾客或宴会经办人签字后送收款处核实,及时送财务部结算。大型宴会上,此项工作一般由管理人员或引座员负责。

5)送客服务

①拉椅送客。主人宣布宴会结束,值台员要提醒宾客带齐携来的物品。当宾客起身离座时,要主动为宾客拉椅,视具体情况目送或随送宾客至餐厅门口。衣帽间的服务员根据取衣牌号码,及时、准确地将衣帽取递给宾客。

②收台检查。在宾客离席的同时,值台员要检查台面上是否有未熄灭的烟头、是否有宾客遗留的物品。在宾客全部离去后立即清理台面。先整理椅子,再按餐巾、小毛巾、酒杯、瓷

器、刀叉的顺序分类收拾。贵重物品要当场清点。

③清理现场。各类开餐用具要按规定位置复位，重新摆放整齐。开餐现场重新布置恢复原样，以备下次使用。

8.2　西餐厅服务与管理

8.2.1　西餐服务概述

1）西餐厅的经营特点

西餐厅大都以经营法、意、德、美、俄式菜系为主，同时兼收并蓄，博采众长。在高级星级酒店中一般有咖啡厅、扒房、自助餐厅等各式餐厅，不同的餐厅经营特点也有所不同。

①咖啡厅。饭店为了方便商务和游客就餐、休息和会客，一般在饭店一楼大厅附近设咖啡厅、提供 18～24 小时的服务。咖啡厅供应较简单而又大众化的西式菜点，酒类饮料，其服务大多采用美式服务，服务较为迅速，而且咖啡厅的消费较高级西餐厅来说，经济实惠。咖啡厅员工的服装色彩一般比较鲜艳，与室内总体布置的基本色调相一致。以播放饭店背景音乐为主，有时在特别的节日和活动时间，常常在下午茶时间安排一些娱乐活动，如演唱会、演奏会、时装表演会。

②扒房。“扒房”是饭店为体现餐饮菜肴及服务的特色与水准，满足高消费宾客需求，并增加经济收入而开设的高级西餐厅。扒房以法式大餐为菜品核心，美食佳酿、相映生辉。扒房的服务秉承尽善尽美的传统，注重礼节和体现对顾客的个别照顾，有的菜肴在餐桌边烹制表演，烘托气氛，用餐费用昂贵。扒房设计主题以欧洲文化艺术为背景，色彩多以暖色为基调，地毯、桌椅、壁画要求色彩协调。扒房服务员的服务质地优良、美观、大方、庄重，与扒房气氛相辅相成，色彩以黑色、白色为主。扒房娱乐活动主要以西方高雅音乐为主，旨在营造优雅、浪漫、高尚的就餐环境。乐师在宾客餐桌旁演奏，使音乐与美食有机地结合在一起。

③自助餐厅。自助餐厅是一种快餐餐厅。目前，世界上许多国家和地区都很注意这种餐厅形式。自助餐厅的餐台通常是固定的，装饰精美，极具艺术渲染力。餐台上菜点丰富，装盘注重装饰，盛器注重个性，摆放注重层次。由于在自助餐厅用餐，具有节省用餐时间、手续简便、价格低廉、品种多、风味不同的优势，颇受宾客的欢迎。自助餐是一种顾客自我服务的就餐形式，餐厅只提供部分服务，服务节奏较快，因此服务员的服装在样式上要求干练，员工服饰应与餐厅主题相协调。

2）西餐菜品的特点

①口味香醇、浓郁。西餐多用奶制品。西餐的调料、香料品种繁多，烹制一份菜肴往往要使用多种香料。西餐常用葡萄酒作为调料，烹调时讲究以菜陪酒，即做什么菜用什么酒。

②别具一格的烹调方法。西餐常用的烹调方法有煎、焗、炸、炒、烤、烩、烘、蒸、熏、炖、扒、铁扒、铁板煎等,其中铁扒、烤、焗在烹调中更具特色。

③调味沙司与主料分开单独烹制。沙司是西式菜肴的调味汁。西餐菜肴在形态上以大块为主,在烹制时不宜入味,所以大都要在菜肴成熟后拌以或浇上沙司。沙司在西餐中占有很重要的地位,厨房中设有专门的厨师制作,不同的菜烹制用不同的沙司,在使用时严格区分。

④注重肉类菜肴的老嫩程度。欧美人对肉类菜肴的老嫩程度很讲究,一般有五种不同的成熟度,即全熟(Well Done,WD)、七成熟(Medium Well,MW)、五成熟(Medium,M)、三成熟(Medium Rare,MR)、一成熟(Rare,R)。

3)西餐的服务方式

(1)法式服务

法式服务又称"里兹服务",是各种形式中最豪华、最奢侈的服务。由于在服务过程中要使用许多餐具,还要动用受过专门训练的服务员,所以法式服务是现在所有餐厅中最烦琐、人工成本最高,当然也是最周到的服务。

在餐厅,通常进行法式服务的每一餐桌都由一名服务员和一名服务助手共同服务。服务员主要为顾客拉椅让座、点菜点酒、上酒水;在顾客面前完成上菜的准备工作,以及在顾客面前即兴加工表演;递送账单,为顾客结账。服务助手主要是传送点菜单;将半成品菜装在餐车上送到餐桌旁;将服务员现场加工好的菜肴端送给顾客;负责收拾餐具,听从服务员的安排。整个过程中,服务员和服务助手分工合作、互相配合。

①法式服务的基本程序。服务员招待顾客入座;助手将服务员开好的菜单送入厨房;厨师根据菜单准备食物,并把食物盛入银盘,放在一辆小推车上,由助手推入餐厅;从厨房出来的菜肴,有的已经完全煮好,有的是半成品,车上装有保暖设备;小推车推至桌边,服务员托起银盘,让顾客鉴赏,然后当着顾客的面把整个菜的最后一道工序完成,有的需要真正加工,有的只是加热,或火烧,或切割,或去骨,或调加汤汁;加工结束后,助手在一旁捧起顾客的餐盘,由服务员进行装盘,然后由助手送上餐桌;每道菜之间及用餐完毕后,都有洗手盅和干净的餐巾送上。

②法式服务的特点。法式服务的特点在于整个服务的过程遵循礼貌、礼仪,讲究豪华服务,可以满足部分顾客心理需求。服务员在顾客面前完成调味、浇汁、装盘等过程,能够活跃用餐气氛,引发顾客食欲,吸引力非常大。在法式服务中,顾客享受了全心全意的周到服务,服务档次非常高,顾客比较容易满意。但是,法式服务存在服务节奏慢,设备、餐厅占用大,人力成本高,餐价昂贵,空间利用率和座位周转率低等缺点。目前,除了某些特色餐厅外,许多饭店都已经不再提供此服务了。

(2)俄式服务

俄式服务起源于俄国沙皇时代,并渐渐为欧洲其他国家所采用。俄式服务是一种豪华的服务,使用大量的银质餐具,十分讲究礼节,风格典雅,使顾客能够享受到体贴的个人照顾。俄式服务已成为目前世界上所有高级餐厅中最流行的服务方式,因此,俄式服务也被称为国际式服务，同时也因使用银质餐具，被称为大银盘服务或餐盘服务。

①俄式服务的基本程序。俄式服务由一名服务员完成整套服务程序。厨房出菜前，服务员先用右手从顾客右侧顺时针送上空盘，冷菜用冷盘，热菜用加温过的餐盘；然后从厨房中将装好菜肴的大银盘端上桌子让顾客观赏，再用左手垫餐巾托着银盘，右手持服务叉勺，从客位的左侧按逆时针方向绕台给顾客派菜。每派一道菜都要用一副清洁的服务叉勺。汤类菜肴可盛放在大银碗中用勺舀入宾客的汤盆里，也可以盛在银杯中，再从杯中倒入汤盆。

②俄式服务的特点。俄式服务同法式服务相似，也是一种讲究礼节的豪华服务。但与法式服务相比，俄式服务节省人力，且服务效率较高，餐厅的空间利用率高，大量银质餐具的使用能够增添餐台的气氛，每位顾客都能得到比较周到的服务。整套服务程序由一名服务员来完成，注重实效，讲究优美文雅的风度。如果宾客同点一道菜，那么派到最后一位宾客时，所能看到的是一只并不美观的盘子。如果每一位顾客所点的菜不同，那么会使用很多银盘，多种银盘的投资很大，而且使用率相当低。因此高额的固定成本也会影响餐厅的经济效益。所以，俄式服饰主要用于西餐宴会，尤其是大型宴会的场合。

(3)英式服务

英式服务与欧美家庭用餐方式类似，因而也称家庭式服务，主要适用于私人宴席。

①英式服务的基本程序。服务员先将加温后的空盘放在主人面前，再将装着整块食物的大盘从厨房拿到餐桌旁，放在主人面前，由主人亲自动手切割主料并分盘。服务员把装好的菜肴依次端送给每一位客人。

②英式服务的特点。家庭味浓，气氛活跃，节省人力，且节奏缓慢，主要适用于宴会，很少在大众化的餐厅使用。

(4)美式服务

①美式服务的基本程序。美式服务也称盘子服务。食物在厨房由厨师按顾客人数分别装盘，每人一份，服务员直接端送给顾客。

②美式服务的特点。服务便捷，效率高，餐具成本低，人工成本少，空间利用率及餐位周转率都十分高，有利于用有限数量的服务人员为数量众多的顾客提供服务。除了缺乏表演性和烘托气氛外，美式服务是最理想的服务方式，常用于各类宴会，也是西餐厅、咖啡厅中十分流行的服务方式。

(5)大陆式服务

大陆式服务综合了法式服务、俄式服务、英式服务、美式服务等多种服务方式，常用于西方宴会服务。在服务过程中，根据菜肴特点选择相应的服务方式，如头盘用美式服务，主菜用俄式服务，甜点用法式服务，但应符合既方便顾客就餐，又方便员工操作，同时也便于餐厅管理的原则。

8.2.2　西式早餐服务

西式早餐大致由果汁类、水果类、五谷类、鸡蛋类、肉类、热饮类几部分组成。由于地域习惯及饮食方式的不同可以分为大陆式早餐、美式早餐和英式早餐。

1)餐前准备

①准备用具。准备摆台用具,早餐配料,包括面包、黄油、果酱、果汁、热咖啡、鲜奶、水果等。

②按照要求进行西餐早餐摆台。

③检查整理。检查并整理餐厅设备和环境卫生;检查桌椅布局是否整齐有序;检查、清洗桌面用品,如盐、椒盅定时清洗,每日加满原料并擦干净盅身等;整理并检查个人仪表仪容等。

2)迎宾开餐服务

①顾客进入餐厅时,迎宾员要微笑问候:"早上好,女士/先生,请问几位?";迎宾员以手示意引领顾客进入餐厅,为顾客安排其喜欢的餐位并拉椅让座;拉椅时按照女士优先的原则进行。

②递上餐牌并介绍当日新鲜水果,记录菜点,复述点菜内容,确保点菜正确,将点菜单迅速传送至厨房和收银台,传递至厨房的点菜单应有收银员签章。

③站在顾客右侧递送餐巾,根据顾客所点菜肴补充相应的餐具。

④根据顾客的需要给顾客斟咖啡或茶,从顾客右侧上果汁,在给顾客果汁时要先放杯垫,然后放果汁杯,果汁杯应放在刀尖上方约1厘米处;从顾客左侧上面包,给顾客上烤面包时,烤面包应放在用餐巾或花纸装饰好的藤篮里,根据顾客的需要用不锈钢夹夹到顾客的面包碟里,然后给顾客小包装的黄油和果酱;依次从顾客右侧送上谷物类食品、鸡蛋和肉类;给顾客送水果或杂果杯,杂果杯的服务方式同果汁杯,送杯前将顾客吃完的空杯碟收走,保持餐桌整洁;随时补充饮料;按要求撤换烟灰缸。如按杯出售,则应征询顾客同意;顾客用餐完毕时,应征询顾客意见是否需要添加,巡视服务区域,随时满足顾客要求,保持卫生清洁。

3)结账送客

提前检查账单,保证准确无误,准备好笔和账单夹;等顾客示意结账后,按结账规范为顾客结账,如遇数位顾客同时进餐,应问清顾客的结账是分单还是合单,以适应西方顾客的消费习惯;顾客离席时,主动为顾客拉椅,及时检查是否有遗留物品,同时致谢并欢迎顾客下次光临;顾客离开后,值台员用托盘分类收拾餐布、餐具,再用清洁的抹布擦净台面,同时检查有无顾客的遗留物品。

4)收尾工作

顾客离开后,值台员用托盘分类收拾餐布、餐具,再用清洁的抹布擦净台面,同时检查有无顾客的遗留物品;按摆台要求重新布置台面,准备迎接下批顾客的到来。

8.2.3　西餐扒房服务

1)接受预订

扒房一般由引座员或餐厅预订部负责接受顾客的电话预订或面订,接受预订后即填写预订单,并根据要求留好相应餐台。电话预订服务须在电话铃响 10 秒钟之内接听,问清楚用餐人数、用餐时间及联系方式并复述核对确认,然后填写预订表。

2)餐前准备

准备和检查物品,包括菜单、点菜单、托盘、服务手推车、保温盖和笔等;准备冰水、咖啡和茶以及调味品;按照要求摆台;由餐厅经理或主管按规范召集餐前会,包括任务分工、介绍当日特别菜肴及其服务方式、了解当日客情、VIP 接待注意事项、检查员工仪表仪容等。

3)餐前检查

检查电器设备是否正常运行、完好无损;检查餐厅环境卫生、温度等是否符合规定要求;检查本服务区域内的餐桌、座椅、工作台等是否完好无损、清洁卫生;检查摆台是否符合规格,有无缺漏,盐、胡椒盅和牙签筒有无加满,外观是否清洁等;检查衣帽间的衣架、存衣牌等是否安全、充足;检查个人仪表仪容是否符合饭店规定的要求。

4)引领入座

餐厅引座员或餐厅经理在门口迎候宾客。见到宾客先问候,并将宾客引领到预留或适当的桌椅。将女士安排在面朝餐厅大门的最佳位置,并为其拉椅。区域服务员上前招呼宾客,帮助就座,并向宾客介绍开胃酒或鸡尾酒,并记下每位宾客所点的酒水名称。

5)餐前酒服务

酒水单一式三联:一联交收银台以备结账,二联到吧台取酒水,三联自留备查。若一桌宾客人数较多,为防止上错酒水,可画出座位示意图,记下宾客各自所点的酒水,可用缩写或符号进行记录。服务员助手给每位宾客斟倒冰水,服务员应尽快将酒水送到宾客桌上,报出名称,并按规范为宾客斟倒酒水。

6)点菜服务

服务员为每位宾客呈送一份菜单,呈送按先女后男或先宾后主次序进行。呈送时要打开菜单的第一页,同时介绍当日厨师特选和当日主打套餐。然后略退后,给宾客以选用菜点的时间。在宾客看完菜单后,首先问主人是否可以点菜了,得到主人首肯后,从女宾开始依次点菜,最后为主人点菜。在客人点菜过程中,服务员应适当地提出合理建议,分别记下不同宾客所点的菜肴,防止混淆。复述确认后收回菜单,开单入厨。侍酒员根据宾客所点菜肴,介绍推销与其相配的佐餐酒,并留足宾客自己选择的时间。服务员依据每位宾客所点菜品按用餐顺序摆放餐具。

7)侍酒服务

用餐巾托起瓶身向主人展示酒的牌子,待主人确认是所点的酒后,放回冰桶里。在宾客面前用开瓶器将木塞取出,木塞直接递给主人,主任闻闻木塞,待其确认酒品没有问题后再用餐巾擦拭瓶口。用餐巾包裹瓶身,注意露出酒牌。先在主人杯子中倒入少许让主人品尝,然后按先女后男的顺序斟酒,最后再给主人斟至标准量。将斟后的酒瓶放回冰桶,上面覆盖餐巾,随时准备为宾客添加。

8)席间服务

西餐服务的许多主菜需要在宾客面前烹制表演、切割装盘。助手要提前做好准备工作,然后由领班进行操作表演。菜肴装盘时要注意布局。一般蔬菜等配菜放在大块肉上方,汁酱不要挂在盘边。助手在宾客右侧上菜并报菜名,牛、羊排要告知几成熟。放盘时,让主菜、肉类靠近宾客面前,蔬菜则靠左下方。如有跟配主菜色拉,可用色拉木碗或小碟盛放,并放在主菜盘的左上方。当宾客吃完全部主菜后,依次撤走主菜盘和刀叉,用服务巾和面包碟将桌上面包屑清扫干净,并征求宾客对菜品的意见。将宾客所点的奶酪当场切割装盘并摆位。服务时配菜胡椒、盐瓶,重新分派黄油、面包和巧克力架,配爽口蔬菜,如芹菜条、胡萝卜条、黄瓜条和鲜葡萄等。问清宾客喝咖啡还是茶。随后送上糖缸、奶壶或柠檬片,摆上咖啡具或茶具,再用咖啡壶或茶壶斟倒。有些扒房还提供爱尔兰咖啡、皇家咖啡,可以在宾客面前制作,以渲染气氛。

9)结账送客

宾客用餐完毕后示意结账时,按规范和宾客的要求进行结账。必须注意的是西餐结账有的是宾客实行 AA 制,因此在点菜服务的过程中应记录好每位宾客的点单内容,以保证服务和结账的正确。起身离座时,要帮助拉椅、穿外套,并提醒宾客带上自己的物品,礼貌致谢“谢谢光临”“欢迎下次再来”“希望能再次为您服务”。送客出餐厅门外,鞠躬道“再见”或“晚安”,放好椅子,收理餐巾。用推盘清理台面,换上干净台布,准备迎接下一批宾客或者为下一餐铺台。

8.2.4 西餐宴会服务

1)准备工作

根据宴会通知单的要求进行准备,菜单所列菜肴摆放刀叉餐具,餐具摆放松紧得当,规格统一;依据用酒标准摆放相应的酒水杯;布置台面,摆放插花、烛台、胡椒盅、盐盅、牙签盅;备好咖啡具、茶具、冰水壶、托盘、烟灰缸、服务用刀叉勺、面包篮、新鲜面包、黄油、酒水、冰桶、酒篮等。

2) 鸡尾酒服务

在宴会开始前半小时或 15 分钟,通常在宴会厅门口为先到的客人提供鸡尾酒会式的酒水服务。由服务员用托盘端上饮料、鸡尾酒,巡回请客人选用,茶几或小圆桌上备有虾片、干果仁等小吃。待主宾到达,宴会开始时请宾客入宴会厅。通知厨房,宴会正式开始。

3) 上菜服务

入座前 5 分钟,事先倒好冰水,将黄油摆放在餐桌上,将桌上蜡烛点亮,并站在各自餐台前,协助客人入座。客人入座后,将面包放入面包篮内,然后从客位左侧分派,客人食用完面包后必须再次服务,直到客人表示不需要为止,不管面包盘上有无面包,面包盘须保留到服务甜点前才收走。白葡萄酒应事先放置在冰桶中,红葡萄酒应在服务半小时前打开,斜放在红酒架上,使其与空气接触“呼吸”,先女后男,最后给主人斟倒,并征求是否需要其他酒品,及时为客人添加,最好不要将新、旧酒混合,必须等到客人喝完后,再进行倒酒服务。上菜顺序为开胃菜、汤、副盆、主菜。大型宴会中,由宴会主管有效地控制上菜时间和顺序。每一道菜前,应先将用完的前一道菜的餐具撤下,西餐宴会要求顾客吃完一道菜后才一起撤盘。

4) 结账送客

宴会接近尾声时,清点所用的饮料,如果收费标准不包括饮料费则要立即开出所耗用的饮料订单交收款员算出总账单,宴会结束时,宴请的主人或助手负责结账,一般不签单。当客人起身离座时,应为其拉椅,同时检查是否有遗留物品,送客人到宴会厅门口,收台时,先收餐巾,后用推盘或手推车收拾餐具,撤掉台布,主管人员记录宴会完成情况。

8.2.5　自助餐服务

1) 餐厅布置准备

了解参加人数、酒会形式、台型设计、菜肴品种、布置主题等事项,以方便顾客迅速顺利选取菜肴为原则,同时考虑顾客流动方向安排取菜顺序。自助餐台可以依据场地以及参加人数选择不同类型的台型,环境布置应围绕主题进行设计。在餐台上铺上台布,围上桌群,台中央可布置冰雕、雕刻、鲜花、水果等事物点缀,以烘托气氛,增加立体感。

2) 菜品陈列设计

菜品陈列应根据宴会通知单上所有菜肴品种和顾客取食习惯来排列。顾客的餐盘摆在自助餐台的最前端,其后是色拉、开胃品、熏鱼和其他各种冷菜,放在顾客首先能取到的一端,摆放时图案新颖美观,接着是热蔬菜、肉类菜、其他热主菜,通常用保暖锅保温并摆放整齐。有些菜肴所搭配的汤汁、调味品和装饰物应与菜肴摆在一起,甜点、水果可单独设台,也可放在主菜的后面,即顾客最后取到的一端。

3)席间服务

在酒会开始前半小时或15分钟,一般需要在宴会厅门外大厅或走廊为先到的顾客提供鸡尾酒、饮料和简单小吃,直到酒会时间将到,才请宾客进入宴会厅。顾客自由选择入座,服务员为每位顾客斟倒冰水,询问是否需要饮料;主办单位等全部顾客就座后致辞、祝酒宣布酒会正式开始;较高档的座式自助餐中的开胃品和汤则常由服务员送到餐桌上,面包和黄油事先由服务员派发。由厨师值台负责向顾客介绍、推荐、夹送菜肴,分切肉车上的大块烤肉,及时更换和添加菜肴,检查食品温度并回答顾客提问。管理人员现场检查运转情况,协调厨房生产与餐厅服务工作,处理各种突发事件,指挥员工圆满完成各项服务工作。

4)结账收尾

由主管或经理负责人及时结账,检查所有项目。厨师将余下的菜肴全部撤回厨房分别处理,服务人员负责清理餐台及餐桌,将用过的餐具、物品交洗涤间。管理人员写出服务报告,备案。

【案例·讨论】

让人感动的橙子

端午节郭先生一家来到×酒店用餐,负责雅间服务的小李热情、细致地为大家提供了服务。席间,一位先生要求小李在酒店给他找一个闲置的雅间,小李得知这位先生是因为有糖尿病需要去一个安静的地方注射胰岛素,小李马上帮他找到了合适的房间,轻轻关上房门,并告知其他服务员不要去打扰。

这位先生回到雅间后又和大家天南海北地聊了起来,大家都聊到自己最近的身体状况,有一位漂亮女士还和大家透露她已怀孕3个月了,小李将这些信息默默地记在心里。结束用餐后×酒店会为每一位顾客提供一例水果,当小李将果盘端上来的时候,大家发现每一个人的水果种类都不同,例如刚才那位有糖尿病史的顾客收到的是用黄瓜和西红柿搭配的果盘,脾胃不和的那位顾客收到的是香蕉和玉米的组合,那位怀孕的准妈妈收到的是一颗橙子。小李在大家感到好奇的时候介绍道:"各位贵宾,大家好!很感谢大家来我酒店用餐。刚才我恰巧听到各位的谈话,了解到大家的身体情况,故特意为每一位顾客精心设计了水果拼盘。这位先生您对含糖量高的食物比较敏感,我就为您搭配了黄瓜和西红柿,低糖少脂;这位女士您说自己最近睡眠不好、脾胃不和,我为您搭配了玉米和香蕉,有助于改善睡眠、调整脾胃;这位幸福的准妈妈您现在需要大量的维生素C,橙子最适合您……最后祝愿各位用餐愉快,有机会再来我酒店就餐。"小李真挚、周到的服务打动了在座的每一位顾客,大家都为她鼓掌点赞。

分析:

一名餐饮服务员不仅要会操作还要会"聆听",作为一名有经验的服务人员,在日常服务过程中可以通过细致聆听捕捉到大量的信息,服务人员需要将全部信息进行快速的筛选和加工从而为自己所用，提升自身的服务质量，这些信息包括顾客的喜好、禁忌、迫切需求等。服务人员结合自己所掌握的营养知识可以恰当合理地为顾客推荐菜品，做好他们的“营养顾问”。案例中小李凭借认真的服务态度和细致的聆听分析，从顾客的角度考虑营养搭配，密切关注顾客的消费感受，将适合顾客的果盘送到顾客面前，将个性化服务做到了极致，彰显了酒店高超的服务水平，实现这样高质量的服务，和酒店的日常管理培训、员工的知识储备是分不开的。

复习思考题

1.简述中餐厅的经营特点。

2.简述中餐服务中宴会服务的基本程序。

3.简述西餐扒房服务的基本程序。

4.简述西餐服务的礼仪。

5.简述法式、英式、美式、俄式服务的基本方法和特点。

第9章 餐饮连锁经营

【学习目的】

通过对连锁经营的讲授,让学生掌握连锁经营的基本概念、基本原理、基本类型及其发展历史,了解特许经营的概念、内容、开发与管理等基本知识;掌握餐饮连锁经营的概念、意义、模式、业态等内容,熟悉国内外餐饮连锁经营的发展历程,具有连锁经营的开发条件分析、可行性研究能力。

【学习重点】

- 了解特许经营的概念、内容、开发与管理;
- 掌握餐饮连锁经营的概念、意义、模式、业态等内容。

目前,餐饮连锁企业已经成为中国餐饮业最具活力的部分,在各地餐饮市场上,扮演举足轻重角色的基本上都是餐饮连锁企业。本章首先阐释了连锁经营的概念、特征和发展模式等,使读者对连锁经营有一个基本了解;其次对我国当下餐饮连锁经营的现状以及国外餐饮连锁经营的发展历程进行探讨;最后在此基础上,进一步探讨我国餐饮连锁经营的特点、业态、管理以及特许经营等问题。

9.1 连锁经营特征及类型

连锁经营是集商流、物流、信息流为一体的一种现代经营方式,具有标准化的管理流程、教育和培训的全程贯通、现代化的信息系统、纵向一体化链式管理体系等特点,相对于单独经营企业,连锁经营具有规模化、规范化和网络化等优势,直营连锁、特许加盟、自愿加盟是连锁经营的3种基本类型。

9.1.1 连锁经营的概念

1859年美国的乔治·F.吉尔曼和乔治·亨廷顿·哈特福特在纽约成功创办第一家连锁店"大西洋与太平洋茶叶公司",连锁经营也从此迅速发展并取得了普遍成功。现在,连锁经营的国际通用概念是:连锁经营是指经营同类商品或服务的若干个企业,以一定的形式组成一个联合体,在整体规划下进行专业化分工,并在分工的基础上实施集中化管理,把独立的经营活动组合成整体的规模经营,从而实现规模效益。

连锁经营是一种现代商业化的组织形式和经营方式,一般是指经营同类商品或服务的若干经营单位,按照一定的规则组成一个联合体,在总部统一领导下,实施集中化管理和标准化运作,使复杂的商业活动简单化,实现规模优势,以提高经营效益的一种经营方式。

9.1.2 连锁经营的特征

连锁经营是集商流、物流、信息流为一体的一种现代经营方式,是指通过一定的联结纽带,遵循一定的规则,将众多分散孤立的经营单位联结在一起,并按照统一规则的要求进行商业运作,有其鲜明的特色:

1)标准化的管理流程

连锁经营管理的场所是作业流程管理和岗位执行管理。在其标准规范化的经营运行过程中,会采用许多新的经营管理思想和现代化技术,这就要求开展连锁经营的管理者和工作者转变经营观念。在经营过程中,切忌急功近利,要切实加强对各个连锁经营店的规范化建设,以保证其有效运转。同时建立健全各项管理制度,坚持按照连锁经营的科学化、规范化、系统化进行运作,建立切合实际的岗位作业的标准化管理流程。

2)教育和培训的全程贯通

连锁经营组织者所设定的经营管理标准化模式要想在每个单店、每个作业流程中都能得到详细的展示和准确的复制并执行,就必须有持久的、规范的教育培训来完成。连锁经营的全部优势应是追求规模效益和低成本扩张。这种经营组织及其运营形式的特性,事实上也带来了连锁经营中的重要特色——教育和培训的全程贯通。

3)现代化的信息系统

建设高度信息化的配送中心并转变其职能,使其从营利性机构转变成服务性部门。从盈利的链条中抽出来,统一规划各配送中心在各自区域内的采购、运输、储存、配送事务,作为分公司、直营店、加盟店的直线服务机构,才能避免由内部分销渠道过长造成的管理混乱。在现代化的管理中,连锁企业的总公司、分公司及各直营店和配送中心之间的相互联系应是建立在计算机网络系统之上的。而信息传递贯穿于整个工作流程的始终。可以说,连锁集团的信息系统是其神经中枢,它使整个连锁集团的采购、分拣、加工、包装、储存、运输和配送等作业系统有机地联系起来。

4)纵向一体化链式管理体系

连锁经营模式要求在经营组织内部实行纵向一体化链式管理,即要求以连锁总部为轴心,前向与生产企业之间、中间与各连锁分店之间、后向与广大消费者之间要相互结成一个供应链条。在纵向一体化链条上的各个交易主体即为一个节点,各个节点之间不再是独自存于市场的交易关系,取而代之的是以信任和互利为基础的合作关系,实质上也就是形成了一种共生关系。这就要求连锁经营企业要紧密地连接上下两端,把市场中所需的多层交易转移到供应链一体化的内部来进行,尽量减少中间环节,节省流通费用,降低交易成本。在集团公司的组织层次构架中采用集团总公司—配送中心—分公司—直营店—加盟店的分层构架形式,每个组织实体都是一个营利机构。这种分层结构的直接后果,就是导致总公司统一采购的商品在公司内部还要经过 3 个环节的流通才能最终到达销售终端,造成内部分销渠道过长,不利于成本的降低。而且各经营实体对利益的追求也会导致各配送中心、分公司之间出现串货与冲货现象造成经营管理的混乱,不利于统一执行总公司的经营战略方针。连锁经营企业通过对供应链的整合与建造,分析和预测终端市场的实际需求,及时上下逐级传递汇总,提高了供应链内各节点的抵御市场风险的能力,从而有效降低整个连锁系统的经营风险。

9.1.3 连锁经营的优势

连锁经营是在单独经营基础上发展起来的一种经营模式,相对于单独经营其具有 3 个显著的优势:

1)规模化

从经营模式上看,连锁经营是资源整合后的规模经营,规模效应是连锁经营的优势之一,规模化经营方式是连锁经营的核心所在。连锁经营可以发挥各成员的优势,实现资金、技术、人才的优化组合,形成单体经营难以具备的生产开发和服务的综合能力;连锁经营有能力采用和开发对有关资源进行综合利用的有关技术,扩大生产经营范围,开展多样化经营,提高资源的综合利用效率;连锁经营可以加强生产和科研的结合,加速适销对路的新产品开发,并有利于加速科研成果向现实生产力的转化,进而推动科技开发和运用能力的发展;连锁经营以实现信息共享,并增强信息的收集能力,更有利于捕捉有利的投资机会,发现新的经济增长点。具体而言,连锁经营的规模化优势体现在以下几个方面:

(1)集中采购的规模优势

集中采购体现了经营主体的权力、利益、意志、品质和制度,是经营主体赢得市场,保护产权、技术和商业秘密,提高效率,取得最大利益的战略和制度安排。集中采购可以提高单次采购的数量,从而提高谈判力量,获得价格优势;集中采购的方针与作业规则比较容易统一实施,可以推行专业化分工,降低采购成本;集中采购有利于分散经营风险,并通过信息优势,能够强化对市场的预测,并对风险做到有效防范。

(2)仓储、配送的规模优势

规模化经营后,统一的仓储和配送就保证了货源充足、派送及时、运作规模化。也就是说,只有连锁经营才可以建立与其集中采购相适应的统一配送和配送仓储系统。如果没有统一配送,连锁企业为保证各自不缺货需建立自己的仓库,同时需建立自己庞大的收发货队伍,仓储和配送成本极高。

(3)整体营销的规模优势

规模化经营后,在营销方面的优势体现为:统一的形象系统,可以获得较高的声誉和品牌信赖感,并且品牌就意味着高质量的产品、物有所值的服务、满意的消费享受,以及消费者自身利益的保障等;统一的市场营销系统,可以扩大广告宣传,提高企业的知名度;客源优势,中央化的客源聚集平台,有利于开发更多的市场。

(4)研究、开发、培训的规模优势

连锁经营能够吸引各方面的优秀人才,可以从整个连锁集团的实际需要出发,能够聘请到所需的专门人才,特别是提供精英的管理团队和职业经理人;能留住人才,为员工提供学习的条件、晋升的机会和发展的空间,真正地实现把企业的组织生涯规划与个人的职业生涯规划结合起来;制订统一的标准培训系统,既有资源、条件,又有方法和成熟的经验,极大地推进人才的培训与教育工作。

2)**规范化**

规范化的管理方式是连锁经营的基本保障,其主要表现为3S,即简单化、专业化和标准化。

(1)简单化

简单化即将作业流程尽可能地"化繁为简",减少经验因素对经营的影响。连锁经营扩张讲究的是全盘复制,不能因为门店数量的增加而出现紊乱。连锁系统整体庞大而复杂,必须将财务、货源、供求、物流、信息管理等各个子系统简明化,去掉不必要的环节和内容,以提高效率,使"人人会做、人人能做"。为此,要制订出简明扼要的操作手册,职工按手册操作,各司其职,各尽其责。

(2)专业化

专业化即将一切工作都尽可能地细分专业,在商品方面突出差异化。这种专业化既表现在连锁集团与各成员的专业分工上,也表现在各个环节、岗位、人员的专业分工上,使得采购、销售、送货、仓储、商品陈列、橱窗装潢、财务、促销、公共关系、经营决策等各个领域都有专人负责。

(3)标准化

标准化即将一切工作都按规定的标准去做。连锁经营的标准化,表现在两个方面:一是作业标准化。连锁集团、各成员对商品的订货、采购、配送、销售等各司其职,并且制订规范化规章制度,整个程序严格按照连锁集团所拟订的流程来完成。二是企业整体形象标准化。各成员的开发、设计、设备购置、商品的陈列、广告设计、技术管理等都集中在集团,同时在选址、培训、经营过程中提供监督指导和交流等服务。

3)**网络化**

网络化的组织形式是连锁经营的前提条件。以分散商店的大量销售力为基础,在总部集中进货时,为了准确地掌握商品和交易动向,必须进行准确的销售预测和制订进货计划。

为此,要设立能准确地掌握有关商品动向的商品管理系统,并且必须使电脑信息系统(如利用销售时点系统的单品管理,利用网络、电话系统的自动订、发货方式)网络化,这是推进连锁经营的必备条件。

9.1.4 连锁经营的基本类型

一般来说,连锁经营可分为以下3种形态:直营连锁、特许加盟和自愿加盟。

1)直营连锁

(1)概念

直营连锁是指总公司直接经营的连锁店,即由公司总部直接经营、投资、管理各个零售点的经营形态。总部采取纵深式的管理方式,直接下令掌管所有的零售点,零售点也必须完全接受总部指挥。直接连锁的主要任务在"渠道经营",意思指透过经营渠道的拓展从消费者手中获取利润。因此,直营连锁实际上是一种"管理产业"。这是大型垄断商业资本通过吞并、兼并或独资、控股等途径发展壮大自身实力和规模的一种形式。

(2)特点

直营连锁经营的主要特点:所有权和经营权集中统一在总部。其所有权和经营权的集中统一表现在:所有成员企业必须是单一所有者,归一个公司、一个联合组织或单一个人所有;由总部集中领导、统一管理,如人事、采购、计划、广告、会计和经营方针等;实行统一核算制度;各直营连锁店经理是雇员而不是所有者(分店无法人资格);各直营连锁店实行标准化经营管理。

直营连锁的人员组织形式是由集团直接管理。直营连锁的组织体系,一般分为3个层次:上层是集团总部负责整体的组织系统;中层是负责若干个分店的区域性管理组织和专项业务;下层是分店或成员店。

(3)影响

积极影响表现在:可以统一调动资金,统一经营战略,统一开发和运用整体性事业;作为同一大型商业资本所有者拥有雄厚的实力,有利于同金融界、生产厂商打交道;在人才培养使用、新技术产品开发推广、信息和管理现代化方面,易于发挥整体优势;众多的成员店可深入消费腹地扩大销售。

不利影响表现在:成员店自主权小,积极性、创造性和主动性受到限制;需要拥有一定规模的自有资本,发展速度受到限制;大规模的直营连锁店管理系统庞杂,容易产生官僚化经营,使企业的交易成本大大提高。

2)特许加盟

(1)概念

特许者将自己所拥有的商标(包括服务商标)、商号、产品、专利和专有技术、经营模式等以特许经营合同的形式授予被特许者使用,被特许者按合同规定,在特许者统一的业务模式下从事经营活动,并向特许者支付相应的费用。

(2)特点

特许经营具有如下特点:特许经营是特许人和受许人之间的契约关系;特许人将允许受许人使用自己的商号和(或)商标和(或)服务标记、经营诀窍、商业和技术方法、持续体系及其他工业和(或)知识产权;受许人自己对其业务进行投资,并拥有其业务;受许人需向特许人支付费用;特许经营是一种持续性关系。

(3)影响

其积极影响表现在:特许商能够在实行集中控制的同时保持较小的规模,既可赚取合理利润,又不涉及高资本风险,更不必兼顾加盟商的日常琐事;特许商不拥有加盟商的资产,保障资产安全的责任完全落在资产所有人的身上,特许商不必承担相关责任;可以享受现成的商誉和品牌;避免市场风险;分享规模效益;获取多方支持等。

其不利影响主要表现在:由于各个地区消费者的需求不同,特许经营也很难在任何地方都能保持持续的优势;对消费者来说,加盟商的频繁变更给他们带来的是疑惑,造成了特许人、现任加盟商和以往加盟商之间的责任不清,相互推脱责任;特许经营只能专注于某一个领域,而不可能在各个市场都取得战略性的胜利。

3)自愿加盟

(1)概念

自愿加盟是指由批发企业为主导组织的零售连锁集团、连锁体系内的各零售分店所经营的商品全部或大部分从该主导批发企业统一进货。作为对等条件,该批发企业必须向零售企业提供约定的服务。自愿加盟实际上是一些原本分散的批发商和零售商为了提高采购规模,以降低经营成本和增强竞争力,以协议和合同为纽带,组成的"联购分销"性质的经营体系。

(2)特点

①共同所有。由一个或几个实力较强的零售商或批发商发起并担任公司总部角色,或由几个零售商或批发商共同出人出资建立公司总部。总部和各成员店铺保留对原有资产的所有权和独立法人地位,总部和各成员店铺之间的关系按订立的合同进行规范和调整。运营资金由各成员单位出资构成。

②统一采购。总部的职能是制订销售战略、实行统一采购和配送计划,对各成员店铺实行业务指导,成员店铺除入盟时出资构成总部运营资金外,在运营期间还要按销售额向总部缴纳业务指导费。

③分散权力。各自愿加盟连锁店在财产、财务、人事方面独立自主,但在店名、店貌、采购、配送、销售和服务等方面由总部统一管理。

(3)影响

积极影响表现在:以合同为纽带,整合了批发商和成员店铺的资源,构成了一条能与大型连锁公司抗衡的联购分销渠道;发挥连锁经营的规模优势,又激发了各成员店铺的积极性和责任心;投资少、扩张快,迅速扩大市场占有率。

不利影响表现在:总部与成员店铺的联系松散,约束力弱,容易发生纠纷,协调成本高,因而稳定性差。

9.2 国外餐饮连锁经营发展现状

9.2.1 美国餐饮连锁经营的发展状况

1859 年,世界第一家连锁店即大西洋与太平洋茶叶公司出现,该公司采取连锁经营的方式,以同一资本开办门店,这种形式后来被称为直营连锁。1865 年,美国胜家缝纫机公司在全美各地设置了有销售权的特约经销店。1887 年,美国 130 多家独立的食品零售商,自愿联合,共同投资开办了一个共同进货的食品批发公司,参与商实行联购分销,成为世界上第一家自由连锁店。第一次世界大战结束后,美国的连锁经营进入了成长期,到 1930 年,美国已有 11%的零售机构采取了连锁经营的组织形式,连锁经营的食品零售额已占到零售总额的 32%。20 世纪 50—80 年代美国连锁经营获得了高速发展。20 世纪 80 年代以后,连锁经营进入一个全面开拓和渗透的时期。近 10 年,美国连锁业凭借其雄厚的资金、先进的管理、成熟的技术,雄心勃勃地开拓海外市场。

连锁经营最早产生于美国,其中餐饮业已成为美国国内发展最快的连锁加盟行业之一。餐饮连锁经营的萌芽于 19 世纪后半叶,而餐饮连锁经营进入规范、成熟的轨道要归功于 1954 年麦当劳的创立。目前,美国快餐业的特许经营已取得了巨大成功。麦当劳在全球近 3 万家餐厅,60%~70%是特许加盟店。

【小资料】

美国十大餐饮连锁品牌

1.肯德基

肯德基(KFC)是世界最大的炸鸡连锁餐厅。肯德基遍布全球 80 余个国家,亚太地区是肯德基目前成长最快速的地区。肯德基属于百胜餐饮集团,是世界上最成功的消费品公司之一。其下三大系统为餐厅业、饮料业及休闲食品业,肯德基与其他几个知名的餐厅系统——必胜客及塔可钟、东方既白,都为百胜餐饮集团所统筹。

2.麦当劳

1955 年诞生的麦当劳连锁快餐机构,至今已发展成为在世界范围内拥有 30 000 家分店的跨国公司。麦当劳是餐饮行业的世界第一品牌。由国际著名品牌研究机构世界品牌实验室推出的 2003 年世界最有影响力品牌 100 强中,麦当劳名列第二位。麦当劳的成功缘于它的创始人创造了一种适应时代要求的商业模式,并通过制订统一和规范化的标准,使其可以迅速地复制扩张。

3.星巴克

1971年吉罗·宝威、戈登·鲍克和杰夫·西格三人在西雅图的Pike Place市场开办了一家精品咖啡店。为了开办这家店，他们三人筹集了1万美元。他们将这个生意叫作星巴克。星巴克的确是市场经济的宠儿之一。自从挂牌上市之后，销售额以每年平均20%的速度递增，利润额每年的平均增长幅度为30%，而且，其增长趋势还在继续。截至2020年，星巴克在全球82个市场拥有超过30 000家门店。

4.必胜客

必胜客以“红屋顶”作为餐厅外观的显著标志，如今已是全球最大的比萨专卖连锁企业。必胜客已在营业额和餐厅数量方面，迅速成为全球第一的比萨连锁餐厅企业。必胜客公司属于世界上最大的餐饮集团——百胜全球餐饮集团，目前百胜餐饮集团在全球100多个国家拥有超过32 500家的连锁餐厅，是全球餐饮业多品牌集合的领导者。

5.德克士

德克士炸鸡起源于美国南部的得克萨斯州，1994年出现在中国成都。1996年，顶新集团将德克士收购，并投入5 000万美元，健全经营体系、完善管理系统，并重新建立了CIS系统，使其成为顶新集团继康师傅之后的兄弟品牌。

6.香啡缤

至今已有50多年历史的“香啡缤”在全球有数百家分店，除美国本土外，其分店遍布世界各地。“香啡缤”的英文名为The Coffee Bean & Tea Leaf，它不仅能满足咖啡爱好者的需要，还凭其与众不同的各式茶类饮品赢得了爱茶人士的好评。

7.必胜宅急送

必胜宅急送是专业美食外送专家，是必胜客衍生的独立品牌，同隶属于中国最大的餐饮集团——中国百胜餐饮集团。自2001年6月在上海古北开设第一家店以来，截至2006年9月底，已经在上海、北京、深圳、杭州成功开设了33家美食外送店。必胜宅急送提供各式铁盘比萨、手拍比萨、焗饭、意大利面以及沙拉、鸡翅、甜品等配餐，不设餐厅堂食。

8.塔可钟

塔可钟作为世界上规模最大的提供墨西哥式食品的连锁餐饮品牌，于2003年5月21日正式进入中国，被称为塔可钟墨西哥风情餐厅。在沿袭传统墨西哥美食的同时，针对中国消费者的口味，对墨西哥食品进行了精心调整。

9.百胜

百胜是中国百胜餐饮集团，隶属于全球著名的餐饮集团——百胜全球餐饮集团，旗下拥有肯德基、必胜客、必胜宅急送、塔可钟、东方既白，成为全球餐饮多名牌集合的领导者。中国百胜餐饮集团为百胜全球餐饮集团中国总部，于1993年在上海成立。

10.猫头鹰餐厅

美国猫头鹰餐厅以其橙色的运动主题而风靡全球，在全球拥有近500家餐厅。猫头鹰餐厅的虹桥店于2004年的10月在虹桥上海城成功开业。

（来源：品牌互动网）

9.2.2 西欧餐饮连锁经营发展情况

西欧餐饮连锁经营起步晚于美国,最早产于英国,标志是1862年英国第一个连锁股份公司无酵母面包公司的产生。1876年,利普顿在格拉斯哥创立了“利普号”食品连锁店。1890—1914年,除英国外,连锁经营在法、德、瑞士等国家也迅速发展起来。第二次世界大战结束以来,连锁经营在西欧国家的发展进入了成熟期。

英国连锁经营20世纪70—80年代以来,多种连锁系统发展特别迅速,逐渐形成了巨大的销售网。玛莎公司曾是英国最大的百货连锁商店。法国连锁经营从结构上说有两大特色:一是中小型连锁店众多;二是大型连锁店在总营业额中占较大比重。家乐福是仅次于沃尔玛的世界第二大商业零售集团,业态包括七大种。法国著名的连锁企业还有英特玛诗、欧尚、勒克莱尔、卡西诺,这些企业的排名均在全球零售30强之内。德国连锁系统风格独特,已成为德国普遍的商业企业组织形式,规模也越来越大。麦德龙是德国最大的商业集团,其经营业态有现购自运、百货店、DIY、大卖场、超级商店等。阿尔迪是德国最大的以经营食品为主的公司连锁折扣商店。该商店自开业以来一直以薄利多销而驰名世界,该公司的售价一般比超市低30%,其成功之处在于严格的进货原则、长期的订货合同。

西欧餐饮的主要代表是法国,法国是餐饮大国,尤其在西餐方面享誉世界,被视为“西餐至尊”。法国大约50年前出现了第一家连锁餐厅,如今这种消费方式受到越来越多法国消费者的青睐。统计显示,尽管法国人在情感和文化上更倾向于各具特色的餐馆,但连锁餐厅目前已占据法国餐饮市场1/5的份额。法国吉拉咨询事务所最新统计显示,尽管连锁餐厅数量只占法国各类餐馆总数的4%,但却以每年100亿欧元(约合1 040亿元人民币)的总收入占据市场份额的1/5。

9.2.3 日本餐饮连锁经营发展情况

在1929年,日本出现了第一家以自由连锁形式对抗百货店大资本的、以零售为主导型的大东京洋品商联盟,从而拉开了日本连锁经营的序幕。1937年前后出现的大东京文具连锁、大东京瓷品连锁、大东京鞋连锁店联盟、和服共同进货联盟等机构都属于这一形式。1955—1964年是日本为实现现代化而准备的起飞阶段。在这10年中,日本商业界的有识之士抓住机会,加大对零售业的投资。著名的大荣、伊藤洋华堂都是在这一时期成立的。为了适应大量生产和大量消费的需要,这些公司的管理者们及时地从欧美引进了连锁经营模式,不断地开设或吸收分店,扩大销售网点。20世纪70年代,日本积极地从国外引进著名的连锁公司如麦当劳、肯德基等,将连锁经营由零售业扩大到服务业、餐饮业,从而健全了日本的连锁体系。20世纪80年代,日本连锁业经历了流通重组后,连锁店纷纷向信息化发展,销售信息管理系统(POS)和企业内部信息通信网(LAN)逐步列入连锁业中,并迅速得以推广。如今,日本的连锁经营具备了相当的规模与水平,处在发达国家前列。

日本的快餐连锁发展可分3个时期,即兴起与发展期、调整与成熟期、稳定与平缓期。

1)兴起与发展期(1970—1979 **年**)

日本快餐连锁的雏形是在20世纪70年代初形成的。1970年的大阪国际博览会又是一次良好的契机,博览会后,美国的肯德基和麦当劳进入日本市场,先开了几家直营店,随后开始了连锁推进。以后美国的炸面圈、比萨饼等也紧跟进来,并带动了日本的吉野家、王将、MOS汉堡以及传统的寿司店、荞麦店和居酒屋等企业的全面发展,迅速向连锁化、标准化和现代化的方向迈进。在这一时期中,主要表现为各个行业大量向快餐业投资,大搞连锁,特别是大商社财团的雄厚资金的投入,使快餐连锁以更快的速度发展,各家不惜本钱争占繁华地段建店,扩大影响,同时为了拉更多的中小企业加盟,大做广告宣传,大打价格战,竞争激烈,进入了高潮。

2)调整与成熟期(1980—1989 **年**)

20世纪70年代的迅猛发展,造成了原材料的紧张,资金的短缺,人才跟不上和品种质量下降,反映出企业的基础不实,过于追求数量与规模,造成了内涵不足、外延失控的局面。加之20世纪70年代全球石油危机,也给日本经济发展带来了很多不利影响。在内外两方面的作用下,使快餐连锁的发展一进入80年代就成了调整阶段。

3)稳定与平缓期(1990 **年至今**)

经过20多年的发展,现有市场基本饱和,加之进入20世纪90年代,日本的经济增长势头减弱,经济的不太景气,使消费也受到了制约,直接影响外食产业与快餐业的发展速度,快餐连锁也进入了比较平缓稳定的发展时期。企业通过利用日元升值的机会,开辟海外加工,不断降低成本与价格,稳固市场。但不少企业还是面临被动,于是关闭赤字店,出售转卖股票,及时收回计划外投资,尽管想尽办法,有的企业还是倒闭了。从这一时期看,总的还是有所发展,但发展速度较慢,没有了以前的繁荣景象。

9.3　我国餐饮连锁经营发展

9.3.1　我国餐饮连锁经营发展的阶段

20世纪80年代后期开始,连锁经营在中国起步;进入90年代,连锁经营在大中城市和沿海开放地区兴起,率先发展连锁经营的有上海的“联华”和“华联”,广东东莞的“美佳”,广州的“8字店”,北京的“美廉美”企业,主要采取加盟、收购、兼并等形式扩大规模。特许经营是连锁企业采取的主要手段,加盟店的增长幅度明显高于直营店。近年来,我国连锁经营行业发展突飞猛进,涌现出一批大型连锁业态,对国内的经济增长和消费产生了巨大的作用。

我国餐饮连锁经营萌芽于改革开放初期,到今天为止大约经历了3个时期:

第一阶段,萌芽期,20世纪70年代末至80年代末。这一时期我国餐饮业在政策上率先放开,各种经济成分共同投入,使餐饮行业发展取得了新的突破和发展。这一时期的餐饮业经营模式以单店作坊式餐饮店为主,但也出现了连锁经营的萌芽。

第二阶段,快速发展期,20世纪90年代。这一时期,餐饮企业连锁经营推进步伐和速度明显加快,在全国范围内,很多品牌企业跨地区经营,并抢占了当地餐饮业的制高点,企业逐步走向连锁规模化成为这一时期的显著特点。这一时期,外资餐饮公司凭借先进的经营管理制度、高效的物流配送体系,在中国大力发展连锁餐饮店。百胜餐饮集团、麦当劳餐饮集团在中国成功地开设了肯德基、必胜客、麦当劳等著名餐饮品牌连锁店,同时为国内餐饮同行带来了全新的经营理念。

第三阶段,提升期,2000年至今。进入21世纪,我国餐饮业发展更加成熟,增长势头不减,整体水平提升,一批知名的餐饮连锁企业在外延发展的同时,更加注重内涵文化建设,培养提升企业品牌,综合水平和发展质量不断提高,并开始输出品牌与经营管理。中国大型餐饮连锁经营尤其是直营连锁业务发展势头强劲,快餐、送餐外卖、火锅连锁店、团体供餐发展迅速,连锁经营已成为许多地区餐饮业的主导经营模式。同时,也出现了一批具有影响力的民族品牌,如内蒙古小肥羊餐饮连锁有限公司、马兰拉面快餐连锁有限责任公司等。

9.3.2 我国餐饮连锁经营的特点

近年来,餐饮企业实施连锁经营的步伐明显加快,经营业态更加丰富,菜品创新和融合趋势增强。连锁餐饮企业不断涌现,规模化、连锁化成为这一阶段的显著特点。在大型快餐连锁店的带动下,本土快餐企业也在快速发展,规模逐步扩大,成为餐饮行业中不可或缺的经营方式。企业发展更加成熟,餐饮经营网点和从业人员快速增加。综合水平和发展质量不断提高,现代餐饮发展步伐加快。加盟品牌和连锁经营作为新型的经营方式在餐饮行业显示出广阔的发展空间。

1)面向大众消费成为餐饮业经营的主流

餐饮企业面向家庭、个人消费的业务保持较高的增长态势,成为营业的主体。正餐业中以火锅店、家常菜馆最受消费者欢迎,如内蒙古小肥羊餐饮连锁有限公司、北京全聚德集团有限公司等的门店数和营业收入在连锁餐饮企业中占有相当的份额。此外,与家庭消费相关的餐饮成品、半成品、速冻成品、方便食品的销售增长势头十分强劲,特色餐饮和快餐成为经营业态的主体。

2)安全、健康、卫生的餐饮场所成为消费者的首选

餐饮市场从传统的色、香、味、形,并以味为主转为更加注重安全卫生、健康营养的消费。安全、健康的餐饮消费成为餐饮企业与消费者的共同追求,餐饮企业经营者行为规范,促进了餐饮企业质量的提高。连锁经营替代了传统餐饮业随意加工、单店作坊式经营、人为经验

式的管理,使餐饮业向产业化、连锁化、集团化和现代化的方向迈进。

3)餐饮业国际化发展迅速

连锁餐饮企业经营模式多元化的趋势明显,随着对外交流的日益频繁以及整体国力的不断提升,世界餐饮业与中国传统餐饮业的融合进一步加深。国际餐饮业巨头对华的投资与扩张也在不断加强。

4)餐饮连锁发展业态不均衡

从我国目前餐饮连锁企业的发展情况来看,火锅与特色酒楼两种业态发展稳定、比例增幅较大。从地区的业态分布来看,东部省市快餐的营业规模明显超过正餐,广东、江苏、上海、辽宁、北京、浙江和山东等东部省市都已达到50%以上;中、西部省市区,除四川外,餐饮业仍以正餐为主。

5)餐饮连锁发展地域不均衡

从地域来看,餐饮百强企业分布在华东地区的数量多年来一直保持领先地位,西北地区也呈现出强劲的发展势头。从具体分布来看,上海、浙江、重庆、北京这4个省市在餐饮百强企业中的数量一直位于前列,地区经济的繁荣使大型餐饮企业的发展速度领先于其他地区。

9.3.3　我国餐饮连锁经营的主要业态

1)面点业连锁经营

中国报告大厅报道,目前,我国面点业市场正在向品牌化靠近,外资品牌大举进入中国市场,他们在服务和产品创新上都下足了功夫,给国内面点企业带来不小的竞争压力。就面点业的自身问题而言,主要表现在以下几点:工业化、规模化、标准化程度低;经营实体规模普遍偏小;食品安全问题严重;工艺落后,无行业标准。

为了应对以上问题,我国面点业在连锁经营方面进行了积极的实践,也取得了不小的成绩,造就了一批国内外知名的面点连锁企业,如好利来、大娘水饺等。但行业整体发展水平不高,有待进一步加强。当下我国面点连锁经营主要表现出如下特点:原材料采购及存储实行统一化;经营实行“前店后厂”方式;产品标准化程度高;产品自选式销售,员工培训简单。

为了提升我国面点行业的整体水平以及竞争力,面点业要在以下方面做出更多的努力:重视生产质量,守好面点业的生命线和良心线,同时在产品制作工艺、原料配方等方面加快了建立统一标准的步伐;在产品体系的设计上,面点连锁企业要树立自己的主导产品,在产品系列的组合上不断推陈出新,丰富产品类型;注重氛围设计,餐饮店的形象设计应保持标准、统一的设计模式和情境氛围。

【小资料】

好利来的故事

16年前,在母亲退休后的第一个生日,为了表达儿子一份爱的孝心,罗红想给妈妈选购一个样式新颖、口味鲜美的生日蛋糕。然而,他几乎跑遍了整个成都,也没有寻到自己满意的生日蛋糕。“天下的妈妈把孩子抚养长大,不知道要做多少顿饭,可竟然没有一家能让孩子表达爱心的蛋糕店。”就是怀着这样一种无法尽心报答母爱的遗憾,罗红下定决心:创立自己的蛋糕店。

围裙蛋糕。“虽然我对这个行业不懂,但我对美的东西的感悟似乎是天生的。”罗红这样描述当初创业的想法:在调查了四川雅安当地所有的蛋糕房后,罗红更加坚定了自己的信心。尽管招来一些人的非议,但是罗红开始了行动:寻找已退休的专业蛋糕师傅;坚决要求和自己一同干的同学拿下当时雅安市多数人每天上下班必经的闹市中的一个门面;因为退休师傅蛋糕设计仍然简单,就让海外亲戚朋友邮寄资料亲自设计。罗红清楚地记得,自己将亲手设计的第一份,也是最能表达自己做这份事业初衷的蛋糕取名为“围裙蛋糕”,那是将一个圆的蛋糕切去一块,然后搭配上精致的花边,写上“亲爱的妈妈,您辛苦了”。回想起第一件作品时,罗红仍然很兴奋:“这是我最经典的最有创意的蛋糕了。”而罗红将这个蛋糕事业第一店取名为“喜利来”。

走出雅安。1992年,除了雅安的蛋糕店,罗红卖掉了房子、摩托车等所有家当,加上亲朋好友的借款一共10多万元,孤注一掷地投入当时兰州最好的地段开店,光房租一年就是7万元。罗红选择兰州作为对外发展第一站,一是与雅安近在咫尺的成都食品市场本身就很丰富,而南京这样的大城市房租高得离谱;二是兰州曾是他大学生活过的地方,创业讲究地利;此外,兰州的饮食文化除了牛肉拉面非常单调,制饼屋也少,品种单一,工艺水平低,市场需求潜力巨大。

“喜利来”改名为“好利来”。开业当天,就出现了爆棚景象。“生意出奇的好。”罗红说。因为蛋糕做得太漂亮了,每天顾客都挤来购买,最后店员不得不用两根很粗的木棒顶住柜台,防止被挤塌。兰州的事业也由此迅速扩大,年销售额达二三百万元。

“99”磨难。兰州的成功增强了罗红的信心,他的奋斗目标开始明确起来——要做“中国蛋糕王”。1994年,好利来开始进军东北市场,站稳脚跟后的第二年,罗红决定将蛋糕店推向连锁经营,创建了沈阳好利来蛋糕事业发展有限公司。好利来集团迅速发展到了100多家连锁店,在国内烘焙业坐到第一把交椅,这一年是1999年。然而也就是在这一年,罗红却面临着意想不到的灾难:东北人迷信“99”年过生日不吉利,无人购买生日蛋糕,好利来跌入了低谷,整个东北市场亏损得一塌糊涂,月亏损高达100万元。唯一的办法就是从近千名员工中裁员800人。在裁员大会上罗红流泪了:你们跟我打江山这么多年,患难的时候也只有你们能站出来。你们回去后,公司每个月仍发200元的生活费,希望等到来年的春天,还能看到你们回到好利来。

第二年情况好转,罗红立即向这些员工发出返职邀请函,回归率达到了98%。企业做大后，企业家们自然将目光投向北京这个重要市场，罗红也不例外。1995 年，好利来在北京的第一家店开业，昂贵的房租以及整个北方市场开发的滞后，使得该店第一年严重亏损。第二年尽管有所好转，但是该店面属于拆迁范围。罗红作出决定：尽管北京市场意义重大，但是如果时机不成熟，还不如先撤出该市场。撤店后，公司的员工亲自上门将订户的预订金退回，而这一小小的举动也为两年后好利来再次进京赢得了信誉。2003 年，罗红将公司总部正式搬迁到北京。今天，罗红在北京已经彻底站稳脚跟，在全国也开出了 600 多家直营连锁店，资产超过了 10 亿元。

（资料来源于世界商业报道）

2）火锅业与连锁经营

根据近年来火锅行业报告，我们可以看出火锅连锁经营盛行，产业链初具规模。火锅连锁经营一直是火锅企业发展的重要方法，内蒙古小肥羊、小尾羊、重庆德庄、秦妈等知名企业 2005 年之前加盟店的比例均为 95%以上。不过，加盟经营推广这种方式虽然给企业带来了品牌迅速扩张和资金积累的好处，但由于加盟店的管理水平不一，菜品质量良莠不齐，再加上总部对加盟店的控制管理跟不上，致使品牌形象大打折扣。为了维持辛苦创立的品牌形象，以小肥羊为代表的各个品牌火锅企业开始大幅减少加盟店的数量，增加直营店的数量，完成了由速度到高度的转变。近几年发展起来的火锅企业，如呷哺呷哺、海底捞、一尊皇牛等知名火锅企业吸取了同行们的经验和教训，为了维护品牌形象和自身利益，企业专注直营连锁店的发展，严格限制加盟店的要求，谢绝了许多的加盟请求。目前，呷哺呷哺全国 400 多家店全部为直营店、海底捞全国 100 多家店全部为直营店。未来火锅产业还需在加强品牌化战略、注重特色化创新、产品质量信誉化、提升连锁可控性等方面下功夫。

【小资料】

小肥羊卖身记

从 2009 年起，张钢及小肥羊诸多董事便开始了多次减持小肥羊股份的举动，且与百胜渊源甚深。上市前的 2005 年，小肥羊开始股份制改造，股东总数上升到 49 位，各地分公司的全部股东超过 500 人。此时张钢及其创业搭档股份从 100%稀释到 40%。2006 年，张钢放弃了当时出价较高的高盛集团，在引入 3i 和普凯投资基金的同时，聘请了肯德基原香港行政总裁杨耀强出任小肥羊独立董事。杨耀强在获得张钢给予的一部分股权激励的情况下，以首席运营官的身份帮助小肥羊赴港上市，而杨耀强此前则在百胜餐饮集团任职多年。2008 年，小肥羊赴港上市成功，被誉为做“中国百胜”的开始。杨耀强则被看成小肥羊登陆港股的重要功臣。并在其任职期间，引入百胜集团中国事业部成为小肥羊第二大股东。但在 2009 年底，杨耀强离职，随着唯一一任职业经理人离职，小肥羊的开店速度逐渐放缓。同时，在 2010 年创下历史最高水平后，小肥羊 2011 年上半年净利润同比下滑了 19.6%，仅为3 060.6万元。顾客人均消费为 53.7 元，上一年同期为 59.9 元。而在小肥羊的极盛时期，2008—2010年净利润分别为1.28亿元、1.33亿元、1.55亿元。康建华对时代周报记者说："小肥羊通过高速的加盟扩张，逐渐成为国内火锅的第一品牌，而这种扩张方式也附带着一定的问题，主要表现在加盟者在经营管理、服务质量上出现良莠不齐的情况，这在一定程度上影响企业的整体形象和持久繁荣。"

此外，他还介绍道："小肥羊能够丰富百胜餐饮的食物种类，涉足火锅市场，将加大百胜在中国餐饮界的覆盖范围。"而资料显示，自从1987年进入中国市场后，中国市场已成为百胜集团业务发展最快的市场。外媒报道，在今年第一季度，百胜在华销售收入激增18%，业务占比高达集团运营利润的54%。对于不断扩大比例的中国市场，百胜集团则不断加大占比，此前媒体报道，国内以团膳为主业的北京金丰餐饮有限公司两年多来便一直受到百胜的多次"关注"，以洽谈收购事宜。而事实上，百胜集团一直在国内寻找着合适的收购对象。

在看起来双赢的合作下，双方却不得不面对同一问题，在以张钢为首的小肥羊创始人并未离开"洋肥羊"管理情况下，百胜如何撬动业已牢固的家族化管理模式，从而达到自身模式的延展，成为此后一近年来最大跨国并购案的核心所在。

（资料来源于职业餐饮网）

3）快餐业与连锁经营

快餐是指由商业企业快速供应、即刻食用、价格合理以满足人们日常生活需要的大众化餐饮，具有快速、方便、标准化、环保等特点，如汉堡包、盒饭、华飞四季旺酸辣粉等，港台一带译作速食、即食等，和便当有所区别。而消费者对快餐的理解是多种多样的，远不止外来语原意所能包容，即快餐是由食品工厂生产或大中型餐饮企业加工的，大众化、节时、方便，可以充当主食。快餐已成为一种生活方式，并因此出现了"快餐文化"和"速食主义"。

中国的快餐业起步较晚，自1987年4月美国肯德基快餐连锁店在中国落户，现代快餐的概念才引入中国。短短10年里，中国快餐业呈现出传统与现代、中式与西式、高档与低档快餐竞争与并存的市场格局。目前，中国快餐业的发展尚处于初创阶段，还处于借鉴、模仿和积累阶段，没有形成体系和规模。但快餐的消费市场与供应市场已基本形成，在沿海与内陆的一些大中型城市、旅游城市和经济较发达地区，快餐已成为出差、旅游、商务往来等流动人口和工薪阶层、学生以及人们在外活动就餐不可缺少的一种需求。

快餐专卖店和速食便当为快餐业主要经营模式，速食便当以流动客为主，由于点多面广、物美价廉、简单便捷，是上班族及学生的早餐、小食、加餐的理想选择；美食广场由于突出风味特色，使消费者有广泛的选择性；快餐综合店以本土的特色菜品和外来的精致美食为结合点，打破了品种单一的固定模式，不断扩大和吸引消费者，如"大快活""大家乐""美心"都属于这类经营模式。在实行连锁经营的快餐企业中，一半左右加盟店数量在10家以下，其次是10~20家（占36%），这说明目前实行连锁经营的快餐企业规模较小，与我国目前初级的快餐产业业态相一致。

【小资料】

大娘水饺:靠细节"标准化"吸引多家风投

做过记者当过公务员的江苏大娘水饺餐饮有限公司董事长兼总经理吴国强,用7年时间,把大娘水饺从江苏常州市一个25平方米的小餐馆,做成了遍布江苏、上海,并向北京及海外市场进发的中式快餐品牌。大娘水饺公司现拥有150家直营连锁店,还不能称得上老大,但与悉数当今的中式快餐企业进行比较,大娘水饺或许算得上较有活力的企业之一。

细节决定一切。1996年,大娘水饺经营的是米饭面条之类的中式快餐。吴国强说,偶然的原因,他的店卖上了水饺,生意立即有了很好的改善。吴国强将水饺做成了目前市场上最成功的中式快餐,其秘诀是:量化每一个细节。在3分钟内就需将残羹剩饭和用过的餐具从餐桌上清理掉以便让新来的顾客就餐,这是公司的明文规定。公司有一部厚达300多页的《管理手册》,其中涉及保证产品规格和质量恒定的"标准化"内容,如每10千克馅使用1袋调料,每6只饺子重120克,每6张饺子皮重55克,从顾客点餐到食品上桌不得超过10分钟,擦一张桌子应该遵守的清洁工序,和多少面兑多少水之类。分公司北京天润大娘水饺有限公司的总经理沈柯说:"我们已经知道了一个秘密,那就是细节决定一切。"中国新一代中式快餐供应商和上一代不同,已经不再简单地从形式上、表象上模仿麦当劳和肯德基,而是开始努力寻找中式快餐的工业化道路,以便更有效地抢占国内巨大的快餐市场。

对风投不感兴趣。目前店铺总量近200家,2010年营业额突破3亿元,也吸引了风险资本的注意力。"我们暂时不考虑风险投资。"大娘水饺新闻发言人明确表示。其理由是:企业正处于"青苗期",现在引入风投不合算。我们是成长型的企业,打算靠自己再发展几年。对于风投、上市,还要做深入研究。IDG公司是大娘水饺接触的第一个投资客。早在2002年,经过6年时间发展,已拥有50多家连锁店、年营业额超过1.58亿元的大娘水饺就吸引了IDG公司前来投资,却始终没谈成。"我们从来没有主动和他们接触过。"大娘水饺副总经理强调说。即使在企业最困难的时期,大娘水饺一连关了7家店,面对IDG公司再一次抛出的绣球,仍然咬咬牙,自个儿挺了下来。"如果上面的困难再持续3个月,也许你现在就看不到我们的招牌了。"公司董事长吴国强曾这样形容大娘水饺当时的处境。在漫长的3年接触过程中,IDG公司不断遇到新的竞争者从半路杀出,包括鼎晖国际、摩根士丹利等。但吴国强表示,当企业发展到一定的规模后,要有抵御各种利益诱惑的"定力"。这解释了大娘水饺面对风险投资客的"岿然不动"。

(资料来源于江苏商报)

9.4 特许经营

9.4.1 特许连锁经营的类型

特许经营的定义有很多种,在国际上广泛通用的是国际特许经营协会的定义,该定义如下:特许经营是特许人和受许人之间的契约关系,对受许人经营中的如下领域、经营诀窍和培训,特许人有义务提供或保持持续的兴趣;受许人经营是在由特许人所有和控制下的一个共同标记、经营模式和过程之下进行的,并且受许人从自己的资源中对其业务进行投资。中国特许经营协会将特许经营定义如下:特许人将自己拥有的商标、商号、产品、专利和专有技术、经营模式等以特许经营合同的形式授予受许人使用,受许人按合同规定,在特许人统一的业务模式下从事经营活动,并向特许人支付相应的费用。特许经营是连锁经营中较为典型的模式之一。

1)按特许内容划分

特许连锁经营按特许内容可划分为商品商标特许连锁经营和经营模式特许连锁经营两种。

商品商标特许连锁经营由来已久,最早是一种制造商和代销商的契约关系,是代销商为制造商代销某种产品的关系。随着时间的推移,代销商就逐渐集中为一个制造商服务。这样制造商与代销商就形成了母子公司的关系,产生了最初的特许连锁经营,因此,也被称为第一代特许连锁经营。这类特许经营行业主要包括汽车专卖店、加油站、服装专卖店等。

经营模式特许连锁经营别称为第二代特许连锁经营,目前人们常说的特许连锁经营就是这种类型。经营模式特许连锁经营不仅要求加盟店(加盟者)经营总部的产品和服务,而且加盟店的商店标志、店名、商标、经营标准、产品和服务的质量标准、经营方针等,都要按照总部的全套方式进行。并且加盟店必须缴纳加盟费和后续不断的权利金(特许权使用费),这些费用使总部能为加盟店提供培训、广告、研究开发和后续支持。这类特许经营行业应用广泛,尤其在零售业、快餐业、服务业中最为突出。目前,第一代特许连锁经营也有向第二代特许连锁经营转化的趋势。

2)按授予特许权方式划分

特许连锁经营按授予特许权方式可划分为以下类型:

(1)普通特许经营

特许者赋予被特许者在某个地点开设一家加盟店的权利。特许者和加盟者直接签订特许合同,被特许者亲自参加店铺的运营,加盟者的经济实力普遍较弱。目前,在该类被特许者中,相当一部分是在原有网店基础上加盟。单体特许适用于较小的空间区域内发展特许网点。

优点:特许者能直接控制加盟者;对加盟者的投资能力没有限制;没有区域独占;不会给特许者构成威胁。缺点:网点发展速度慢;总部支持和管理加盟者的投入较大;限制了有实力的被特许者的加盟。

(2)代理特许经营

特许代理商经特许者授权为特许者招募加盟者。特许代理商作为特许者的一个服务机构,代表特许者招募加盟者,为加盟者提供指导、培训、咨询、监督和支持。目前,该类特许经营是跨国特许的注意方式。特许者与特许代理商签订代理合同,被特许者与加盟者签订特许合同,合同往往是跨国合同,必须了解和遵守所在国法律,代理商不构成特许合同的主体。

优点:扩张速度快;减少了特许者开发特许网络的费用支出;对特许者的销售有较强的控制力;能对被特许者实施有效控制而不会过分依赖代理商;能方便地终止特许合同。缺点:特许商要对代理商的行为负责;要承担被加盟者起诉的风险;要承担汇率等其他风险。

(3)区域特许经营

特许者赋予被特许者在规定区域、规定时间开设规定数量加盟网点的权利。由区域加盟者投资,建立拥有和经营加盟网点,该加盟者不得再行转让特许权。加盟者要为获得区域开发权交纳一笔费用和遵守开发计划。该方式适用于在一定区域发展特许网络。特许者与区域加盟者首先签署开发合同,赋予加盟者在规定区域、时间内的开发权。当每个加盟网点达到特许者要求时,由特许者与加盟者分别就每个网点签订特许合同。

优点:有助于加盟者尽快实现规模效益;有利于发挥加盟者的投资开发能力。缺点:在开发合同规定的区域和时间内,特许者无法发展新的加盟者;对加盟者的控制力较弱。

(4)区域授权特许经营

总部将一定区域内的独占特许赋予加盟者,加盟者在该地区内可以独自经营,也可以再次授权给下一个加盟者特许经营业务。加盟者支付总部的特许费一般根据区域内的常住人口确定,如果再将特许权转让给他人,那么加盟者从他人手中收取的特许费以及年金须按一定比例上交总部。

优点:扩张速度快;特许者没有管理每个加盟者的任务和相应的经济负担;区域授权特许者可根据当地市场特点改进特许体系。缺点:把管理权和特许费的支配权给了区域授权特许者;过分依赖区域授权特许者,特许合同的执行没有保证;特许收入分流。

3)按加盟双方成员关系划分

特许连锁经营按加盟双方成员关系可划分为以下类型:

(1)制造商—零售商特许系统

这种系统由制造商发起并提供特许经营权,零售商则是特许经营人。

(2)批发商—零售商特许系统

这种系统是由一个批发商发起同时吸收大量零售店加入所形成的经营系统。

(3)零售商—零售商特许系统

这种系统是由一个零售商发起并大量吸收零售加盟店所形成的特许系统,也是最普通最典型的经营特许模式。

9.4.2 特许连锁经营利弊分析

1)特许经营的益处

(1)对特许人来说,特许经营的主要益处

由于开设的每一家特许经营的分店都是由受许人提供资金的,从而分担了特许人的财政风险,使特许人能充分运用别人的资金来发展自己的事业。因为受许人自己把资金、希望等"押"在了特许加盟中,所以动力、压力都很大,也更加积极肯干,这种状况有利于特许人事业的发展。特许人可以降低经营费用,集中精力提高企业管理水平,提高管理效率。特许人只需建立一个紧密的组织,包括一些与经营业务有关的高度专业化的经理和辅助人员。特许人能以更快的速度发展业务而不受通常的资金限制,以最低限度的再投资就能在分店获得高回报;再投资资源的增长使业务效益和效率更高,且有最终回购成功的特许加盟分店的机会。因为特许经营现在在世界上的大多数国家都受当局或政府的明确支持,所以特许人可以获得政府支持,加快国际化发展战略,使特许人可以将资源用于自己的擅长之处,从而在提高核心竞争力的同时增强特许人的整体竞争力。

(2)对受许人来说,特许经营的主要益处

受许人对基本知识或专门化知识的缺乏,可通过特许人的培训项目得到克服。受许人受拥有自己业务的激励,并受益于特许人持续不断的协助。受许人是特许体系内的独立的商人,这为受许人带来了通过努力工作使其投资收益最大化的机会。大多数情况下,受许人的经营得益于已经在消费者心目中建立起来的名称或声誉(品牌印象)。受许人通常比自己独立开业需要较少的资金。因为特许人所传授的试点经营的经验,将消除掉各种不必要的花费。特许人为受许人提供的一系列服务,能保证受许人在经营上获得与特许人同样的成功。这些服务包括:应用已开发的标准,选择贸易地点或区域;指导受许人做开业前的各种准备工作;对受许人及其职员进行业务经营方面的培训,并提供一份包括各种经营细节的操作手册;培训受许人,使之掌握会计、业务控制、市场营销、促销和商品化的方法;设备购买方面的服务;为受许人建立业务提供财政方面的支持。受许人得益于特许人在全国范围内的广告和营业推广活动。通常受许人以市场推广基金的形式为这些活动作出贡献。受许人受益于整个体系的谈判能力和大批量购买在价格上的优惠。

(3)对社会来说,特许经营的主要益处

提供更好的产品或服务。专业分工的协作与特许人、受许人双方联手的共同经营,将充分发挥特许人与受许人的各自优势,从而使共同打造的产品或服务质量更好、性能更优、技术更先进、数量更充裕。特许经营还通过3种方式为社会增加了就业机会:一是特许人事业的扩大使其与相关企业(如供应商、合作者等)的业务增多,从而使加聘人员成为必须,或至少使原有人员不再失业；二是特许经营使受许人因开展新的业务而产生新聘人员；三是特许经营本身造就了一批专事特许经营业务的职位，如顾问咨询、律师、特许经营专业人士等。人类的发展需要合作，而特许经营则显然通过“合作发展、共铸多赢”的方式加强了企业之间的合作，或为社会提供了更多的合作机会，特许经营成功的例子从正面弘扬了合作制胜的精神。每个企业和个人从事自己最擅长的工作是包括特许经营在内的所有外包活动的核心思想，因此，资源间搭配不合理的现象在外包活动中会得到相当程度的解决，外包通过更科学的分工、更合理的专业化、更互利和密切的合作，使资源在全社会的范围内得到更优化的配置。

2)特许经营的弊端

特许经营的弊端主要体现在如下几个方面：容易对有些资源失去控制并变得对受许人过分依赖。虽然有合同的约束，但特许人把业务交由受许人来做，就不可避免地会遇到对某些资源、功能、厂家等的过分依赖和失控现象，而不能完全自主的状况显然是一种潜在威胁。因为特许经营的“克隆”效应既容易“一荣俱荣”，也容易“一损俱损”，公司声誉和形象会受个别经营不好的加盟店的影响。特许经营合同限制了策略和战略调整的灵活性，在特许经营地区内，企业扩展受到限制。当发现加盟店店主不能胜任时，无法更换。如果特许人的职员与受许人有矛盾，双方不能共存，则会破坏特许人与受许人之间的信任。特许人必须确保他选择的人适合该项特许业务，有能力承担经营自己业务的责任。特许人必须保证产品和服务的质量标准，并在整个特许体系中保持它。他的现场支援人员既为受许人提供各种支持，又是执行这些标准的监督。特许人的职员中负责联络受许人的，必须善于发现受许人的问题，协助受许人适应特许制度。对于各种小缺陷如果不及时加以分析处理，则可能变成难以对付的大问题。

必须提供用于创立和经营分店的资金、再投资资金、遣散费、补贴和用作遣散费用、失业费用、公司养老金等的保证金等，这些资金的筹集与投入都是一个不小的风险。受许人必须与经营分店同呼吸、共生存，工作强度大，尤其在创业初始阶段；同时他还得全身心地致力于学习、建设和维持特许经营并扩展分店。受许人受到了与特许人签订的特许经营合同和协议的限制和监督，缺乏自主权。特许人出现决策错误时，受许人会受到牵连。过分标准化的产品和服务，既呆板欠新意，又不一定适合当地情况。当自己的业务发展速度过快时，总部的后续服务跟不上。需要定期或不定期地向特许人支付相当的费用，如加盟费、权益金、培训费、广告基金等。

9.4.3　特许连锁经营的实施与管理

1)加盟商招募选择

(1)选择加盟商的标准

对于加盟总部来说，特征事业是否能够成功，选择合适的加盟者是关键因素之一。因为总部与加盟者之间的关系并非雇用关系，而是伙伴关系。总部一旦选定了某位加盟者，合同生效期间不能随意解除合伙关系;而如果这位加盟者素质达不到要求,将会对整个特许连锁系统造成不良的影响。

一个合格的加盟者应具备以下几个方面的条件:

①工作经验丰富和有一定的管理水平。

②对特许经营及本公司理念的了解。

③有强烈的事业心。

④有一定的资金或融资能力。

(2)选择招募加盟商的方式

①媒体招募。传统的招募方式仍以依靠媒体传递信息为主,传递的信息以吸引有意加盟者为目的。一般包括基本的加盟优惠政策、加盟条件及联络方式等内容。通过媒体招募必须考虑传播地区、传播目标及接触频率等因素,以形成媒体组合功能。使用媒体的目的除了容易建立知名度外,也有较强的引导效果。一般常用的媒体形式包括电视广告、报纸广告、杂志广告、车厢广告等。近年来,由于网络的迅速扩展,并成为新兴的传播媒体,有部分连锁加盟企业也把网络作为招募的媒体之一。此外,如果连锁加盟企业本身拥有面向固定主顾客群或 VIP 会员的刊物,能够维持主顾客群对企业总体商品的品牌忠诚度,也可以视为一个很好的传播渠道,成为刊登招募广告的重点。

②讨论会(创业讨论会或座谈会)。对于发展初期的特许经营企业,说明会是一个主动招募加盟店主的方式,由于一般大众对新特许经营企业的企业交流及商品都不了解,即使是知名的连锁加盟企业,对有意加盟者的疑问,也很难以书面或广告的方式使有意加盟者容易了解。这时以面对面的沟通方式,才能收到较佳的说服效果,甚至以实际商品作说明,对于缺乏详细书面资料的连锁加盟企业来说,是效果较好的招募方式。定期或不定期的讨论会或座谈会是被经常使用的招募方法而且多数应在企业自身的场地或所在地举办,但也有针对特定加盟者分区开办的座谈会或讨论会。

③开拓人员或其他种类的口头招募。有的特许经营企业设有专职的招展部门,或是负责要求加盟的部门,这些专职部门的开发人员对于潜在加盟者或地段不错的传统店,有时采取主动邀请方式,以说服对方加入连锁,对于意向不高的加盟者,也会经由专职的开拓人员负责会谈和说服。鼓励或规定内部员工及现有加盟店主介绍和招募的方式,也常被采用。由于内部员工及加盟店主对企业和加盟条件较熟悉,可以间接地为公司做宣传,而加盟店主更可以现身说法,正面回答申请者的问题。

④店面 POP 宣传。特许经营企业本身通常拥有相当数量的店铺及人员,所以以店面 POP 的方式传递招募加盟后的讯息,是由来已久的招募方式。一方面成本费用较低;另一方面考虑有意加盟者在店面出现的可能性较高,实际店面的商品展示及实际的经营状况,更具有参考价值及说服力。

(3)招募加盟商步骤

招募方式只是最初的步骤,由信息传出到加盟店实际签约,具有一定规模的连锁加盟企业都有其一定的招募程序。

①媒体宣传,信息传达。在这一阶段以信息传达为主,把招募加盟店的意向及基本讯息传给大家,如同招募方式中所讨论的以不同的媒体或方式将招募信息传递给有意加盟者。

②回应电话或传真。连锁经营企业一般都设有专线电话或传真机,以供有兴趣的人索取资料,除此之外,还备有书面和口述资料,由专人提供解答,但一般都是仅就初步加盟状况作解说,因为这个步骤是为了回应有意加盟者,并且对加盟者进行初步过滤。一般加盟广告并不能很清楚地说明细节,有些企业甚至提供 24 小时电话语音资料说明。

③提供有兴趣人士基本加盟的资料。如果加盟者符合基本要求,会有较完整的书面材料以供参考,同时会要求与加盟者面谈,或出席连锁加盟企业的说明会。电话或传真能提供比招募广告更详细的资料,经过初步过滤的有意加盟者,还可以以邮寄的方式获得更加详细的书面资料,甚至加盟申请书。

④面谈审核。由于大多数加盟店主的特征并不容易在电话或传真资料中判断,所以从面谈中观察加盟店主,是所有连锁加盟企业不可缺少的步骤。面谈方式有个别面谈、团体座谈,甚至包括模范店面参观等。在面谈时,对加盟店主本身的审核观察,也会在此步骤中进行。正式面谈的重点,除了观察了解加盟者的理念及状况外,最重要的是让加盟者了解相关的权利和义务。

⑤签约加盟预约。如果加盟申请者初步符合要求,会有所谓“加盟预约”的签订,以保证准加盟者不被同行业其他系统抢走。

⑥加盟店地点评估。除了特许加盟制外,加盟店都需要自己拥有店面或承租店面,所以加盟店必要的审查项目包括加盟店地点评估。

开店的地点对成败有决定性的影响,选地环境与连锁业者有密切的关系。加盟店的成败会影响整个加盟系统的形象,但加盟店的营运成功与否,加盟店地点也是关键因素,所以在正式签约之前,一次或者多次到加盟店评估地点是必要的措施。加盟店的店面大多由加盟店主自己物色,企业则提供针对公司商品的市场区域内的专业调查和获利评估,其中包括专业的商业区评估、各时段客流量的差异性、竞争对手状况、消费者及人口分布与结构、消费客层、交通状况、未来趋势等。

⑦审查加盟店主资金状况及其他条件。一个优良的店铺必须考虑店铺本身、地点、资金、商品、人员等条件。除了加盟店地点及店主本人外,加盟店主的财力及其他条件也必须一起考虑,但通常是以财务状况为主。加盟时自然需缴纳一定金额的加盟金或权利金,之后有的企业则规定加盟店主每月固定缴纳月费(也有按营业额提成或直接供应原料),除了一般财务条件审核外,有时也包括贷款及周转能力审核。

⑧事业经营计划的设立与沟通。根据所做的各项调查,要为成立加盟店做事业经营计划。专业经营计划中以人力及资金的安排与运用最为重要。

a.人力的安排及运用。基本上国内的加盟店人员安排与管理,除了个别公司的特殊关系外,大多由加盟店自行负责,加盟总部只负责招募辅导与加盟店人员的培训。

以对加盟培训最完备的 CVS 为例,总部有定期为新入职员工、售货员及店主的培训,加盟店主大部分只需配合总部的培训即可。

一个合适的加盟店主,如果不能有效地聘用和管理全职、兼职人员,就无法将加盟店经营得很出色,虽然人力安排的能力不是第一要考虑的因素,但是大多数会有一套完整的人力安排程序,提供给加盟店主参考,并定期给予辅导。

加盟店开张后,加盟总部会按过去的经验及商场实际规划,提出人数编制的建议,再与加盟店主沟通,产生全职及兼职的人员需求。对于找寻全职、兼职人员有困难的加盟店主,总部除了给予辅导外,在新开店及重要促销活动时,也会给予人员的协助或支援,但以初期为限。如果加盟者一直找不到人,经营多年的加盟总部已经建立一个人力资源库及人力招募渠道,可将资料提供给加盟店主参考。

b.资金的安排及应用。基本上加盟店的财务与总部财务是分开的,除了部分加盟店的收入必须先汇回公司,再由公司汇入加盟店账户中外,加盟店大多是独立的财务个体。但是总部和加盟店的利润是息息相关的,资金应用也是评估加盟店主的重要项目。加盟总部会提供所谓的财务收支计划,提供加盟店毛利保证、成本收益等种类财务资料。申请人是否具备足够的创业资金十分重要,除此之外,也有借贷资金、融资等的辅导。加盟店正式开业或试营业,对于柜台、成本、会计作业的辅导及营业周转金的控制,总部大多采取监督辅导的方式。在加盟店资金不足时,即使总部无法给予加盟融资,也会进行帮助辅导。

⑨签约。如果加盟者符合连锁加盟企业的各项条件,接下来应讨论签约的事,尤其对有关加盟店与连锁加盟企业总部之间的权利与义务的条文,必须经过双方确认后方可签署。

⑩加盟店主与相关员工培训。连锁加盟企业招募加盟店主,通常以具有相同或类似经验的人为主,但也会有针对招募缺乏经验但却具有潜力的加盟者加以培训的计划。一般可分为对加盟店主所做的店主培训和对加盟店员所做的员工培训两种,有些企业则保留最后的审核权,如果加盟店主无法或不愿参加培训,可以拒绝其加盟。

2)总部和加盟商的权利和义务

(1)加盟总部的权利和义务

①加盟总部的权利:

a.保留特许权为自己所有的权利。

b.要求加盟商遵守特许经营管理手册的权利。

c.向加盟商按约定收取各种特许经营费用的权利。

d.要求加盟商保持特许体系“统一化”,并接受加盟总部的监督和检查,纠正其经营管理的权利。

e.按照政府有关管理条例的规定,将加盟商相关信息进行相关披露的权利。

f.保留合约修改的权利。

g.对不履行义务的加盟商有解除合同的权利。

②加盟总部的义务:

a.信息披露。

b.品牌支持。

c.营销支持。

d.培训支持。

e.督导支持。

f.开店支持。

g.采购与配送支持。

h.信息技术支持。

i.特许经营体系支持。

j.保密义务。

(2)加盟商的权利和义务

①加盟商的权利：

a.加盟商按合约约定有权使用加盟总部授予的特许经营体系商标、商号、专利、经营诀窍等特许权。

b.加盟商有权得到加盟总部的开店支持。

c.加盟商有权得到加盟总部为统一性而必需的产品、原料、设备、工具等物流配送和提供的信息。

d.加盟商及其成员有权获得加盟总部统一开展的广告宣传和促销支持。

e.加盟商有权获得加盟总部持续开发的特许权更新的内容和后续服务支持。

f.在加盟总部授予的营业区范围内，加盟商有权享有独占特许权并得到加盟总部的区域保护。

g.加盟商享有与加盟总部对等的合约终止的权利，并对加盟总部违约行为享有补偿和申诉的权利。

②加盟商的义务：

a.遵守运营规则义务。

b.维护品牌形象义务。

c.专心经营义务。

d.保守商业秘密义务。

e.按时支付费用义务。

f.加盟者在特许经营合同结束时应把特许权相应标志物退还给加盟总部或将其销毁，加盟总部按合约规定提供给加盟店的技术手册和其他文件归加盟总部所有，加盟店负责保存，合同终止即归还加盟总部。不得在规定期限内参与同行业竞争。

3)加盟双方建立良好的沟通

(1)建立良好的沟通

特许经营是建立在加盟双方良好关系基础之上的，这种良好关系的建立需要经过 3 个层次，即法律关系、合作关系和战略伙伴关系。加盟双方之间建立良好的合作伙伴关系，有如下好处：它会使特许体系中的每个成员全力以赴地投身于事业的发展；它是避免卷入法律纠纷的最有效手段；它能增进加盟商的归属感；它能使总部在第一时间掌握市场行情；它可互相促进业务发展。

明确合作伙伴关系和用有效的沟通方式是建立良好合作关系的重要方式。

①明确合作伙伴关系。加盟总部与加盟商之间的关系,不是雇用关系,而是合作伙伴的关系。双方既然合作,就必须相互了解、相互沟通、相互交换意见。过去,一些特许经营总部以失败收场,其中一个致命伤就是加盟总部和加盟商之间缺乏了解和沟通。

②用有效的沟通方式。建设性的积极沟通是企业成功的必需因素之一。具体来说,加强加盟双方的密切沟通,可以增加加盟商的归属感,可在第一时间掌握市场行情,可以互相促进业务的发展。

(2)化解加盟双方的冲突

双方有了矛盾,就必须相互了解、相互沟通、相互交换意见。总部不能等到加盟者遇到问题找上门才做出反应,总部应积极与加盟商保持联系,尤其是在冲突出现时,双方应立即协商,不要等到冲突扩大,以致演变成危机。许多加盟总部都采用各种方法如时事通信、公告、手册以及电话来加强与加盟商的沟通,互联网技术的发展为加盟双方的信息交流提供了最有效的手段,总部应充分利用好这个手段,及时了解加盟商的情况,及时掌握冲突的原因和进展情况,尽量化解冲突,或将冲突带来的损失降到最低。

4)特许经营管理手册

特许经营管理手册是特许权内容的书面化,是每一个特许经营项目进行复制的重要蓝本,是保证特许经营体系成功的关键。特许经营管理手册凝聚了加盟总部管理团队的知识和智慧,是加盟总部对于自己的特许经营业务的全面性的知识、经验、技能、创意等的总结,通常用文本形式表示,同时辅之以音频、视频等资料。为了保证众多的加盟店能丝毫不差地复制样板店,一套完整详细的管理手册是必不可少的。

编写管理手册要注意:①注意管理手册的实用性与理论性的结合;②注意管理手册中公司信息的披露;③注意管理手册的文字和图表的综合运用;④注意管理手册内容的不断更新;⑤注意管理手册细节及发布后的反馈。

9.5 连锁经营的项目开发

9.5.1 连锁经营项目开发的必备条件

从成功的连锁企业经验来看,切实的战略目标、独特而专有的品牌、雄厚的资金实力等是一个准备发展连锁经营的企业应具备的前提条件。

1)战略目标

连锁企业的战略应该是以企业未来为基点,为赢得持久的竞争优势而作出的事关全局的重大筹划。连锁企业战略目标是指在一定时期内,根据企业外部环境变化和内部条件的可能，为完成企业使命所预期达到的效果。战略目标是企业战略的重要内容，指明了企业的发展方向和操作标准。

企业发展的战略目标是建立在自身品牌知名度、控制能力和资源拥有量的基础上的，切实的发展战略对企业来说是确保良性发展的关键。从现有的特许项目来看，新技术或新工艺项目是不适合发展特许加盟的，成功的特许项目无一不是与消费者的日常生活息息相关的，需求大、技术低、网点密集是从事特许经营的首要条件，如遍及全国的加盟形式有特色食品类、餐饮类、美容服务类、服饰干洗类、工艺品经营类、特种养殖类等都取得了较好的成功。因此，对于连锁企业而言，要制订正确的战略，仅有明确的企业使命还不够，必须把这些共同的愿景和良好的构想转化为战略目标，才能保证战略具有可操作性。

2）**品牌**

品牌是企业的经济价值和文化追求的表征，是企业形象、企业价值追求和企业无形资产的荟萃和凝聚。品牌既是一种文化沉淀，也是一种需要把握的系统知识。英语的“品牌”（brand）一词源于古挪威语“brandr”，意为打上烙印，其原始用意，是用以区分不同生产者的产品（包括劳务）。由此可见，品牌是一种对于有特殊价值事物的评价和指称，是借以辨认某个销售者或某群销售者的产品或服务，并使之与竞争对手的产品和服务区分开来。虽然品牌概念古已有之，但被作为理论研究的历史并不长。最初是被归为营销学范畴加以研究的。从 1955 年伯利·加德纳与西德尼·利维在《哈佛商业评论》上发表《产品与品牌》一文开始，品牌对于经济发展的标志性意义才逐渐被人认知。品牌理论的兴起是 20 世纪 60 年代以后，商品生产日益标准化和规模化，商品日益丰富，市场逐渐向买方市场演进的结果。20 世纪 80 年代初，生产过剩使得企业同类产品间的竞争不断升级，企业不仅要有良好的产品形象，更要确立自己的顾客群，市场细分成为营销理论关注的热点。20 世纪 90 年代，随着科技的进步、消费者需求的变化，市场竞争的不断加剧，人们开始认识到品牌除了产品标志等物质功能外，还具有满足消费者心理和精神需要的附加价值，因此，品牌资产理论在营销界大行其道。进入 21 世纪，世界经济全球化趋势明显加快，随着国际社会对经济发展的可持续性、社会责任意识的要求越来越强烈，人们的需求呈现出高层次、多样化、个性化的态势，企业竞争的广度、深度进一步拓展。在此背景下，西方学者和企业家的品牌理论研究也向着纵深发展。中国内地的品牌研究和实践始于 20 世纪 90 年代中期，余明阳和杨芳平在其《品牌学教程》中把品牌分为狭义品牌和广义品牌，狭义品牌指商业品牌，广义品牌则是除商业品牌以外的包括城市品牌、区域品牌、学校品牌、个人品牌等在内的社会品牌。翁向东是业内公认的“品牌核心价值、品牌加法论、副品牌、品牌宪法论、新品牌资产理论、多元企业集团品牌架构光谱图”等品牌理论体系的创建者。国内目前对于品牌理论的研究尚处于将西方理论“中国化”阶段。随着社会主义市场经济的进一步完善，国内品牌理论的研究必将收获更有价值的理论成果。

随着“品质餐饮”时代的来临，将主流传统文化与时尚创新主张融入餐饮产品，以提升餐饮企业品牌的文化内涵和核心竞争力，已成为餐饮业发展的必然趋势之一。快速成长的中国餐饮业已进入品牌竞争时代。品牌作为一种世界语言，正改变着人们的生活方式和思维模式,消费者对品牌的情感诉求与日俱增,品牌建设与发展已成为餐饮行业企业家们最为关注的焦点。中国餐饮品牌化经历了3个阶段,分别是20世纪80年代前半期,不需要品牌的年代;20世纪80年代中期以后到20世纪90年代前期,引入品牌的年代;20世纪90年代后半期到现在,创造品牌的年代。品牌可以说是连锁企业的生命,它可以说是连锁企业服务和质量的保证。连锁企业之所以能够得到持续快速的发展,在一定程度上也是连锁企业的品牌效应在不断放大的过程。因此,对于一个连锁企业而言,品牌连锁就显得尤为重要,甚至应把它放在比较中心的位置。

3)资金

各个连锁成员店之间是以资本为主要联结纽带,资本又必须属于同一个所有者,归一个公司、一个联合组织或一个人,是由同一个投资主体投资开办分店。正规连锁的大资本是为了扩大经营规模、追求规模效益而产生的。在连锁过程中,一方面,大资本往往要兼并中小商人,带来了商店组织结构的调整;另一方面,正规连锁以较大的经营规模、低廉的商品价格、经济的经营费用、充分利用自我服务方式,在提高销售效率等方面显示了很大的优越性。

连锁经营的关键是发挥企业的规模效益,因为连锁企业从表面上看是多店铺的结合,首先,由于实行了统一的经营管理,企业的组织化程度大大提高,特别是统一进货、统一配送,使资产的规模优势充分发挥出来。其次,由总部统一核算,实行资金的统一管理,提高企业资金的使用效率和效益,降低成本、减少费用、增加利润。最后,实行资产和资金的统筹调配,统一调剂和融通。总部有权在企业内部对各店铺的商品、资金和固定资产等进行调动,以达到盘活资产、加快商品和资金周转、获取最大的经济效益的目的。

9.5.2 连锁经营的可行性分析

可行性研究是通过对项目的主要内容和配套条件,如市场需求、资源供应、建设规模、工艺路线、设备选型、环境影响、资金筹措、盈利能力等,从技术、经济、工程等方面进行调查研究和分析比较,并对项目建成以后可能取得的财务、经济效益及社会环境影响进行预测,从而提出该项目是否值得投资和如何进行建设的咨询意见,为项目决策提供依据的一种综合性的系统分析方法。

可行性研究报告是投资项目可行性研究工作成果的体现,是投资者进行项目最终决策的重要依据。可行性研究报告主要内容是要求以全面、系统的分析为主要方法,经济效益为核心,围绕影响项目的各种因素,运用大量的数据资料论证拟建项目是否可行。对整个可行性研究提出综合分析评价,指出优缺点和建议。为了结论的需要,往往还需加上一些附件,如试验数据、论证材料、计算图表、附图等,以增强可行性报告的说服力。

1)可行性研究报告的用途

可行性研究报告是在招商引资、投资合作、政府立项、银行贷款等领域常用的专业文档,主要对项目实施的可能性、有效性、如何实施、相关技术方案及财务效果进行具体、深入、细致的技术论证和经济评价,以求确定一个在技术上合理、经济上合算的最优方案和最佳时机而写的书面报告。部分可行性研究报告的编写单位需要具备资格。一般有5种用途：

(1)用于企业融资、对外招商合作

此类研究报告通常要求市场分析准确、投资方案合理、并提供竞争分析、营销计划、管理方案、技术研发等实际运作方案。

(2)用于国家发展和改革委员会立项

此文件是根据《中华人民共和国行政许可法》和《国务院对确需保留的行政审批项目设定行政许可的决定》而编写的，是大型基础设施项目立项的基础文件，发改委根据可行性研究报告进行核准、备案或批复，决定某个项目是否实施。另外，医药企业在申请相关证书时也需要编写可行性研究报告。

(3)用于申请进口设备免税

此文件主要用于进口设备免税用的可行性研究报告，申请办理中外合资企业、内资企业项目确认书的项目需要提供项目可行性研究报告。

(4)用于银行贷款

商业银行在贷款前进行风险评估时，需要项目方出具详细的可行性研究报告，对于国家开发银行等国内银行，该报告由甲级资格单位出具，通常不需要再组织专家评审，部分银行的贷款可行性研究报告不需要资格，但要求融资方案合理、分析正确、信息全面。另外，在申请国家的相关政策支持资金、工商注册时往往也需要编写可行性研究报告，该文件类似用于银行贷款的可研报告。

(5)用于境外投资项目

在国外投资时，需要编写可行性研究报告报给国家发展和改革委或省发改委；需要申请中国进出口银行境外投资重点项目信贷支持时，也需要可行性研究报告。

2)可行性研究报告的基本内容

第一，总论。总论即项目的基本情况。在可行性研究报告的编制中，这一部分特别重要，项目的报批、贷款的申请、合作对象的吸引主要靠这一部分。总论的内容一般包括项目背景、项目历史、项目概要以及项目承办人四个方面。

第二，基本问题研究。可行性研究报告的基本问题研究，是对各个专题研究报告进行汇总统一、平衡后所做的较原则、较系统的概述。

可行性研究报告主要内容为：

①市场情况与企业规模。

②资源与原料及协作条件。

③厂址选择方案，项目技术方案。

④环保、节能方案。

⑤工厂管理机构和员工方案。

⑥项目实施计划和进度方案。

⑦资金筹措。

⑧经济评价。

⑨结论等。

3)可行性研究报告编制的关键要点

(1)设计方案论证

可行性研究报告的主要任务是对预先设计的方案进行论证,所以必须设计研究方案才能明确研究对象。

(2)内容真实

可行性研究报告涉及的内容以及反映情况的数据,必须绝对真实可靠,不允许有任何偏差及失误。其中所运用的资料、数据都要经过反复核实,以确保内容的真实性。

(3)预测准确

可行性研究报告是投资决策前的活动。它是在事件没有发生之前的研究,是对事务未来发展的情况、可能遇到的问题和结果的估计,具有预测性。因此,必须进行深入的调查研究,充分的占有资料,运用切合实际的预测方法,科学的预测未来前景。

(4)论证严密

论证性是可行性研究报告的一个显著特点。要使其有论证性,必须做到运用系统的分析方法,围绕影响项目的各种因素进行全面、系统的分析,既要做宏观的分析,又要做微观的分析。

【小资料】

德克士加盟可行性分析报告

一、公司简介

德克士,连锁快餐店,德克士炸鸡起源于美国南部的得克萨斯州。1994 年出现在中国成都。1996 年,顶新集团将德克士收购,并投入 5 000 万美元,健全经营体系、完善管理系统,并重新建立了 CIS 系统,使其成为顶新集团继康师傅之后的兄弟品牌。在“2002 年中国连锁百强”中,德克士以 6.97 亿元的销售额位居第 70 位、百强连锁企业第 5 位,并稳居西式快餐第 3 位。

二、产品和服务项目

1.主餐和副餐

鸡排大亨、脆皮炸鸡(主打产品:金黄酥脆、鲜美多汁、风味卓绝)、双椒鸡腿米汉堡、魔法鸡块、香辣鸡翅、咖喱香酥鸡排盖饭。

2.饮料

大杯(百事可乐/七喜/美年达)、鸡排大亨套餐(鸡排大亨+中包薯条+中杯百事可乐)、双鸡堡套餐(双鸡堡+中包薯条+中杯百事可乐)、全虾三明治套餐(全虾三明治+中包薯条+中杯百事可乐)。

三、协助选址与评估

协助加盟者对所寻店址进行实地考察,对建筑、商圈、顾客进行调查,评估其开店的可行性,包括营业额预估、经营损益预估等,供加盟者选址参考。若加盟者寻不到适当的店址时,总部会协助加盟者寻址。对于店址的评估、选择、营业额预估等,总部仅提供建议参考,不做任何保证。

四、统一装修与设备

为确保德克士的统一形象,餐厅由总部指定的设计师设计,有偿提供完整的装修图纸。餐厅装修工程由总部审核合格的工程队施工,总部派人督核、指导,加盟者负责监理。为确保产品质量,餐厅设备统一由总部提供,双方签订设备购销合同。

五、人力资源的协助

开店前,提供人员招募、人事制度参考资料,并协助加盟者招募新进人员。开店后,总部无偿派遣辅导经理驻店辅导3个月,加盟店若有额外人力需求,经协调后,总部也会提供有偿支援,并经常举办在职教育训练。

六、不断的教育训练

开店前,总部为加盟者、经营团体针对经营理念、餐厅的基本管理和执掌开设相应的课程,时间在一周之内为餐厅经理、管理组、员工和接待员分别开设相应课程,总时间约为3个月。开店后,总部针对从实习襄理到经理的各阶段层管理干部不同工作内容,开设了相应的持续教育课程,同时,为加强与加盟者之间的沟通,总部会不定期举办相应的共识会。

七、营运指导和协助

开店前,制订开店筹备工作进度,并协助其完成开店工作进度,完成开店工作,同时协助规划开业广告宣传、促销活动的举办。开店后,总部相关人员会不定期到加盟店进行督核指导,并每月与加盟者共同召开经营检讨月会,协助加盟者改善餐厅管理、提升业绩,发现问题、解决问题,加盟者若有营运上的问题也可提出需求,请求总部协助。

八、协助广告宣传与促销的优势

为促进加盟餐厅的营业业绩,总部会视餐厅营业的实际情况,提供开业广告宣传及促销、全国及区域性促销、单店行销活动。加盟餐厅每月将营业额的3%作为广告基金交德克士统一规划安排广告宣传活动,专款专用。加盟者推选代表成立委员会参与广告基金监督管理并提出广告宣传活动建议。

九、商业企划与研发的优势

总部设有企划和研发部门,通过专业的市场调查与分析,对商品品项的组合进行规划,制订相应的商品价格,以迎合市场需求。根据市场变化,确定商品的淘汰与引进。总部不断进行新商品研发和半成品开发,以经常有新产品的推出,提高餐厅市场竞争力。

十、原物料采购与配送的优势

德克士加盟餐厅的原物料采购由3部分组成:精料、进口原物料必须由总部提供;大宗原物料,如冻鸡、薯条、鸡块、肉饼等由总公司指定供应商供应,加盟餐厅委托总部采购;对一些生鲜类物料,如蔬菜、面包、盐、糖等,则经由总部品保检验合格后,加盟者自行在当地采购。物料的配送则根据加盟餐厅与总部的距离及库存需求每月定期订货,相关物流管理及运输费用由加盟者负担。

十一、餐厅管理会计系统的优势

总部将对加盟餐厅的会计人员进行训练,以导入先进的餐厅管理会计系统,使加盟者能从财务报表中对餐厅经营做数字管理,已发掘问题,找出原因,对症下药,改善经营业绩。

十二、餐厅销售管理系统的优势

总部提供销售管理系统的整套硬件与软件(POS 系统),实现对全天销售额汇总、各时段销售额汇总、每种商品销售额排序、各单项商品销售明细,同时实现成品用量统计、原材料库存进出处理、原材料库存状况统计并进行原材料耗用差异分析,使管理人员随时掌握原物料的库存状况和成品销售状况,有力地保证了餐厅经营资讯的及时性和准确性,为餐厅的科学管理提供了有效的信息。

9.5.3 连锁经营加盟费用的选择

1)加盟费用的种类

加盟者向总部交纳的加盟费用一般包括以下几类:

(1)加盟金

加盟金是指特许经营初始费用,指特许人将特许经营权授予受许人时所收取的一次性费用。其主要用途是特许人为使受许人正常开业以及开业后顺利进入正常营运阶段,而在受许人开业前所为其提供的一系列支持和帮助。它同时体现了特许人所拥有的品牌、专利、经营技术诀窍、经营模式、商誉等无形资产的价值。

(2)保证金

特许经营保证金是指加盟者根据《特许经营合同》向特许人交纳的保证金。保证金是合同的担保方式之一。加盟者以交纳保证金的方式,保证其严格按照《特许经营合同》的规定履行加盟商的义务,这些义务包括:向特许人按时交纳特许权使用费及其他费用,按照《特许经营操作手册》开展经营活动,不得向第三者披露商业秘密,不得经营特许人许可之外的商品,在合同终止时向特许人交还《特许经营操作手册》及有关代表特许经营体系的标志、物品等,消除加盟店的特许标志等。如果加盟者违反了《特许经营合同》约定的义务,特许人有权对加盟者予以罚款,并从保证金中扣交,加盟者应当补齐保证金的数额。加盟者按照《特许经营合同》履行义务后,在合同终止时,特许人应当向加盟者返还保证金。

(3)权利金

加盟权利金是指加盟商使用总部的商标,以及享用商誉所需支付的费用,这是一种持续性的收费,只要加盟店持续使用总部的商标,就必须定期付费,支付期限可能是一年一次、按季或按月支付。

加盟前须签订权利金合约,双方约定权利金期限,被特许方每月可获得特许方总部的各项资源支持(包括运营模式及运营经验等),前提必须遵守特许方授权条款。权利金包括三种形式,即品牌使用费用、商誉费用、广告费用。品牌使用者因使用品牌持有者的无形资产,按照约定合同需支付一定的费用,即加盟者向加盟主支付品牌使用费从而获得包括品牌、培训、广告、网络资源、访店辅导等在内的资源;享用商誉所需支付的费用是一种持续性的收费,只要加盟店持续使用总部的商标,就必须定期付费;广告费是指加盟商为了提升商品知名度和整体形象活动推广所产生的费用。

(4)其他费用

特许经营费用除了以上两类最基本的费用外,还会有一些其他形式的费用。需要注意的是,这些费用并不是特许经营这种模式所独有的费用,即使在其他契约式的经营模式里,比如经销、代理等,这些费用也是不可避免的。所以,这些其他的费用并不是每个特许人都要收取的,因特许人的不同而不同。

这些费用有履约保证金、品牌保证金、培训费、特许经营转让费、合同更新费、设备费、原料费、产品费等。

2)影响加盟费用的因素

事实上,加盟费用的高低受很多因素的影响,有以下几个方面:

(1)特许经营体系的成熟度

当特许经营业务还处在刚刚起步的摸索阶段时,总部往往会不惜以低价兜售特许权。当业务一旦成熟,其商誉价值就越来越高,加盟费用也随之上升。

(2)加盟总部提供的援助

加盟总部提供的援助越多,其管理费用支出的也越多,用于弥补管理费用而收取的加盟费也相应增加,如果总部的服务和援助较少,则收取的费用也相应减少。

(3)加盟总部的管理水平

总部对特许经营体系的管理水平越高,该体系的竞争力就越大,这时总部可以制订出更高的特许权使用费比例。

(4)加盟总部开展的推广活动

加盟者支付的推广费用与总部开展的推广活动频率成正比,因而总部推广活动越多,特许费用就越高。

(5)加盟总部的盈利预期

加盟总部在制订特许经营费用时会考虑自己的盈利目标,因此较高的盈利预期会对总部制订特许经营费用带来直接的影响。

(6)加盟总部的盈利渠道

如果总部的收入来源可以依赖其他渠道,就可以将加盟金或特许权使用费制订得低一些。

3)加盟金设计的思路

加盟金设计主要有以下 3 种思路:

第一是高加盟金,即设计高于行业水平和竞争对手的加盟金;第二是低加盟金,即设计低于行业水平和竞争对手的加盟金;第三是零加盟金,即加盟总部对加盟者实施免收加盟金策略。

高加盟金策略运用情形:一是将加盟金设计为总部的重要收入来源而从高制订;二是谨慎控制加盟商数量和质量,使特许经营体系获得稳定发展。

低加盟金策略运用情形:一是出于竞争的需要,加盟总部希望尽快打开市场;二是品牌知名度低,或者总部无法提供如同竞争对手同样多的服务援助;三是总部设计多种盈利渠道来源时,低加盟金可以有效分散加盟者的注意力。

零加盟金策略运用情形:一是加盟总部为迅速拓展市场而采取零加盟策略,以应对激烈的市场竞争;二是加盟总部在削减前期支持活动的情况下的零加盟金;三是转嫁形式的零加盟金。

【案例·讨论】

星巴克创业案例分析

星巴克是美国一家连锁咖啡公司的名称,1971 年成立,为全球最大的咖啡连锁店,其总部坐落在美国华盛顿州西雅图市。除咖啡外,星巴克也有茶、糕点等商品。星巴克在全球范围内有超过 30 000 间分店,遍布北美洲、南美洲、欧洲、中东及太平洋区。“星巴克出售的不是咖啡,而是人们对咖啡的体验。”这是星巴克的价值主张。星巴克创造出的“咖啡之道”使每个光临的顾客都有独特的体验。通过咖啡这种载体,星巴克把美国文化中比较细致、中产阶级的一面和特殊的格调传送给顾客,展示了美国生活中轻松友好的一面。

一、星巴克的发展史

1971 年星巴克在西雅图派克市场成立第一家店,开始经营咖啡豆和香料业务。

1982 年霍华德·舒尔兹先生加入星巴克,担任市场和零售营运总监。

1983 霍华德参观了意大利购买旅行,看到在西雅图类似的咖啡酒吧文化,想到将类似的咖啡店文化应用到美国的咖啡文化上。

1985 年开设了第一家咖啡酒吧 IL Giornale。

1987 年舒尔兹先生收购星巴克,斥资 400 万美元推动星巴克向意式咖啡馆转型,并完全以自己的理念经营自己的咖啡馆。

1992 年星巴克在纽约纳斯达克成功上市,从此进入了一个新的发展阶段。

1996 年第一家北美洲外的星巴克在日本东京开业。

1999 年时,星巴克以 810 万美元的价格收购了泰舒茶品牌,2012 年 11 月 9 日在西雅图开了首间 Tazo 茶店。

2011 年 11 月星巴克以 3 000 万美元的价格收购了果汁制造商 Evolution Fresh Inc。

2012 年 6 月 5 日星巴克以 1 亿美元现金从投资集团 Next World Group 手中收购 La Boulange Bakery 品牌。

2012 年 11 月 14 日星巴克以 6.2 亿美元现金收购了高档茶叶集团 Teavana。

星巴克公司2013年1月3日表示,准备当年2月授权香港美心集团在越南胡志明市开设第一家星巴克咖啡店。

2013年7月,咖啡饮品巨头星巴克将与法国达能集团联手打造乳酪品牌,进军食品杂货市场。

2014年9月23日星巴克以约9.13亿美元收购旗下日本业务60.5%的股份,包括向合作伙伴Sazaby League收购其手上39.5%股份,价值5.05亿美元;及向公众股东收购余下21%股份,涉及4.08亿美元。

二、资金来源

创立天天咖啡的资金来源:

①星巴克董事投资了15万美元,作为天天投资的第一个投资来源。

②朋友投资10万美元。

③从银行家普林蒂斯及其客户手中筹集40万美元。

④在经过与投资人上百次会面和计划演示后,1985年8月舒尔茨筹到了其计划中全部资本165万美元。

转型后的星巴克资金来源:上市。

三、创业契机

舒尔兹加入星巴克负责市场营销半年后,1983年到米兰参加商展,他走在街头,发现浓缩的咖啡馆一家接一家,而且都挤满了人。意大利人早中晚都会在咖啡馆徘徊片刻才回家,大家一进门就像参加朋友聚会一般,彼此会在歌剧和音乐声中相互攀谈聊天。舒尔兹对于人的需求的敏感让他捕捉到了扭转星巴克,也是扭转他自己一生的领悟。什么才是咖啡馆能够真正吸引顾客再来的主导因素,这是美国人在家里喝了上百年的咖啡,而星巴克销售了10多年的咖啡豆也仍无法体验和总结出来的,那就是一种舒适的人文环境和生活体验更多于对咖啡本身的消费需求。于是,舒尔兹把米兰的经验稍作调整,搬到了美国,歌剧音乐换成了美国崇尚流行的爵士乐,在柔和的暖暖的灯光下,恣意流淌在星巴克的是一种悠闲和自在,你可以挑选在看似随意设置的舒服柔软的沙发或木质桌椅前就座,尽情地享受在噪杂和忙乱的工作和生活节奏中偷得片刻的闲暇,于是他便创立了天天咖啡店。

四、成功秘籍

1.第三空间的品牌定位

星巴克将自己定位在独立于家庭和办公室之外的第三空间,星巴克的目标是为中国的中产阶级为主流的中上阶层提供一个风格清新的时尚社交场所,人们在星巴克购买咖啡的同时,也购买了一种生活方式。

2.体验式营销

星巴克公司的经营理念就是向消费者出售对咖啡的体验,相比之下,优质的咖啡、完美的服务被列在其次。在星巴克咖啡店里精湛的钢琴演奏、欧美经典的音乐背景、流行时尚的报纸杂志、精美的欧式饰品等配套设施,为消费者营造出高贵、时尚、浪漫的文化氛围和新的场所。

3.独特的店内设计

在设计上,星巴克强调每栋建筑物都有自己的风格,使其融合到原来的建筑物中,而不去破坏建筑物原来的设计,每个店的设计都由美国总部完成,注重原汁原味。

4.独特的产品策略

公司推出代表性产品,并注重市场开发新口味,推出季节性菜单和当日咖啡,是顾客对公司的产品长期关注并保持新鲜感。产品策略附加价格策略,高度重视质量,销售相关配套产品,满足大众文化需求,销售品牌形象。

五、营销战略

1.根据世界各地不同的市场情况采取灵活的投资与合作模式

星巴克的策略比较灵活,它会根据各国各地的市场情况而采取相应的合作模式。以美国星巴克总部在世界各地星巴克公司中所持股份的比例为依据,星巴克与世界各地的合作模式主要有4种情况:

①星巴克占100%股权,比如在英国、泰国和澳大利亚等地;

②星巴克占50%股权,比如在日本、韩国等地;

③星巴克占股权较少,一般在5%左右,比如在夏威夷,中国港台地区、上海等地;

④星巴克不占股份、只是纯粹授权经营,比如在菲律宾、新加坡、马来西亚和中国北京等地。

2.多以直营经营为主

50多年来,星巴克对外宣称其整个政策都是:坚持走公司直营店,在全世界都不要加盟店。星巴克为自己的直营路子给出的理由是:品牌背后是人在经营,星巴克严格要求自己的经营者认同公司的理念,认同品牌,强调动作、纪律、品质的一致性;而加盟者都是投资客,他们只把加盟品牌看成赚钱的途径,可以说,他们唯一的目的是赚钱而非经营品牌。

3.口碑营销

星巴克给品牌市场营销的传统理念带来的冲击同星巴克的高速扩张一样引人注目。在各种产品与服务风起云涌的时代,星巴克公司却把一种世界上最古老的商品发展成为与众不同、持久的、高附加值的品牌。然而,星巴克并没有使用其他品牌市场战略中的传统手段,如铺天盖地的广告宣传和巨额的促销预算。星巴克认为,在服务业,最重要的行销管道是分店本身,而不是广告。如果店里的产品与服务不够好,做再多的广告吸引顾客来,也只是让他们看到负面的形象。徐光宇表示,星巴克不愿花费庞大的资金做广告与促销,但坚持每一位员工都拥有最专业的知识与服务热忱。“我们的员工犹如咖啡迷一般,可以对顾客详细解说每一种咖啡产品的特性。只有透过一对一的方式,赢得信任与口碑。这是既经济又实惠的做法,也是星巴克的独到之处!”

4.充分运用“体验”

星巴克认为他们的产品不单是咖啡,而且是咖啡店的体验。研究表明:三分之二成功企业的首要目标就是满足客户的需求和保持长久的客户关系。相比之下,那些业绩较差的公司,在这方面做得就很不到位,他们更多的精力是放在降低成本和剥离不良的资产上。另外,星巴克更擅长咖啡之外的“体验”,如气氛管理、个性化的店内设计、暖色灯光、柔和音乐等。就像麦当劳一直倡导售卖欢乐一样，星巴克把美式文化逐步分解成可以体验的东西。

5.推广教育消费者

在一个习惯喝茶的国度里推广和普及喝咖啡，首先遇到的是消费者情绪上的抵触。星巴克为此首先着力推广“教育消费”。通过自己的店面，以及到一些公司去开“咖啡教室”，并通过自己的网络，星巴克成立了一个咖啡俱乐部。

6.异同的VI及店内设计

据了解，在星巴克的美国总部，有一个专门的设计室，拥有一批专业的设计师和艺术家，专门设计全世界所开出来的星巴克店铺。他们在设计每个门市时，都会依据当地的商圈特色，然后去思考如何把星巴克融入其中。所以，星巴克的每一家店，在品牌统一的基础上，又尽量发挥了个性特色。这与麦当劳等连锁品牌强调所有门店的VI高度统一截然不同。

六、星巴克是如何保持市场占有率

保持市场占有率主要是差异化策略和创新策略。

1.差异化策略

星巴克的差异化策略主要体现在体验营销和口碑营销上，这两种营销方式是星巴克最具特色的营销策略，也是星巴克在中国市场稳住脚跟的不可或缺的一部分。

2.创新策略

(1)全球化设计创新

星巴克的设计风格主要通过体现美感和融入本地元素，一方面创造了和谐，一方面也创造了对比。

(2)服务方式创新

①星巴克随行卡。星巴克在美国和中国台湾推出可预付卡式的星巴克随行卡，可以减少顾客携带现金以及找零的麻烦。

②全球化无线上网服务。星巴克的目标是建立一个宽频互联网链接，让顾客可以通过网络服务了解世界各地的星巴克。

(3)产品创新

星巴克针对中国的传统和特点，为迎合中国人的口味，推出了许多适合中国人的咖啡；星巴克试图把中国传统文化巧妙地融入星巴克的品牌个性中。近年来，星巴克开始贩卖速溶咖啡，扩大客户群体，增大销量，开展多元化产品，最近向茶叶市场进军。

(4)定位创新

星巴克不断融入各地不同的文化，在各地设立结合当地风土民情的据点，邀请消费者来店体验独特的星巴克文化，因此，星巴克需不断地定位创新来吸引更多的消费者。

(5)经营策略联盟

①星巴克——联合航空公司。联合航空公司能使星巴克将北美洲的主要市场连接起来，而且也是星巴克能在海外主要市场有效创立的试验机制。

②星巴克——百事可乐公司。星冰乐是星巴克与百事可乐合作生产的一种咖啡冷饮，百事可乐帮助星巴克进行产品开发、生产与市场投放。而百事可乐也利用星巴克在咖啡界的声誉，提高产品形象，双方合作皆能互惠互利。

③星巴克——首都唱片公司。AEI 音乐网长久以来和星巴克保持合作关系，并为星巴克录制“每月音乐带”，供店面播放。AEI 音乐网为星巴克制作了几卷音乐带，都颇受好评，并且赢得无数赞赏。

④星巴克——7-11 连锁超市。7-11 推出“咖啡精品预购杂志”，并个人化的方向设计，内容涵盖畅销咖啡、随行杯、咖啡蛋卷等限量预购产品。利用 7-11 的通路，将优质的东西便利带给消费者，让消费者不管在哪，都能享受到独特的星巴克体验。

案例分析：

星巴克在国外的成功给我们的启示是什么？

星巴克在中国的发展可能面临什么问题，该如何应对？

复习思考题

1.连锁经营的特征是什么？

2.简述国外餐饮连锁经营的发展现状。

3.简述我国餐饮连锁经营发展的阶段。

4.我国餐饮连锁经营的特点有哪些？

5.特许连锁经营的类型有哪些？

6.连锁经营项目开发的必备条件是什么？

7.简述特许连锁经营的利弊及其管理。

第10章 餐饮品牌管理

【学习目的】

了解餐饮品牌的特征与危机管理;掌握餐饮品牌的定义与价值;理解餐饮品牌的推广与维护;熟练运用餐饮品牌的定位与设计。

【学习重点】

- 餐饮品牌与餐饮产品的差别;
- 餐饮品牌的创建;
- 餐饮品牌的推广与维护。

10.1 餐饮品牌的价值

现代社会中,消费者依赖品牌辨别、选择产品和服务,甚至依靠品牌表现自身的品位、价值观和情感取向;制造商或服务商通过品牌来传达产品质量、情感价值乃至价值取向等诸多内容,以赢得顾客忠诚和随之而来的长远发展。不仅如此,越来越多的非营利机构也采取了品牌化的做法,积极塑造自身的品牌形象,以求利用品牌的强大号召力实现自身的目标。

10.1.1 品牌

品牌的概念具有多层次性。学者们从不同视角对品牌做出了定义,虽然观点有所不同,但是可从以下几方面来进行阐释品牌的内涵:

①品牌能够区分企业与其竞争对手的产品或服务;

②品牌能为顾客提供其认为值得购买的功能利益及附加价值;

③品牌是一种综合的无形资产;

④品牌是企业对消费者在产品特质、利益和服务上一致性的承诺。

1997 年,戴维森提出了“品牌的冰山”理论,对品牌的内涵与外延做出了解释。戴维森认为标志、名称等只是品牌的可见特征,完整的品牌概念还包括价值观、智慧、文化等不可见部分。可见部分与不可见部分的关系可以用一个漂浮在水中的冰山来形容,如图 10.1 所示。其中,标志、名称等可见部分大约仅占品牌内涵的 15%,而价值观、智慧、文化等不可见部分大约占品牌内涵的 85%。

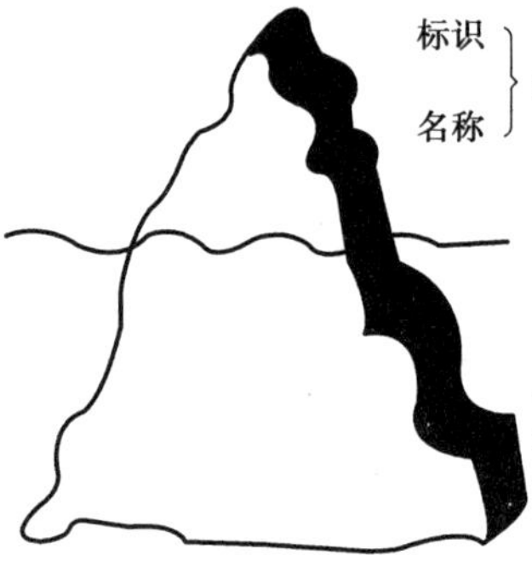

图 10.1　品牌的冰山

10.1.2　餐饮品牌

品牌是餐饮企业各种价值的集合体,凝聚了餐饮企业产品的附加价值。品牌不仅可以标识产品,还可以从精神与文化视角为消费者营造“体验”或者“想象”空间。

1)概念

狭义的理解,餐饮品牌就是餐饮企业已经注册的商标。这个“商标”由文字、标记、符号、颜色、字体等要素共同构成,是展示餐饮企业或产品形象的一种外显“识别符号”。

广义的理解,餐饮品牌是一种集合体,由内隐要素和外显要素构成。内隐要素包括餐饮企业的战略目标、经营理念和企业文化,是餐饮品牌中最核心的部分;外显要素包括企业名称、企业标志、标准色彩、标准字体等要素。餐饮品牌的内隐要素是企业的精神理念,是品牌特征的高度浓缩,是外显要素的设计源泉;外显要素是餐饮企业的内在气质,是餐饮企业的识别符号。

餐饮品牌不等同于餐饮产品。一旦形成某一强势品牌,这一强势品牌就会成为某一产品的代名词,如“全聚德=北京烤鸭”“麦当劳=汉堡包”等。一种品牌里必定包含一种产品,但这种产品未必能成为一个品牌。

首先,产品是具体的存在,而品牌存在于消费者的意识中。品牌是在消费者心中被唤起的想法、情感、感觉的总和。成功的品牌以一种始终如一的形式将品牌的功能与消费者心理上的需要联结起来,通过这种方式将品牌的定位信息明确地传递给消费者。

其次,产品生成于生产场所,而品牌形成于整个营销组合环节。

第三,产品贵在质量,而品牌贵在传播。这里的传播包括一切品牌与消费者沟通的环节与活动,如产品设计、包装、推广、促销、公关、广告等。一方面,通过传播形成和加强了消费者对品牌的认知;另一方面,传播的费用转化在品牌之中,形成品牌的一部分资产。

2)分类

从不同的角度进行区分,餐饮品牌可以分为以下不同的类别:

(1)按照层次主体不同划分

按照层次主体不同可将餐饮品牌分为企业品牌、产品品牌和人员品牌。如企业品牌:全聚德、东来顺等;产品品牌:“狗不理包子”“五芳斋粽子”等;人员品牌:“大董意境菜”——董振祥,如图 10.2 所示。

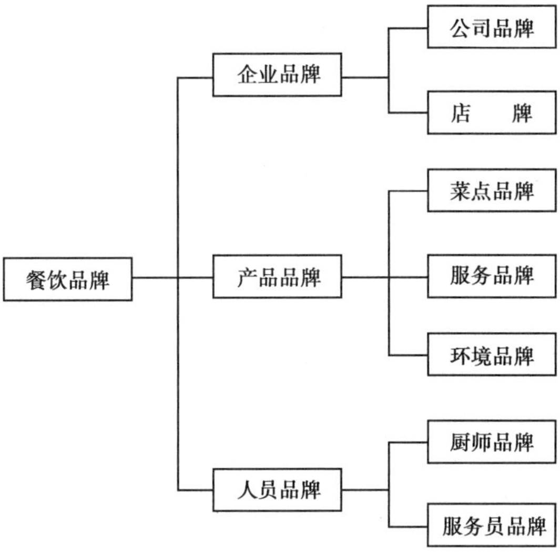

图 10.2　品牌按层次主体不同划分

(2)按辐射区域不同划分

按照辐射区域不同可将餐饮品牌分为区域品牌、国内品牌、国际品牌或全球品牌。区域品牌是指一个区域之内的产品品牌,只在当地人中享有盛誉,拥有较高的地区市场占有率,如“美林阁”“陶陶居”等。国内品牌是指在国内知名度和美誉度比较高的品牌,它相对区域品牌来说比较具有竞争力,比如“小肥羊”“全聚德”等;国际品牌或全球品牌是指在国际市场上具有较高知名度、美誉度,产品辐射全球的品牌,如“可口可乐”“肯德基”等。

10.1.3　餐饮品牌的特征

餐饮品牌在市场上有较大的辐射空间和较高的社会口碑,是餐饮企业经营和销售实力的具体体现。

1)排他性

狭义上理解,品牌一经注册,其他餐饮企业如果没有授权或特许就不得使用。餐饮企业的菜品可以模仿,但品牌却无法模仿。品牌一旦建立起信誉,就会形成品牌忠诚度,对其他品牌也就造成一定的排斥。

广义上理解,品牌的排他性源于品牌名称、标志物等符号中带来的外在特征。餐饮企业通过整体规划和设计所获得的品牌造型符号,具有特殊的个性和强烈的视觉冲击力,能够帮助目标消费群体来区别本企业。此外,品牌所传递的隐喻式情感也能够彰显一个品牌的功能和品牌的内部信息,帮助消费者从情感上对本企业与他企业进行区分。

2)文化性

餐饮品牌往往是某地、某国餐饮文化中的典型代表,因而具有一定的个性,或者说品牌是文化的象征。餐饮品牌的成长历程蕴涵着丰富的故事,其包含的历史价值、传统文化及社会观念越丰富,其文化性就越强。如“西贝”带有强烈的西部民族风情,“全聚德”体现了京味文化。

3)情感性

餐饮品牌情感性源于品牌在感觉与情绪上对消费者的影响与触动,源于品牌与消费者曾经的“亲密私人对话”。餐饮品牌具有独特的风味和深厚的文化,餐饮品牌借其与消费者进行情感交流,进而成为几代人珍爱和追捧的对象,如旅居海外的游子对故乡的小吃念念不忘,耄耋老人难忘儿时味道。

4)经济性

餐饮品牌是一种无形资产,它可以作为一种产品被买卖。在现代餐饮企业中,谁拥有了著名的品牌,谁就掌握了市场的先机,谁就拥有了大量的无形资产。

通常情况下,餐饮品牌的市场占有率较高,可以为企业创造不菲的经济效益,增强企业发展的后劲,为品牌持续发展奠定雄厚的基础。餐饮品牌的增值性,一是表现为给企业创造的利润;二是为企业创造了巨大的品牌价值,这是一笔比有形资产还要宝贵的财富,是企业长期积累的结果,也是企业长远发展取得更大经济效益的宝贵资源。

10.1.4 餐饮品牌的价值

餐饮品牌的价值包含两个方面:一方面是指可用有形资产评估方法计算出的金额;另一方面是指品牌在消费者心目中的综合形象,体现出品牌在消费者心中的知名度、美誉度和忠诚度。

1)有利于企业长远发展

由于大多数消费者喜欢按照品牌选择产品,这就促使餐饮企业必须注重产品的品牌声誉,不断开发新产品、不断强化管理、不断改良餐饮企业形象,使品牌经营走上良性循环的轨道。另外,由于品牌是产品品质的标志,消费者往往按品牌选择产品,因此,品牌有利于引起消费者的注意,满足他们的欲望,实现扩大产品销售的目的。

2)有利于消费者识别

餐饮品牌是一种无形的识别器。第一,当消费者购买某种具有使用价值的产品时,他们的购买行为首先表现为选择、比较,而餐饮品牌在消费者心目中是产品的标志,它代表着产品的品质、特色、服务等,因此,餐饮品牌缩短了消费者的决策过程。第二,餐饮品牌在消费者心目中代表着餐饮企业的经营特色、餐饮企业形象等,从而在一定程度上迎合了消费者的兴趣爱好,节省了消费者在购买产品时所花费的时间和精力。

10.2 餐饮品牌的创建

10.2.1 餐饮品牌的定位

品牌定位是餐饮企业开展市场销售工作的重要前提。通俗地说,品牌定位就是餐饮企业将自己的产品或服务设想在目标消费者心目中的独特位置。

餐饮企业的品牌定位实质上就是推出餐饮企业自身所期望的形象(产品、服务或餐饮企业本身),目的是让其在消费者的心目中的实际形象与餐饮企业所期望的形象相吻合或产生共鸣,这也可以说是餐饮企业的一种引导和控制消费者心理的销售行为。

1)品牌个性塑造

品牌可以赋予企业个性、意会、情感文化等,具有非常丰满的文化形象与气质,为此必须把握以下6点:

①产品、服务有什么突出的特质、特征、特点?

②以谁为目标顾客,他们有何种生活形态偏好?

③目标消费群体有何种心理个性?

④对你的产品、服务如何进行定位?

⑤对你的产品、服务如何进行人格化?

⑥人格化的形象广告如何让消费者产生认同,或把前述问题综合起来不难得出以下公式:品牌性格=产品+定位+个性。

2)品牌定位要素

品牌定位要素包括目标市场、消费者心理、竞争环境、品牌独特性等。

(1)目标市场

品牌定位的一个要素是确定目标市场或目标消费者,品牌定位是品牌被预设的在目标消费者心理空间的位置,只有选定目标消费者,并由此确定定位空间,才谈得上品牌定位。

(2)消费者心理

消费者心理是品牌定位的一个要素,因为品牌定位是预设品牌在目标消费者心理空间的位置,只有了解目标消费者的心理,才能建立他们的心理空间。只有建立心理空间,才能进行品牌定位。建立消费者的心理空间,就是确定与消费者认知、动机和态度有关的定位维度(定位坐标轴),因此,了解目标消费者现在的和潜在的认知、动机、态度,选择与此相关的、恰当的定位为度,是品牌定位的关键。

(3)竞争环境

分析竞争环境是品牌定位的一个要素,因为进入目标消费者心理空间的品牌通常不止一个,品牌与其竞争对手的定位之间是相互影响的,因此,品牌定位要分析竞争环境和了解对手的定位。分析竞争环境,就是选择一组竞争维度,比较品牌与其对手在每一个竞争维度上的优势或劣势,由此选择较能体现该品牌优势的竞争维度,再从中选出最重要的竞争维度作为定位维度。

(4)品牌独特性

品牌独特性或品牌差异化也是品牌定位的一个要素,这也是由品牌在目标市场的竞争所决定的。品牌定位是预设品牌在消费者心理空间的独特位置,独特位置就是品牌区别于其他对手的有特色或有差异的位置。品牌的特色定位或差异化定位,是品牌定位的一个关键。

10.2.2 餐饮品牌的设计

1)外显要素设计

①要想在一定范围内被顾客所认知,一个企业的品牌必须能够在整个市场或一定的细分市场上给顾客留下印象,并能够使顾客区分出该品牌与其他品牌之间的差异。

②具有一定载体的企业品牌必须以一定的形式给顾客留下印象,在一定范围内被顾客牢记,例如,麦当劳通过文字或动画形象使其品牌被大家牢牢记住。

③能够让顾客产生一定的联想,品牌通过一定的载体为顾客所熟知,但品牌的内涵绝不只是图案、文字、符号、色彩本身,品牌应该让顾客产生一些联想,例如,麦当劳的品牌会让人联想到快乐、温馨。

2)文化内涵设计

餐饮品牌除了外显要素设计外,还需对其进行文化内涵设计。首先,文化犹如江河之水须为有源之物,方名正言顺。现代餐饮之品牌,其文化内涵绝非纯粹的文化,其本质须直指人性的需求。麦当劳源于对“便利”的追求;现代商战乃纯粹的攻心之战。直指人性的文化定位,方能一语中的,令世人无法忘怀,从而完成品牌塑造并成为其发展的根基和前提。

其次,原始的文化概念和定位确定之后,需要加以提炼,找到准确而通俗的表述方法。其中包含企业的核心广告语、具体的企业公关行为以及营销整合策略等。它们通过现代化的传播手段,最大限度地影响世人。麦当劳为了更好的方便顾客,餐厅内才设有“儿童乐园”,如此企业所提倡和推崇的文化理念,将以“润物细无声”的方式,逐渐在人们心中生根、发芽并成长。

要成功做好餐饮品牌文化的内涵设计,应从档次、利益、使用者、品牌类别、情景、文化等方面准确定位。

(1)档次定位

这是依据品牌在消费者心目中的价值高低区分出不同的档次。例如,劳力士手表价格高达几万元人民币,是众多名牌中的佼佼者,是财富和地位的象征。由于档次定位综合反映品牌价值,因此不同品质、价位的产品不能使用同一品牌。如果企业要推出不同价格、品质的系列产品,应采用品牌多元化策略。如我国台湾地区顶新集团在中档方便面市场成功推出"康师傅",在推出低档方便面时使用了新的品牌"福满多"。

(2)利益定位

这是依据品牌向消费者提供的利益定位,这一利益点是其他品牌无法提供或没有考虑过的。运用利益定位,在同类产品品牌众多、市场竞争激烈的情况下,可以突出品牌的特点和优势,引起消费者的重视。

(3)使用者定位

这是依据品牌与某类消费者的生活形态和生活方式的关联作为定位的。如百事可乐定位于"新一代的可乐",要成为年轻、活泼、时尚的象征。

(4)品牌类别定位

这是依据产品的类别建立起品牌联想的,被称为类别定位。七喜汽水的"非可乐"定位就是借助于类别定位的例子,为了避免与可口可乐和百事可乐的竞争,七喜定位于"非可乐"饮料,成为可乐饮料之外的另一种选择,这种定位使七喜的市场地位与可乐饮料并列。

(5)情景定位

这是将品牌与一定环境、场合下产生的使用情况联系起来,以唤起消费者在特定情况下对该品牌的联想。如雀巢咖啡通过调查发现顾客会在 9 种环境下饮用雀巢咖啡:早晨起床之后、午餐和晚餐之间、午餐时、晚餐时、与客人进餐时、洽谈业务时、晚间为了保持清醒、与同事进餐时、周末。因此,雀巢咖啡在广告中充分利用了这些场景,使顾客产生了丰富的品牌联想。

(6)文化定位

这是指注入某种文化内涵于品牌中,形成文化上的品牌差异。麦氏咖啡进入我国台湾市场时,进行了充分的市场调查,根据中国特别重视亲朋好友之间的友谊的文化传统,提出"好东西与好朋友分享"的广告,得到了台湾地区消费者的共鸣,取得了市场的成功。从某种意义上说,顾客的忠诚度来自组织的文化,或者说,忠诚度就是一种心理文化倾向。麦当劳卖的是一种美国文化和舒适惬意的就餐环境,并以这种文化获得顾客的欢心,不仅是麦当劳公司,世界著名的企业品牌,无一不是在文化上下足了功夫。如星巴克,它很少做广告,但它独创出一种体验式营销。星巴克认为,消费者来到星巴克,所消费的不仅是浓浓香醇的咖啡,更重要的是这里为他提供了一片安静、舒适、惬意的休闲空间。为了营造这样的小资情调,星巴克的室内设计非常艺术化,音乐、服务生、桌椅的摆放、墙上的画,衬托着浓浓的咖啡香味,营造了独特的星巴克咖啡文化,这就是其品牌的核心内涵。随着时间推移,人们意识到星巴克无意中具备了一种更为深沉的浪漫情怀,也给予了人们一种与咖啡同样有吸引力的氛围,那是一种"第三空间"。①在这里可以品尝浪漫。人们在日常生活中每天来星巴克店里小憩片刻,只要叫上一杯咖啡,就能享受到异国情调,为平凡的生活增添几许浪漫。②大众支付得起的奢侈。在店里,你也许会看见一个普通蓝领工人和一个富有的外科医生同时站在一起排队,两人享受着同一种世界一流的产品。③一个绿洲。向你提供片刻的宁静,把你的思绪引向自身。星巴克的人对你微笑,迅速为你提供服务,却不会来打扰你。你可以从百事缠身、精疲力竭的状态中暂时得以解脱。④悠闲的社交互动。一家广告公司曾在洛杉矶一处闹市做了一项民意调查,众口赞誉的一点是:"我们去星巴克是出于交流感情的需要。"

10.3 餐饮品牌的推广

品牌推广就是利用整合营销传播手段来向消费者持续传递品牌的定位与文化。餐饮企业品牌推广的过程是消费者对品牌的逐步认识过程。

品牌推广在品牌识别、定位和品牌最终形象之间起着中介和桥梁作用。不管品牌识别有多清晰,品牌定位多准确,若离开了强有力的品牌推广,也无法实现最终的品牌形象目标。

10.3.1 明确品牌发展阶段

健康发展的品牌由品牌知名度、美誉度、认知度、联想度和忠诚度构成,这 5 个方面须全面均衡发展,缺一不可。按照品牌发展的阶段理论,品牌发展分成 4 个明显的阶段:新品牌导入期、品牌快速成长期、品牌成熟期、品牌衰退期,如图 10.3 所示。

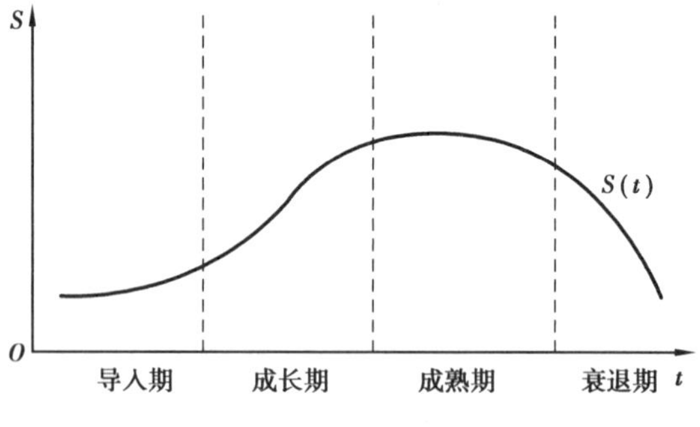

图 10.3 品牌发展阶段

10.3.2 确定推广人群

推广人群,即人们常说的推广受众或推广对象,品牌推广人群即品牌活动的目标消费群体;精准地确定目标消费群体是谁,对于整个营销活动来说至关重要,一切营销行为都是针对目标消费群体的有的放矢。一旦目标消费群体出现错位,势必导致营销活动甚至整个经营活动的失败。

(1)对待定人群进行逐层的细分

细分是按照增加维度不断缩小受众面的过程,起点至少是两个维度。整理结果,然后再继续增加一个维度,继续缩小受众面,直至移去所有的共同需求为止。所谓逐层细分,是指其过程看起来就像一层一层拨开受众,最终找到足够的目标待定人群。

(2)确定重点人群

经过对待定人群进行逐层细分后,一个普通的受众面已经可以清晰地被细分成若干个待定人群簇,这些待定人群簇的属性有明显差异,任何两簇的属性都不能完全相同。若是受众面内消费者偏好的分布是正态分布或是平均分布,则此时的簇与簇之间将没有差异,也就没有了细分的可能。正因为簇与簇之间属性的差异使得簇内受众的偏好有所不同,使得品牌个性成为影响一部分簇内受众的有效工具。

10.3.3　制订推广策略

1)导入期

导入期品牌的推广人群对新品牌的态度一般比较谨慎,这是出于对新品牌缺乏认知而做出的谨慎选择。目标人群中只有少数敢于尝鲜者,这些尝鲜者就是顾客群中的勇于接受新鲜事物者,也可能是最终的品牌忠诚者。此时,其他利益相关者也在密切注视新品牌的推广过程和结果,他们有时也会因导入期的品牌策略而调整自己的策略。

品牌在推广前一定要充分论证其可行性,并制订一套有连续性和针对性的推广步骤。比如,对于名人代言策略的适用性研究表明,处于导入期的品牌不适合直接使用这一策略,因为此时的品牌对于消费者而言,还没有任何认识基础,品名和徽标还没有成为熟悉的符号,此时安排名人代言极有可能出现品牌被名人覆盖的现象,消费者的注意力都落在名人身上,而忽略了他(她)所代言的品牌。所以,在导入期的品牌不能简单地模仿其他成熟品牌的名人代言策略。

2)成长期

成长期是品牌推广的关键时期。需要适应性地调整产品定位、品牌定位和推广方式,提升美誉度和忠诚度是这一阶段工作的重点。

成长期的特点:品牌在行业内已有一定的知名度,越来越多的顾客表现出了对品牌的赞誉,开始选择该餐饮品牌,并且,品牌在前期试用者中已有一定的忠诚度,品牌资产的无形价值已初步形成。品牌的销售量和市场占有率进入快速上升期。

这一阶段也是问题的爆发期,品牌管理和控制能力问题、媒体的选择及投放的频率问题、品牌推广人员的观念和执行能力问题等,都会在这一时期显现出来;成长期里对于品牌推广的步骤、推广的协同力和推广的创新性要求很高。处在成长期的品牌已经具有较高的知名度,为了使品牌的美誉度和忠诚度得到同步提升,必须进行有效的品牌管理。

3)成熟期

品牌成熟期也称品牌全盛期或收获期。成熟期的特点:品牌已有很高的知名度,目标人群相当明确且认知度很高。品牌已经具有了可以延伸的能力且已经拥有了相当数量的品牌忠诚者,销售量和市场占有率达到前所未有的高度,成为各媒体关注报道的对象,对社会公共事业有一定的影响力。品牌竞争力和品牌影响力已在行业内达到数一数二的位置,品牌的无形价值也已经提到新的高度。

处在成熟时期的品牌还是存在许多软弱的地方。如品牌的核心优势的丧失、目标人群偏好的转移、顾客的忠诚度的降低等。当品牌进入全盛时期时,应及时、全方位地检查自己存在的劣势,应深知这些劣势可能成为品牌被攻击的弱点。因此,放大优势,修补劣势,是此阶段品牌管理的重点工作。

4)衰退期

衰退期是指品牌的美誉度和忠诚度表现出逐渐下降的趋势,品牌竞争力和品牌影响力正在逐步衰退的阶段。

衰退期的特点:品牌的知名度仍然很高,但影响力远不如从前。目标人群的认知度仍在延续但力度逐渐下降,销售额和市场占有率数量明显萎缩,越来越多的经销商开始退出合作,品牌资产的无形价值正在以极快的速度下降。

品牌进入衰退期既是必然又是偶然。当品牌定位和诉求不再适应,推广方式不当,或是竞争者加大投入,出现了先进的竞争产品,或是突发事件处理不当等,都会使品牌由盛转衰。

10.4 餐饮品牌的维护与危机管理

要达到餐饮品牌的长久不衰,必须要将品牌维护与危机管理纳入工作流程,制订切实可行的管理制度,使品牌维护与危机管理逐步常态化、常规化。

10.4.1 餐饮品牌的维护

品牌维护就是品牌的所有人、合法使用人对品牌实行资格保护措施,以防范来自各方面的侵害和侵权行为。品牌维护包括品牌的经营维护、品牌的法律维护和品牌的形象维护3个方面。

1)经营维护

市场瞬息万变,欲经营维护好品牌就要求经营者在具体的营销活动中采取一系列维护品牌形象,保持和发展品牌市场地位的活动。

(1)维持良好的产品质量和服务质量

质量是建立在消费者心中最为牢固的印象,消费者对于品牌的质量认知直接决定了其对品牌形象的评价。因此,要做到日常的管理并评估品牌产品的质量,以及了解消费者对品牌质量的需求与评价。

(2)进行品牌的延伸或品牌的瘦身

当品牌发展到一定水平,企业可利用现有的品牌资源,可进行相关品牌线的扩展和品类的延伸。品牌延伸包括水平方向和垂直方向。水平方向指借助原有品牌影响力,选择产品新领域进行开发。垂直方向指加长品牌的生产线,分高、中、低端品牌。相应的,品牌瘦身即为水平和垂直方向的减少。

品牌延伸对于企业和品牌来说是一把双刃剑,品牌延伸的优点是为企业带来提高新产品上市的成功率、降低营销费用、扩大市场占有率、占领更多的细分市场、锁住顾客的购买行为,防止客户流失、提升品牌形象等。品牌延伸的缺点是稀释品牌资产、带来不利的品牌联想、损害品牌质量认知、改变品牌联想等。

(3)品牌特许经营维护

特许经营就是指特许经营权拥有者以合同约定的形式,允许被授权特许经营者有偿使用其名称、商标,专有技术、产品及运作管理经验等。特许经营包括配方特许、品牌或商标特许、经营方式特许、经营理念特许等内容。品牌特许是主要特许经营方式,出让品牌的使用权能够迅速扩大公司生产规模,提高品牌市场占有率和知名度。

2)法律维护

品牌的法律维护具有权威性和强制性,可使品牌得到最基础和最有力的保护。法律保护品牌商业标志、品牌防伪设计、品牌商业秘密。商标的法律保护要遵循注册在先、禁止混淆、反对假冒的原则,当品牌维护方发现有侵害品牌利益,品牌形象遭遇盗用等行为时,要拿起法律武器进行保护。

3)形象维护

品牌形象的维护需要品牌经营者长期努力,以求长期在消费者心目中保持一个好印象。品牌核心价值的维护和品牌声誉的维护是品牌形象维护的关键。品牌核心价值又可称为品牌精髓、品牌 DNA,是消费者认同甚至产生偏好的原因,是一笔无形的资产。核心价值可以通过产品质量的提高,或采用营销传播方法的改善来维护。维护品牌口碑则要做到让消费者在与品牌接触中始终感到满意,在面临品牌负面评价和危机时,要及时处理。建立起品牌与消费者的共鸣,将品牌核心价值和口碑声誉保护好,才能促使受众从心里依恋到行为忠诚、从品牌试用到主动诉求,一步一步提升消费者与品牌的关系,并且使消费者达到高忠诚度的最高目的。

10.4.2　餐饮品牌的危机管理

品牌危机是指由于组织内、外部的突发原因而对品牌资产造成的始料未及的负面影响,包括品牌形象的损害和品牌信任度的下降。

面对日趋激烈的市场竞争,危机无处不在、无时不有。危机管理重在防范,当危机发生时,想尽一切办法减少损失。在整个过程中,要明确如何处理危机,以及如何同相关利益方进行沟通。

1)制订管理计划

有无正式的品牌危机管理计划是衡量一个企业品牌管理水平的重要依据,没有危机管理计划的企业常常存在发展不稳定,风险比较大的问题。

2)组建专业的危机处理小组

危机处理小组的成员是兼职的,它必须由组织的最高领导者负责牵头,以保证危机处理时能调动组织各方的力量。在危机处理过程中,企业高层领导人的及时露面,对缓和危机起着不小的作用,特别是危机尚未恶化之前,作用尤其明显。对于企业来说,管理高层人物的出面,使危机公关传播的效应更加显著,对危机处理进程起着关键的推动作用。危机处理小组的规模应根据组织的规模和业务范围来确定人数,其他人员是组织各部门的主管,最好有危机处理经验的专家参与。同时,应该设有危机处理办公室,办公地点的现代化办公设施要齐备,保证危机来临时能及时与外界联系。

3)构建应对机制

企业一旦遭遇品牌危机事件时,需在第一时间迅速地做出正确反应,以最快速度启动应急机制,及时、准确地判断危机事件的性质、影响程度及影响范围,并按照危机处置预案,果断采取相应的对策和措施,以求将危机事件的影响和损失降到最小,尽可能地使危机事件在可控范围之内。

常见的应对机制有以下 4 种:

①否认问题的存在。否认很容易将危机事件激化为危机,很容易使简单的品牌形象危机变成品牌信誉危机。否认还有可能被看成对罪责的承认,即使企业确实认为否认是企业的最佳选择,也必须认识到否认所带来的负面效果。

②大事化小。理智上讲,这样的反应可能是对的,但这种回应方式表现出企业对顾客的关爱程度不够。将事件大事化小,或为自己的观点寻找证据,短期内可能会奏效,但长期下来会激化对品牌的负面宣传。

③改变危机事件在消费者心目中造成的印象。比如,企业可以试图影响消费者对负面因素的评价;可以揭露负面宣传中的不真实性和不合理性;可以在营销传播中更加强调品牌带给消费者的利益;可以向消费者说明危机事件形成的背景等。

④召回。

4)加强危机沟通

危机沟通是指以沟通为手段,以解决危机为目的而进行的一连串化解危机的活动。有效的危机沟通可以降低危机的冲击，而且通过危机沟通，有可能化危机为转机。反之，若没有适度的对外、对内沟通，小危机可能变成大危机，大危机可能导致企业破产。一旦发生品牌危机事件，就应该立即有计划、有步骤地展开公关行动，加强危机沟通。

①确定沟通对象。找到相关利益者。对股东，最重要的是维持股价的平稳；对顾客，要避免误会使他们产生拒绝购买的行为；对经销商，要保证产品的质量和稳定其信心，维持其继续代理产品的决心；对媒体，迅速为他们提供准确及时的消息是最关键的；对于工商行政部门，要积极配合他们的工作。

②选好发言人。发言人应具有良好的应变能力和语言技巧，一般由公司高级主管直接担任。

③统一口径。用一个声音说话。

④运用多种沟通工具进行危机公关。

5）妥善处理善后工作

处理善后工作主要包括遗留问题处理和滞后效应处理。

①遗留问题处理包括：对外，企业除应勇于说明危机事件发生的原因与处理情形外，并应声明愿意负起道义上的责任；对内，管理层应以沟通的方式来治愈组织成员心理上的创伤，让大家了解危机事件对公司品牌所造成的严重影响，来获取成员们的认同进而恢复正常工作。

②滞后效应处理包括：一是公司必须重新建立起公司的利益相关者对公司的信心；二是公司的管理者应密切注意社会公众和利益相关者对公司形象的看法，采取积极的、实质性的措施来维护公司的品牌形象。

6）品牌危机总结

品牌危机总结是整个品牌危机管理的最后环节。对危机事件的总结，就是重新审视品牌危机出现的原因，从制度上预防危机再次发生的可能，并且把本次处理品牌危机事件的方法和经验记录下来，以供日后参考。它对制订新一轮的危机预防措施有着重要的参考价值。

品牌危机总结主要包括 3 个方面：一是调查危机发生的过程；二是评价危机管理的效果；三是整改危机管理的不足。

【案例・讨论】

1.西贝餐饮的发展之路

西贝餐饮发源于内蒙古临河，迄今已有 30 多年的发展历程。西贝餐饮创始人贾国龙先生，经过多年执着坚持、辛勤开拓，从开始的一个“黄土坡小吃店”发展到全国 400 多家店面，从业人员 2 万多人的中国知名餐饮企业。市场分布于北京、上海、广州、深圳、天津、石家庄、沈阳、西安、呼和浩特、包头、鄂尔多斯等全国 60 多个城市。

30 多年来，西贝的大厨们跋山涉水，走遍大西北的山野乡村、大漠草原，努力寻找西北天然精良食材,挖掘、创新民间传统做菜工艺,只为让顾客吃到最地道的西北乡野美味。西贝的原料来自西北的草原、山野、乡村,绿色、营养、健康!西贝的菜品烹制简单,调味单纯,不添加味精,保证了食材的本色、本味。

西贝为顾客创造健康、美味、快乐!西贝要成为一个对社会有价值的充满活力的生命体。作为一家餐饮企业,为顾客创造价值就是西贝存在的基础,西贝的使命就是要幸福顾客——通过寻找中国西北天然精良食材,挖掘、创新西北民间传统做菜工艺,让顾客享受到最地道、最美味的西北乡野美味,吃出幸福生活!

不争第一,我们干什么!西贝人的理想,就是用毕生的精力去做餐饮,不断精进,让越来越多的人吃到天然、地道的西北乡野美味。让全球每一个城市都开有西贝,将西贝建设成为全球最受人尊敬的餐饮品牌。

结合案例所述,请分析"西贝餐饮"的品牌价值。

2.俏江南的品牌定位

俏江南集团创始于2000年,总部位于北京。俏江南以"时尚、经典、品位、尊宠"为经营理念,旗下品牌包括俏江南品牌餐厅、兰(LAN Club)和SUBU。

俏江南在立足于中国传统美食文化的基础上,勇于突破、大胆创新,将经典中华美食与时尚现代的设计经营理念相结合,不但追求菜品的创新与融合,还在餐厅设计上标新立意,将中国古典的江南小桥流水进行西式设计,每一间餐厅均采用不同的装饰风格,并聘请国际级设计师量身定做,以中西合璧、风格各异的餐厅环境,为消费者带来时尚、健康、高雅的就餐体验。

结合案例所述,请分析俏江南的文化内涵设计体现在哪几个方面?

3.美林阁的发展之路

美林阁是上海著名的老字号饭店,以经营本帮菜(上海菜)为主,兼营江浙菜系。菜色兼有淮扬帮的优雅鲜美和苏锡帮的浓油赤酱,更兼有本帮菜的海纳百川(尤其从西餐中吸收大量创新元素)。该餐馆集团拥有为美国总统尼克松等服务过的原锦江饭店服务团队和多名国家特级厨师。

20世纪末,以美林阁饭店为主体,成立美林阁国际控股集团,目前涉及餐饮、连锁酒店、房地产、物业等领域。美林阁成立20年来,与时俱进,走品牌经营、连锁经营、规模经营的道路,在管理、规模、效益等几方面不断扩大上升,进入了一个高效有序的发展轨道。公司在沪上餐饮业竞争十分激烈的环境中不但立足上海,而且正在向北京等全国大中型城市发展。除了高档大酒店、连锁餐饮店外,还开发了与饭店相关的酒店装潢、设计、施工、贸易、计算机软件开发、艺术造型设计与制作、房地产业等。这些相关行业的开发为美林阁的管理发展起到了事半功倍的效果。美林阁不但立足餐饮,同时涉及酒店业,并通过经营浦江旅游船等举措,已稳步向旅游业发展。

美林阁是中国著名饭店、绿色企业,连续多年位列中国百强餐饮企业前列,也曾获中国航天工程、财富论坛功勋企业称号。

结合案例所述,请分析美林阁的品牌发展与推广途径。

4.味千拉面的“骨汤门”事件

味千拉面的广告语:“一碗汤的钙质含量更是牛奶的 4 倍、普通肉类的数十倍。”然而,2011 年 7 月有媒体爆出,味千拉面着力宣传的纯猪骨熬制的汤底竟然是用浓缩液勾兑而成的。味千拉面 2011 年 7 月 24 日承认,味千拉面的汤底的确是由浓缩液兑制而成的。这一系列事件被称为“骨汤门”。

每次遇到质疑或者声讨,味千拉面总是不能勇于承认,总是推脱责任。面对骨汤兑制质疑,味千最初不承认;对于为何不披露被罚信息一事,味千沉默以对;报告认证被认证方否认,味千又是“不了解此事”。

对于最初的骨汤兑制质疑或许味千拉面觉得只是一件小事,味千拉面并不予理会,只做了简单的解释澄清,并没有意识去形成一个完整的危机公关战略,从而被接下来的事件牵着鼻子走。正是味千拉面的冷漠、傲慢、推诿的态度让公众的愤怒不断增加,事件本身的严重性也被放大,甚至转移到这家企业的道德层面。味千拉面的躲闪与逃避让事件一步步恶化。

结合案例所述,请分析味千拉面对本次事件的处理方式是否得当,并提出相应建议?

复习思考题

1.什么是餐饮品牌?餐饮品牌的特征是什么?
2.举例说明餐饮品牌的价值。
3.餐饮品牌的文化内涵设计包含哪些要素?
4.如何确定餐饮品牌的发展人群?
5.如何制订餐饮品牌的推广策略?
6.餐饮品牌维护的概念是什么?
7.如何进行餐饮品牌的危机管理?

参考文献

[1] 于富荣,陈海涛.草根创业:餐饮业创业路线图[M].北京:中国经济出版社,2010.
[2] 马开良.现代厨政管理[M].北京:高等教育出版社,2010.
[3] 王大悟,刘耿大.酒店管理180个案例品析[M].北京:中国旅游出版社,2007.
[4] 王天佑.饭店餐饮管理[M]. 2版.北京:清华大学出版社,北京交通大学出版社,2012.
[5] 王吉方.连锁经营管理——理论·实务·案例[M].3版.北京:首都经济贸易大学出版社,2013.
[6] 王志民,吉根宝.餐饮服务与管理[M].南京:东南大学出版社,2007.
[7] 冯玉珠.餐饮产品研发与创新[M].北京:中国轻工业出版社,2012.
[8] 匡家庆,刘跃.现代餐饮业经营管理[M].北京:经济日报出版社,2007.
[9] 孙佳成.酒店设计与策划[M].北京:中国建筑工业出版社,2010.
[10] 孙前进,孙静.连锁企业经营管理[M].北京:中国发展出版社,2010.
[11] 余炳炎.饭店餐饮管理[M].北京:旅游教育出版社,2004.
[12] 宋卫云.舌尖上的旺店:餐饮店经营一本通[M].北京:中华工商联合出版社,2013.
[13] 张娴.餐饮服务与管理实务[M].合肥:中国科学技术大学出版社,2011.
[14] 李雯.饭店管理[M].呼和浩特:内蒙古大学出版社,2010.
[15] 林德荣.餐饮经营管理策略[M].北京:清华大学出版社,2007.
[16] 杨顺勇,魏拴成,郭伟.连锁经营管理[M].上海:复旦大学出版社,2008.
[17] 杨高英.连锁企业经营管理与实务[M].北京:化学工业出版社,2012.
[18] 沙艳荣,薄立伟.现代餐饮营销[M].北京:北京理工大学出版社,2011.
[19] 陆朋.餐饮营销[M].重庆:重庆大学出版社,2008.
[20] 陈文生.酒店管理经典案例[M].福州:福建人民出版社,2011.
[21] 陈玉伟.餐饮企业连锁营运[M].北京:中国物资出版社,2011.
[22] 陈素娥.餐饮品牌营销一本通[M].北京:化学工业出版社,2012.
[23] 马开良.餐饮服务与经营管理[M].2版.北京:旅游教育出版社,2014.
[24] 周勇,冯国珍.连锁经营管理原理[M].上海:立信会计出版社,2011.
[25] 隆意,尚珂,顾丽萍.连锁企业门店管理[M].2版.北京:中国发展出版社,2015.
[26] 林刚.餐饮企业经营与管理[M]. 北京:中国商业出版社,2007.

[27] 侯兵,马健鹰.餐饮连锁经营与管理[M].北京:高等教育出版社,2010.
[28] 姜红.餐饮服务与管理[M].2 版.大连:大连理工大学出版社,2009.
[29] 桂佳,吴升旸.餐饮服务与管理[M].北京:对外经济贸易大学出版社,2013.
[30] 郭庆然,张鹏伟.连锁经营[M].北京:对外经济贸易大学出版社,2008.
[31] 盛涛.新编餐饮企业管理工具箱[M].北京:企业管理出版社,2008.
[32] 黄文波.餐饮管理[M]. 北京:对外经济贸易大学出版社,2007.
[33] 黄浏英,李菊霞,林翔.餐饮品牌营销[M].沈阳:辽宁科学技术出版社,2003.
[34] 常桦.这样开餐饮店才能赚[M]. 武汉:华中师范大学出版社,2013.
[35] 彭娟.连锁经营管理基本原理与实务[M].北京:中国水利水电出版社,2011.
[36] 程爱学,徐文锋.特许连锁经营运作操典[M].北京:北京大学出版社,2008.
[37] 蔡万坤.餐饮管理[M]. 3 版.北京:高等教育出版社,2008.
[38] 薛秀芬,王宇晨.餐饮产品质量的控制与管理[J].饭店现代化,2014(6):63-66.
[39] 马开良.创新餐饮生产管理的五大举措[J].四川烹饪高等专科学校学报,2012(1):42-44,51.
[40] 付建.餐饮产品质量控制探讨[J].科技与生活,2012,4(13):203,173.
[41] 刘毛毛."五常法"与 HACCP 在餐饮食品安全管理中的应用[J].中国国境卫生检疫杂志,2012(4):266-269.
[42] 肖红艳.餐饮企业菜品质量管理的问题及对策分析[J].物流科技,2012(4):116-120.
[43] 童光森,郑伟.新形势下高端餐饮原料成本控制与管理[J].中外企业家,2014(7):42-45.